JN071412

梅林宏道の仕事の深層【1】

北朝鮮の核兵器

—世界を映す鏡—

ピースデポ特別顧問
長崎大学客員教授 梅林 宏道 著

高文研

はじめに

願いを成就することができるかどうか心許(こころもと)ないが、何冊かの本を書きたいと思う。高文研の山本邦彦さんの提案で【梅林宏道の仕事の深層】というシリーズ名を付けることにした。その第1冊が本書になる。

これは自分に執筆の義務を課す行為でもあるので、まずその理由を書きたい。

1969年9月、32歳であった私は、数人の友人とともに同人誌「ぷろじぇ―科学技術と人間の解放にこだわる人々の場」を創刊した。大和市(やまと)（神奈川県）にあった私の自宅に事務局をおいた。当時、私はある電子材料メーカーの研究所に勤務していた。志があって電子材料開発の企業現場を経験し、学びたいと思ったからである。同人誌創刊は、そのような志と繋がる私の社会的プロジェ（投企）の形の一つであった。

同人誌の「発刊の辞」において、私（たち）は次のように書いた。

> 《「ぷろじぇ」はさしあたり、我々の主張を伝え且つ我々の思想を鍛えるための広場である。しかしそれだけではない。我々は我々の思想を真に鍛え、真理に近づけるものは我々の投企（プロジェ）であり、これによってこそ初めて我々が具体的な歴史の場に連れ出されるのであることも知っている。だから「ぷろじぇ」は、やがて一つの運動体として成長することを期している。希望を天の星につなぐならば、「ぷろじぇ」は現実社会の中で泥まみれになりながら全体に生きようとする者達の生活そのものとなることを願っているのである。具体的なプランはある。今我々の頭の中には変革の原点としての教育の問題が極めて重要な位置を占めている。しかし、今はこのことについて多くを語るまい。》

「具体的なプランはある」と書いたそのプランのために、翌1970年2月、「ぷろじぇ」共同発起人であった畏友・山口幸夫（現、原子力資料情報室の共同代表）とともに、相模原市に62坪の土地を購入した。たまたま売りに出ていた市街地のはずれにある空き地であった。そこにプレハブの作業小屋を建て、古い旋盤、ボール盤、シアリングなどの基本的な工作機械を買い込んだ。何かアイデアが浮かんだ時に、実験や試作に必要な簡単な工作ができるための工作場であった。人の目が行き届かないのは不用心なので、やがて私の家族も同じ敷地に移り住むことにした。その年のうちに、自宅たるぷろじぇ事務局も相模原市に移った。その場所は、米陸軍の基地である相模総合補給廠（しょう）と道路一つ隔てた隣接地であった。

今でいうベンチャー企業の起業を考えていた。企業を社会的実践の拠点とする構想であった。1971 年には、より自由な時間を求めてメーカーを辞して、短大の物理を教える教員ポストの公募に応募して採用された。挑戦への新しい体制が作られつつあった。

そこに 1972 年相模原戦車阻止闘争が勃発した。ベトナムの戦場で破壊された戦闘車両が米陸軍相模補給廠で修理され、ベトナムの戦場に送り返されていた実態が暴露され、それに反対する全国的な運動が沸き起こったのである。基地の主要ゲートであった西門の前の市道一帯が解放区となった。軍用道路のグリーンベルトに多くのテントが張られ、連夜の集会とデモの喧騒が続いた。

プレハブ工場の目の前に広がる基地の野積み場に置かれていた数百台の壊れた戦車が、私たちにとって即自的存在から対自的存在へと変化した。修理された戦車を運ぶトレーラーは、国道を走る前に市道を走って国道に入る。市道の権利者たる市民が反対しなくて誰が声をあげるのか。私と山口幸夫は、「ぷろじぇ」の予定の計画から外れるからと言って、目の前で起こっていることから逃げるべきではないと結論した。それぞれの家族とも話し合って、「ただの市民が戦車を止める会」を結成して、闘争の中に身を置くことを選んだ。

「発刊の辞」にあった「プラン」は、このようにして予想を超えた変更を強いられた。戦車闘争はそれ自身のダイナミズムを作り出し、それ以後も、私の実践への新しい視野をもたらし続けた。

振り返ると、発刊の辞のプランは見事に瓦解した。しかし、そこに込められた思想は、不思議なくらいに牢固として変わっていない。「投企（プロジェ）……によってこそ初めて我々が具体的な歴史の場に連れ出される。……『ぷろじぇ』は現実社会の中で泥まみれになりながら全体に生きようとする者達の生活そのものとなることを願っている」という言葉に込められた思想は、戦車闘争への投企によって、より深く私の確信となったのである。

それ以後、半世紀にわたって、私は基本的に活動家としてさまざまな運動に関わり、かけがえのない人々、書物、文献と、かけがえのない出会い方で出会った。そして、考えを深める機会に恵まれてきた。1980年に大学を辞してフリーになったことでこのことが可能になった。与件から可能性を発見し、創造するという意味においては、科学技術者と同じ創意をもって挑戦することができたと考える。

韓国民主化闘争をはじめとするアジアの民衆運動とその同伴者たちとの出会い、解放神学や都市産業宣教会（UIM）の自己覚醒型調査から受けたインパクト、アメリカ民主主義の核心にある情報公開制度の驚き、それを駆使した私自身の在日米軍基地調査の挑戦、国連システムを使い、かつ挑戦するNGO活動家たちの思想と行動が与えたカルチャーショック、核兵器の奴隷状態から抜けだすことができない世界と人類の病理、そこに問われている科学技術の根本問題、活動領域と時代を超えて出会うことができた、資本と国家を超えるために格闘する思想家たちの労作。

半世紀にわたって取り組んできた、このような私の仕事の深層を、いくらかでも整理して伝える試みが、このシリーズで私が自分自身に課した課題である。

シリーズ第１号に、テーマとして「北朝鮮の核兵器」を選んだ。

その第一の理由は、何よりも日本自身が直接に関わる問題だからである。と言っても、日本が核の脅威に曝(さら)されるというような話ではない。日本がかつて植民地支配をした朝鮮半島の、いまだ私たちが正常な関係を築き得ていない隣国の核武装であり、将来にわたる日本の政治に深く関わっている問題だからである。この問題を正しく解決することが、日本と朝鮮半島の関係を正常化する入り口になるはずである。

私は1990年代中ごろから、北東アジア非核兵器地帯の設立を主張して活動してきたが、それも同じ問題意識からくる取り組みであった。

第二の理由は、にもかかわらず、日本の市民が正しく議論をするためのベースとなる情報の基盤が余りにも歪められている。それを是正するために努力を払うことが急務であると考えられたからである。

たとえば多くの人は、次のように信じ込まされている。「北朝鮮が核兵器を放棄するはずがない。北朝鮮は一貫して核兵器を持とうとして世界を欺(あざむ)いてきた。」

このような理解が間違っていることは、次の事実ひとつをとってみても明らかである。北朝鮮は、1994年、核兵器の原料となるプルトニウム生産用の唯一の原子炉と建設中の２基の大型原子炉を、国際査察の下で放棄することを決定した。そして、自前の原子炉に代わる国際査察下で運転される２基の軽水炉の建設を受け入れた。この時点において、北朝鮮が核兵器の放棄を決断していないと主張するのは困難である。放棄した建設中の２つの原子炉は今も廃墟のままである。

本書は大きく次のように構成する。

序章：ここでは、北朝鮮の核兵器問題を考えるための前提となる２つの背景を述べる。１つは日本の植民地支配との関係、もう１つは世界の核兵器の中における北朝鮮の核兵器の相対的な位置である。

第１章：第２次世界大戦の終了後、冷戦構造の中において原子力開発の黎明期が始まった。社会主義陣営にあった北朝鮮がどのように原子力技術を習得したかを述べる。また核戦争に発展する可能性があった朝鮮戦争の影響について考える。

第２章～第４章：世界的な政治アジェンダとなっていった北朝鮮の核兵器開発について、米朝交渉、６か国協議などの歴史的経過を詳述する。第２章（1993～2000年）概ね米国のクリントン政権の時代、第３章（2001～2008年）米国のブッシュ（子）政権の時代、第４章（2009～2017年）米国のオバマ政権から初期のトランプ政権の時代、の３つに時代区分をして整理した。

第５章：韓国における文在寅（ムンジェイン）政権の登場と北朝鮮の金正恩体制における戦略転換、そして歴史上初めてとなる米朝首脳会談によって始まった2018年以後の経過を説明する。今日進行している情勢推移を読み解く直接的な基礎となる。

第６章：2021年春現在における、北朝鮮の核兵器とその運搬手段（弾道ミサイルなど）に関する技術情報と評価を整理した。長距離弾道ミサイルの発射実験と人工衛星打ち上げとの違いについての考察なども加えた。

資料：偏見を是正するには、合意文書や共同声明をメディア報道を通じてだけではなく、直接に読むことが重要になる。その意味で公文書資料16点を可能な限り全文を掲載した。文書の訳文は断りのない限り、英文資料からの本著者の責任における訳出である。

2021年7月11日　　　　梅林　宏道

もくじ　北朝鮮の核兵器――世界を映す鏡

◎はじめに 1

《序章》 視座を正す

1　朝鮮半島分断と日本の植民地支配

❖核の脅威と危険 11
❖「北の脅威」という歪んだ世論 13
❖国難突破のデマゴギー 15
❖体制を守る論理 16
❖朝鮮戦争：核の脅威のリアリティ 18
❖米本土からの核攻撃の威嚇 20
❖日本の敗戦と朝鮮解放 20
❖詩人・金時鐘（キムシジョン）と４・３事件 22
❖済州島における米軍の軍政 23
❖ 1948 年４月３日決起 24

2　核兵器：世界の中の北朝鮮

❖ 13100 発の中の 40 発 26
❖５つの核兵器国の実態 28
❖軍事力依存の国家戦略 30
❖「核の傘」を求める国々 33
❖核兵器は毎日「使用」されている 35

《第１章》 初期の核開発（1950 年代～ 1992 年）

❖ソ連の研究援助 38
❖ソ連、原発建設への援助をしぶる 40
❖黒鉛減速炉の建設 41
❖韓国への米戦術核配備 44
❖韓国の核武装計画 46
❖冷戦の終結から南北非核化共同宣言へ 48

《第２章》　束の間の春へ（1993 年～ 2000 年）

1　94 年危機と朝鮮半島エネルギー開発機構

❖ IAEA への初期申告　51
❖査察における疑惑の発生　53
❖ NPT 脱退宣言と米朝初の文書合意　56
❖黒鉛炉をめぐる２層の流れ　58
❖戦争の危機とカーター元大統領の訪朝　60
❖米朝「枠組み合意」と朝鮮半島エネルギー開発機構　63

2　朝鮮半島の春

❖ KEDO を翻弄した国際環境　66
❖偵察潜水艦座礁と金昌里（クムチャンリ）疑惑　68
❖テポドン打ち上げの波紋　70
❖ペリー・プロセス　72
❖ 2000 年米朝共同コミュニケ　75
❖クリントン外交の遺産　78

《第３章》　米ネオコン政治と６か国協議（2001 年～ 2008 年）

1　「悪の枢軸」路線の失敗

❖ブッシュ大統領の登場　81
❖米、明らかな「枠組み合意」違反　84
❖高濃縮ウラン計画の CIA 情報　86
❖ネオコンが仕組んだケリー訪朝劇　89
❖ KEDO 崩壊と２回目の NPT 脱退宣言　91
❖米国の多国間協議への傾斜　93

2　６か国協議の成果

❖６か国協議の誕生　94
❖ネオコン外交のつけ：モラトリアム無しの交渉開始　96
❖ CVID の原則と行動対行動の原則　101

❖第２期ブッシュの政策に反発、核兵器保有宣言 103
❖プルトニウム抽出をテコにする外交 105
❖「９・19」６か国共同声明 108

3　６か国協議の行き詰まり

❖バンコ・デルタ・アジアの金融制裁 110
❖反発１－ミサイル実験の再開 112
❖反発２－初の地下核実験 114
❖初期段階の行動に合意 116
❖第２段階の行動：無能力化の成果 118
❖「完全な申告」をめぐる駆け引き 120
❖冷却塔爆破、テロ支援国家指定解除 123
❖検証で米、ゴールポストを動かす 125

《第４章》　並進路線と戦争抑止力（2009 年～ 2017 年）

❖オバマ政権との不幸な出会い 128
❖オバマ・レトリックの誤爆 129
❖北朝鮮の宇宙開発、安保理決議の過ち 131
❖チュチェ原子力政策と２回目の核実験 134
❖南北の軍事衝突と米中の外交努力 136
❖米朝の 2012 年「うるう日合意」 139
❖金正恩（キムジョンウン）の「並進路線」とオバマの「戦略的忍耐」 141
❖並進の新しい姿と核戦力確保の論理 144
❖トランプの「炎と怒り」「完全に破壊」発言 145

《第５章》　希望と期待（2018 年～）

1　２つの歴史的首脳会談

❖ろうそく革命と北の核計画の転機 150
❖北朝鮮の路線転換と板門店宣言 152
❖史上初の米朝首脳会談とシンガポール共同声明 155

❖「シンガポール合意」の無視を貫く米国 157
❖ボルトンのハノイ会談を潰す企み 159

2　問われる日本
❖ハノイ首脳会談の失敗 162
❖金正恩の「戦略的忍耐」 165
❖米朝交渉の行き詰まりと「正面突破戦」 168
❖第８回労働党大会と米バイデン政権の登場 170
❖日本こそ、北東アジア非核兵器地帯 173
❖発展を続ける包括的アプローチ 176

《第６章》　核・ミサイル技術の現状

1　核兵器と核物質
❖原子炉 180
❖プルトニウムと濃縮ウラン 181
❖核実験と核弾頭の開発 185
❖核兵器運用についての考え方 191

2　運搬手段
❖一般的考察 192
❖弾道ミサイル 194
❖地上発射・短距離弾道ミサイル 196
　1　スカッド系ミサイル
　2　固体燃料短距離ミサイル
❖地上発射・準中距離、中距離弾道ミサイル 201
　1　ノドン準中距離ミサイル
　2　中距離ミサイル―ムスダンとファソン 12
❖大陸間弾道ミサイル―ファソン 14、15 など 205
❖衛星発射体（SLV）―テポドン（ウナ） 207
❖潜水艦発射弾道ミサイル・プッククソンと潜水艦 211

巻末資料 216
資料1 朝鮮半島の非核化に関する南北朝鮮の共同宣言―1992年1月20日
資料2 米朝枠組み合意―1994年10月21日
資料3 米朝共同コミュニケ―2000年10月12日
資料4 日朝平壌（ピョンヤン）宣言―2002年9月17日
資料5 第4ラウンド6か国協議で採択された共同声明―2005年9月19日
資料6 6か国協議の共同声明実施のための初期行動―2007年2月13日
資料7 6か国協議の共同声明実施のための第2段階の行動―2007年10月3日
資料8 第6回6か国協議、首席代表者会議プレスコミュニケ―2008年7月12日
資料9 「うるう日合意」に関する米国の報道発表―2012年2月29日
資料10 「うるう日合意」に関する北朝鮮の発表―2012年2月29日
資料11 北朝鮮の「自衛のための核兵器国地位確立法」―2013年4月1日報道
資料12 朝鮮労働党第7期中央委員会第3回総会における決定（抜粋）
―2018年4月21日
資料13 朝鮮半島の平和と繁栄及び統一のための板門店（パンムンジョム）宣言―2018年4月27日
資料14 トランプ米大統領と朝鮮民主主義人民共和国金正恩委員長のシンガポール
首脳会談における共同声明―2018年6月12日
資料15 9月平壌共同宣言―2018年9月19日
資料16 歴史的な板門店宣言履行のための軍事分野合意書―2018年9月19日

参考文献 245

『北朝鮮の核兵器』関連年表 256

韓国・朝鮮人名索引 291

◎あとがき 295

装丁：商業デザインセンター　増田　絵里

北朝鮮の核・ミサイル関連施設
ヨンビョン
寧辺
5MWe黒鉛炉(プルトニウム生産炉)
25-30MWe実験軽水炉(未稼働)
放射化学研究所(核燃料再処理・プルトニウム抽出施設)
黒鉛炉核燃料棒加工場
遠心分離ウラン濃縮施設
50MWe黒鉛炉(廃棄)
IRT-2000原子炉
0.1MWt臨界集合体
放射性同位元素処理研究所
高性能火薬実験場
ソンボン
先鋒(旧名・雄基)
ウンギ
ウラン採掘
チョンス
青水
黒鉛採鉱、精錬
クムチャンリ
金昌里
地下施設の誤った疑惑
クソン
亀城
ウラン採掘、精製
高性能火薬実験場
ヨンドクトン
竜徳洞
核兵器貯蔵所?
チョルサン
鉄山
ウラン採掘
ペクトゥサン
白頭山
ヒェサン
恵山
ウラン採掘
チョンジン
清津
ヨンジョドン
ミサイル基地
プンゲリ
豊渓里
核実験場(廃棄?)
ムスダンリ
舞水端里
ミサイル発射場
テチョン
泰川
200MWe黒鉛炉(未完で廃棄)
クモ
琴湖
1000MWe軽水炉2基(未完で廃棄)
ハムフン
咸興
ウラン採掘
リチウム6生産
シンポ
新浦
ミサイル発射潜水艦基地
ウラン採掘
パクチョン
博川
ウラン採掘、選鉱
シノリ
新五里
ミサイル基地
スクチョン
粛川
スンチョン
順川
ウラン採掘、選鉱
トンチャンリ
東倉里
ソヘ
西海衛星発射場
メボンサン
毎峰山
ウラン採掘
クムチョンニ
金川里
ミサイル基地
ウォンサン
元山
ピョンヤン
平壌
金日成研究所(未臨界施設)
キッテリョン
旗対嶺
短中距離ミサイル発射基地
カンソン
降仙
ウラン濃縮地下施設の疑惑
サッカンモル
ミサイル基地
クムガンサン
金剛山
ピョンサン
平山
ウラン採掘、選鉱
パンムンジョム
板門店
クムチョン
金川
ウラン採掘
ケソン
開城
ソウル
0
100km

《序章》
視座を正す

1　朝鮮半島分断と日本の植民地支配

❖核の脅威と危険

私たちが直面している朝鮮民主主義人民共和国（DPRK、以下「北朝鮮」）の核兵器問題とは何であろうか？

人口2600万人。国土面積において日本の3分の1、世界で95位の小国である北朝鮮が、独自の社会主義国家建設の理念をかかげ、孤立無援を恐れぬ選択をしつつ、世界最大の軍事強国アメリカと70年の間、戦争を続けている。そして、15年前となる2006年、ついに最初の地下核実験を行った。2017年には米国に届くICBMの実験に成功し、それをもって核抑止力の完成を宣言した。

北朝鮮は核兵器で何を得ようとしているのだろうか？

このことを考えるために、私たちはひとまずズームアウトして、私たちが立っている場所を確認することから始めることが必要だ。北朝鮮の現在と未来は、日本が過去に行ったことと、これから行おうとしていることに深く関係しているからである。私たちには、自分自身が視野の中に入っているような、広角でものを見ることのできる場所に視座を置くことが求められる。これは私たちが朝鮮半島問題を考えるときの前提だ。

北朝鮮が核抑止力完成を宣言した数か月前の2017年7月7日、ニューヨークの国連本部で開催されていた交渉会議において、歴史的な核兵器禁止条約が成立した（2021年1月22日に発効）。ヒロシマ、ナガサキを経験した人類が、70数年積み重ねた市民社会の世論を通して、同志国家を動かし獲得した条約である。条約は、核兵器を「いかなる使用も人道の諸原則および公共の良心に反する」非人道兵器であると規定し、地球から一掃するための道義的基礎を固めることを目指した。そして、核兵器の使用や使用の威嚇だけではなく、核兵器を保有すること自体を非合法であるとして禁止した。さらには、核兵器を持たなくても、持つ国に核兵器の使用や威嚇を誘導する行為も禁止した。これは日本のように「核の傘」に依存する政策をも非合法化したことを意味する。

このように核兵器禁止条約は核兵器に悪の烙印を押した。この条約の成立を牽引した世界の世論が、もっとも厳しく批判の矛先を向けた国は最強の核保有国であり、核軍縮をリードすべき米国とそれと張り合うロシアであった。つまり、世界の市民の多数の認識において、現実に直面している核兵器の脅威と危険の源泉は北朝鮮ではない。米、ロが関与する核戦争は人類全体を脅威に晒（さら）すものであり、この脅威認識は人類共通の認識といってよい。日本の市民にとっても例外ではない。北朝鮮を免罪するためではなく、脅威と危険の源泉を正確に認識するために、私たちはこのことをまず確認しておく必要がある。

米国とロシアは、各850発ほど（2017年）の核弾頭を、いつ何時でも秒の単位で即発射できる警戒態勢のもとにおいている（参考文献１）。これらの国は、故意であれ過失であれ、世界の市民を一触即発の核爆発の惨禍に巻き込むリスクに曝（さら）し続けている。この態勢を維持するために、ミサイル発射テストや爆弾投下訓練をはじめ、核兵器の有効性を確かめる先端科学を駆使した実験と演習を繰り返している。その頻度は北朝鮮の比ではない。この異常な日常にこそ、さし迫った核兵器の脅威と危険がある。つけ加えるならば、米国の「核の傘」にしがみついている日本は、米国の同調者として、このような核兵器の脅威と危険を作り出す側にある。

北朝鮮の核兵器は、このような状況を、間違いなくさらに悪くするであろう。このことが、米国やロシアの核兵器と同じように、私たちが北朝鮮の核兵器開発に強く反対をしなければならない根本的な理由である。

にもかかわらず、日本において北朝鮮の核兵器問題が語られるとき、このような前提が語られることは皆無に等しい。のみならず、米国の核兵器の危険性や日本の「核の傘」政策の問題点を、北朝鮮の核兵器開発への批判と同時に語ることが、問題の本質を逸らせることであるかのように異端視し、口を開かせない社会的圧力が日本には存在している。北朝鮮を悪者に仕立てることによって日本人が一致していることを確認し合うような、社会的病理の危険性が存在している。北朝鮮が行う軍事行動や新規軍事技術の実験は判を押したように「挑発」と呼ばれ、米軍の行う同種の行動は「演習」「配備」と呼ばれることに違和感を覚えさせないような偏りが、日本社会における世論の基調となっている。

北朝鮮の核兵器問題への視座がこのような偏りの中にあることを、私たちはまず直視したい。

❖「北の脅威」という歪んだ世論

北朝鮮のミサイル発射問題においても、日本における語り口には同様な偏りがある。

2012年4月13日の北朝鮮による人工衛星「銀河(ウナ)3号」打ち上げ時の日本社会の姿はその典型例であった。詳しい経過は第6章に譲るが（209ページ）、先立つ3年前の「銀河2号」の発射時（2009年4月5日）と同じように、北朝鮮は約1か月前に国際機関に発射予告をし、切り離された第1段ロケットと第2段ロケットの着水危険水域の通告を行った。しかし、日本政府は「人工衛星発射と称するミサイル発射実験」という決めつけの発表を繰り返し、メディアも追随して国民に危機感ばかりを煽(あお)った。日本政府は、北朝鮮が日本を狙ってミサイルを撃ってくるかのような説明はさすがに引っ込めたが、ミサイルが落下する危険を強調した。3月30日、防衛大臣がミサイル防衛による迎撃態勢をとる「破壊措置命令」を発動し、航空自衛隊に地対空誘導ミサイル・パトリオット（PAC3）の展開、海上自衛隊に迎撃ミサイル・SM3を搭載するイージス艦の出動を命じた。また、発射と同時に全国自治体に瞬時警報システム（Jアラート）で警報を発するという物々しい体制をとって自治体にも対応を促した。北朝鮮を敵に見立てて国民に対して戦時訓練を行う様相であった。

北朝鮮が公表した衛星打ち上げコースは**〈図1〉**に示す内容であった。図には示していないが、切り離された2段目ロケットは記載されたルートの延長上にお

〈図１〉北朝鮮と韓国の人工衛星打ち上げコース

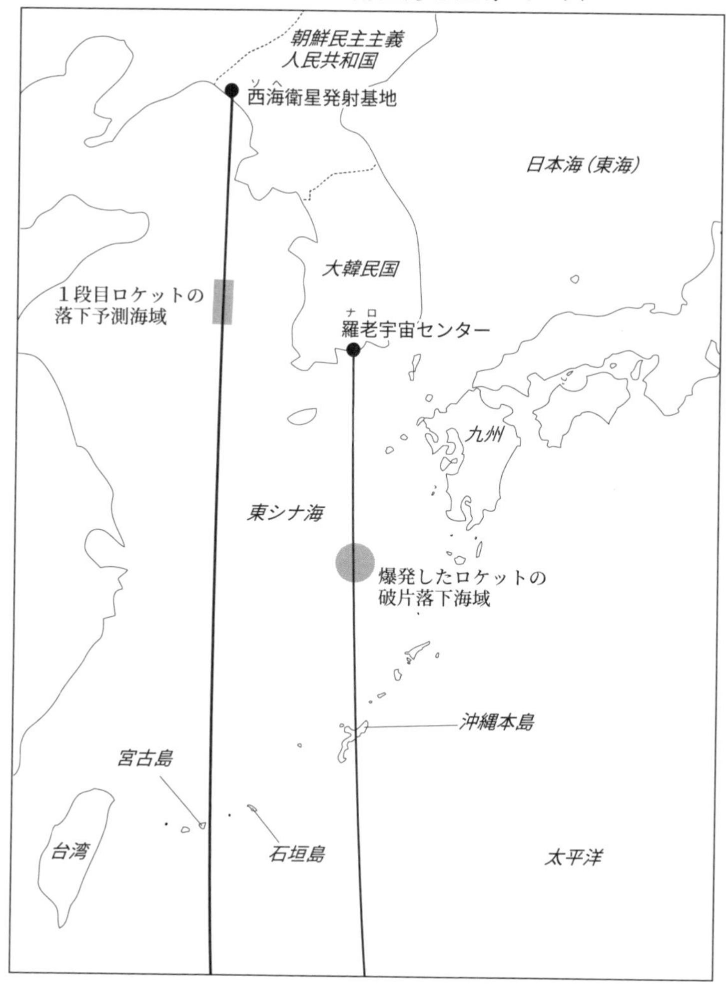

左　北朝鮮の銀河３号打ち上げコース（2012年４月13日、失敗）
右　韓国の羅老２号打ち上げコース（2010年６月10日、失敗）

（参考文献２）

いてフィリピン・ルソン島の東方沖に落下すると予告された。自衛隊は迎撃のために３隻のイージス艦を東シナ海と日本海に配備し、PAC３を飛行コースの下にある沖縄本島、石垣島、宮古島の４か所のみならず首都圏３か所にも展開するという異様さであった。国民の生命と財産を守るためと説明されたが、それでは辻褄が合わない。

韓国が2009年と2010年にほぼ同じコースで人工衛星の打ち上げを試み、失敗していたという経過を知れば、矛盾が明らかになる。韓国の打ち上げの際、日本政府は自衛隊の出動どころか、国民に広く警報を発することもなかった。

2010年６月に韓国が羅老（ナロ）宇宙センターから人工衛星を打ち上げたときの飛行コースを**〈図１〉**に重ねて示した（参考文献２）。ロケットは、北朝鮮の場合よりもはるかに日本に近いコースを飛んだ。五島列島福江島の西方100㎞以内の上空を通過し、沖縄本島の真上を通過するコースであった。打ち上げ後２分でロケットは爆発し、後に韓国海軍が図の円形地域に破片を発見したことを報じた。しかも、韓国の打ち上げの失敗を日本政府は予測しなければならない十分な理由があった。前年の2009年８月、韓国は同じコースでの打ち上げに原因不明の失敗をしていたからである。このとき、第２段エンジンの破片がオーストラリア・ダーウィン付近に落下しており、人的被害が発生する危険があった。したがって2010年の打ち上げに伴う落下物が沖縄や九州を襲う可能性は否定できなかったが、日本政府は正しくも騒がなかった。

2012年の日本における大騒ぎは、相手が北朝鮮だから意図的に起こされたものである。

❖国難突破のデマゴギー

この事件は民主党・野田政権下に起こったものであるが、2017年の安倍政権下においては、いっそう露骨な北朝鮮を悪魔化する世論誘導が行われた。

2017年９月19日、つまり米国のトランプ大統領が「北朝鮮を完全に破壊する」と述べた後述の国連総会演説（第４章146ページ）を行った翌日、安倍総理大臣は同じ総会で北朝鮮の脅威を訴えた（参考文献３）。

「脅威はかつてなく重大です。眼前に、差し迫ったものです」「独裁者の誰彼が大量破壊兵器を手に入れようとする度、我々がくぐってきたものと、質において次元の異なるものです」と言葉を尽くして北朝鮮の脅威を煽るとともに、北朝鮮は信用できない国であり、交渉は無駄である、世界が一致して圧力をかけるより道がない、と訴えた。

「我々が思い知ったのは、対話が続いた間、北朝鮮は、核、ミサイルの開発を、諦めるつもりなど、まるで、持ち合わせていなかったということであります。対話とは、北朝鮮にとって、我々を欺き、時間を稼ぐため、むしろ、最良の手段だった。」「北朝鮮に、全ての核、弾道ミサイル計画を、完全な、検証可能な、かつ、不可逆的な方法で、放棄させなくてはなりません。そのために必要なのは、対話ではない。圧力なのです。」

国連での安倍首相の北朝鮮への強硬姿勢の誇示は、実は国内政治を睨んだ作為であった。首相は国連演説の５日後、首相官邸で記者会見をして、「国難突破解散」を宣言して総選挙に打って出たのである。ありもしない北朝鮮の脅威を国難に仕立て上げて「北朝鮮の脅威に対して国民の命と平和な暮らしを守り抜く」と解散の口実にした。

ところが、北朝鮮の欺瞞を罵るように批判する根拠として安倍首相が国連演説で掲げたものは、後に本書で詳しく述べるように、歴史の検証に耐えるような内容ではなかった。

首相が根拠として挙げた〈史実〉の一つは、北朝鮮の非核化のための国際的な努力であるKEDO（朝鮮半島エネルギー機構）を北朝鮮が潰したという非難である。本書で詳しく検証するように（第３章84～90ページ）この主張は「誤り」というより「嘘」である。KEDOは成功しようとしていた。それを米ブッシュ（子）政権のネオコン政治家たち（チェイニー副大統領やボルトン国務副長官）が意図的に潰したことが、今や広く知られている。もう一つの安倍首相が掲げた〈史実〉は、６か国協議の破綻が北朝鮮の約束違反によって起こったという主張である。これについても本書に詳論する（第３章110～115ページ）が、合意に反する行動を先にとったのは米国であり、私の評価では両方（実際には６か国すべて）に共同声明を生かす努力が足りなかった。北朝鮮が騙したという議論は、一方的に過ぎる主張であり、作為に満ちた史実の歪曲と言わざるを得ない。

事実を曲げる議論が、北朝鮮の核・ミサイル問題には横行している。この傾向は、西側諸国に多くみられるが、日本では後述する歴史認識の問題が重なり、より根の深い問題になる。

❖体制を守る論理

「なぜ核武装するのか」という問いに対する北朝鮮の回答は、ある意味で単純であり首尾一貫してきた。筆者はこの論理に与しないが、米国も日本も拠って立つところと同じ核抑止論の帰結である。

現在の金正恩の父、金正日の体制下において、2006年10月に北朝鮮が最初の核実験を行ったとき、北朝鮮は事前に実験の予告を行った。その予告声明は次のように述べた（詳しくは第3章114ページ）。

「米国からの核戦争の極度の脅威、制裁と圧力の結果、それに対抗する防衛手段として核抑止力を強化するための核実験に踏み切らざるを得ない。」（北朝鮮外務省声明、2006年10月3日）

この理由づけは、2013年4月に、金正恩体制下において、核兵器開発と経済発展を同時に追求するといういわゆる「並進路線」を打ち出した時においても、改めて定式化された。すなわち、最高人民会議において「核兵器地位確立法」を制定し、その第1条で次のように核兵器を位置づけた。

「DPRKの核兵器は、増大し続ける米国の敵視政策と核の脅威に対抗するために手にせざるをえなかった正当な防衛手段である。」（核兵器国地位確立法・第1条、2013年4月1日。巻末 資料11 ）

この論理を裏返すと、米国の敵視政策や核の脅威がなくなれば、北朝鮮は核兵器を保有する理由がなくなるはずである。実際、その論理を、北朝鮮は米朝非核化交渉の基本論理として繰り返し使ってきた。最近の例としては、2017年11月に金正恩委員長は核抑止力の完成をしたと宣言した（第5章152ページ）が、翌2018年の年頭の辞において、「これで米国は戦争を仕掛けることができない」と述べた。そのうえで、3月6日、訪朝した韓国の鄭義溶・大統領特使に対して「米国の脅威がなくなれば核兵器を放棄できる」と表明して交渉の口火を切った。

「我が国の核戦力は、いかなる米国の核の脅しも打ち砕き、反撃することができる。それは、米国が冒険主義の戦争を始めることを阻止する強力な抑止力である。」（金正恩委員長・年頭の辞、2018年1月1日）

「北朝鮮側は、朝鮮半島の非核化への約束を明確に表明し、体制の安全が保証され軍事的脅威が除去されるならば、核を保有する理由がないと述べた。」（韓国大統領府広報。2018年3月6日）

核抑止力を国家安全保障の至高の手段とする論理は、すべての核保有国に共通する論理である。さらには、「核の傘」＝拡大核抑止力への依存を国家安全保障に不可欠とするNATO諸国や日本の論理もそれと変わらない。北朝鮮の特殊性があるとすれば、それは弱小国家が、桁違いの核超大国かつ戦争状態が継続している敵国（米国）に対してのみ向いている限定した抑止力である、と公言している点であろう。

このような北朝鮮の論理の基礎となっている「米国の核の脅威」のリアリティはどのようなものであろうか？　それはヒロシマ、ナガサキの惨禍に起因するリアリティというよりも、それが朝鮮戦争の体験と重なって得たリアリティと考えるのが適切である。朝鮮戦争で体験した核兵器の恐怖を、北朝鮮はそれ以来70年間、繰り返し感じ続けてきた。

❖朝鮮戦争：核の脅威のリアリティ

朝鮮戦争では、米軍による核兵器使用が幾度となく検討された。朝鮮半島の政治・歴史問題の権威ブルース・カミングスはその著書において、この問題に関するさまざまな史実を明らかにしている（参考文献４）。

1950年6月25日の北朝鮮の軍事侵攻とほぼ同時に、米陸軍の作戦計画のトップにいたチャールス・ボルト少将（当時）は核兵器による報復を計画した。ソ連が前年の8月に初めての核実験を行ったばかりであり、実質的に米国の核兵器独占の時代であった。ダグラス・マッカーサー元帥の指揮下にあった陸軍を支援するため、ボルトは10～20発の核爆弾の準備を要求した。マッカーサーの計画は核爆弾によって中国とソ連からの支援路を遮断して北朝鮮を袋小路に閉じ込め、地上戦で北朝鮮をせん滅して朝鮮半島の武力統一を図るというものであった。この案はワシントンの統合参謀本部（JCS）で否定され実現しなかった。

1950年11月30日の記者会見でトルーマン大統領が朝鮮での核兵器使用を示唆したことは有名であるが、それは単なる脅しではなく、根拠に基づいた発言であった。同じ日に極東空軍司令官ジョージ・ストレイトマイヤー中将は戦略空軍に爆撃機部隊の増派態勢をとるよう要請し「増派は原子能力部隊を含むべし」と注文した。しかし核兵器使用については同盟国イギリスに異論があったのみならず、中国に戦線が広がる可能性について米軍内にも異論があった。12月9日にマッカーサーは核兵器使用の権限を求め、12月24日には攻撃リストを提出し26発の原爆が必要であるとした。死後公表されたインタビューでは、マッカーサーは 10 日間で戦争に勝利する計画だったと述べ、「満州との境界に沿って 30 〜 50 の原爆を落としただろう」「放射性コバルトの帯を作り 60 年間は北方から朝鮮への侵攻はできなくする、ソ連は何もできない」などと述べている。幸い、これらの計画は採用されることはなかった。

カミングスによると 51 年 4 月に、米国は核兵器使用にもっとも近いところにいた。3月末には核物質のコアを除いた核爆弾の部品が沖縄の嘉手納基地に到着しており、そこで組み立てる準備が完了していた。4月5日、統合参謀本部は、中国から多数の新増派部隊が参戦する、あるいは爆撃機が米軍部隊や基地への爆撃を行った場合、直ちに核兵器で反撃するよう命令した。同日、核弾頭を管理する原子力委員会は9発の MARK-IV 核カプセルを空軍第9爆撃機航空群に移管する準備を始め、6日、トルーマン大統領はそれを承認すると同時に、中国と北朝鮮に対して核兵器を使用する命令書に署名した。4月 11 日に移管は実行されたが、その日はトルーマンがマッカーサーを解任した日であった。トルーマンはこの非常事態を統合参謀本部にマッカーサー解任を承認させるのに利用したとの説が有力である。後任のマシュー・リッジウェー大将が核兵器について違った考えを持っていたということではない。この解任劇のごたごたと中国もソ連も戦争を拡大しなかったことによって、この核攻撃も実行されることはなかった。

第9爆撃機航空群はグアムにまで到着していたが、4月 11 日以後も9発の核弾頭は嘉手納に送られることはなかった。しかし、1953 年の停戦まで、核兵器使用の検討は繰り返された。たとえばハドソン・ハーバー作戦と呼ばれる作戦では核爆弾を戦術使用することが検討され、1951 年9月と 10 月、沖縄から B29 が北朝鮮上空を単独飛行して核爆弾投下の詳細にわたるシミュレーションを行った。これは広島への原爆投下前に米軍が行った爆撃訓練と同様の訓練であった。結果として、都市ではなく集結した北朝鮮の大部隊を核爆弾の投下でせん滅するようなチャンスは少なく、原爆投下は有効な戦術手段ではないと判断された。

このような核戦争の危機を、私たちは米軍公文書から知るだけでは不十分であろう。むしろ、はるか上空に B29 の爆音を聞き、核爆弾ではない各種の爆弾投下を浴びながら地上の戦争を続行していた北朝鮮人民軍の司令官たちの恐怖と覚悟のことを想像すべきであろう。どの一つの爆弾をとってもそれが原爆であるかも知れない恐怖の連続のなかに司令官たちは置かれていた。広島、長崎によって見せつけられた原爆の威力についての真新しい情報のなかで、彼らは恐怖の戦争を戦った歴史を記憶しているのである。

米国との戦争の恐怖は、このようにして常に核兵器への恐怖とともにあった。この状態は1953年7月27日に朝鮮戦争の停戦協定が結ばれたにもかかわらず、直後に米韓相互防衛協定が結ばれ、米軍駐留が停戦協定に違反して永続化することによって慢性化した。1958年2月の米軍による韓国への核兵器配備はそれをさらに実体化した（詳しくは第1章45ページ）。

❖米本土からの核攻撃の威嚇

米ソ間の冷戦終結にともなって韓国に配備された米軍の核兵器は撤去されたが（第1章49ページ）、米国の核兵器能力はもはや韓国への配備を必要としていない。米国は米本土やグアムを起点にして、繰り返し北朝鮮への核攻撃への威嚇を繰り返してきた。もっとも典型的な例は2013年3月28日の例であろう。米軍は2012年12月の北朝鮮の人工衛星・光明星3号発射に対する警告として、この核攻撃の示威行動をとったのである。

その日、米韓合同演習フォール・イーグルの中において、米軍は史上初めて米本土から出撃して北朝鮮への核兵器爆撃を行う能力を見せつけた。2機の核兵器能力を持つステルス爆撃機B2が、ミシガン州ホワイトマン空軍基地を飛び立って1万キロメートルを飛行し、韓国・群山沖の米軍射爆場で模擬爆弾を投下し、そのまま折り返して米本土に帰還した。

朝鮮戦争においては沖縄を拠点に行ったB29による核爆弾投下の模擬訓練を、この時は米本土から直接飛来することによって行ったのである。北朝鮮の現在の指導者たちには、沖縄を飛び立った米爆撃機の核爆弾投下の恐怖にさらされつつ闘った朝鮮戦争時の悪夢、先人たちから伝え聴いた悪夢がよみがえったことであろう。

❖日本の敗戦と朝鮮解放

本書では、1994年から始まった米朝枠組み合意・朝鮮半島エネルギー機構（KEDO）実施過程の苦しみと挫折（第2章）、2003年から2008年にわたって取り組まれた６か国協議の破綻（第３章)、現在進行形である 2018 年プロセス（第５章）の困難、と続く朝鮮半島の非核化と平和プロセスの歴史をたどることになる。その中で繰り返し認識させられるのは、1945 年の日本の植民地支配からの解放と同時に始まった南北分断、そして朝鮮戦争へと突き進んだ歴史が作り出した、分断の壁の厚さと根の深さである。

分断の壁は、単に南北間だけではなく、韓国内部に存在する（進歩派と保守派の南南葛藤）のみならず、米国や日本の中にも、朝鮮半島問題を扱うときに繰り返し姿を現す。そこから生じる困難のすべては、日本の植民地支配に起因していると言っても過言ではない。朝鮮半島の非核化と平和プロセスを考える本書においては、たとえ日本の名前が問題の表面に登場しなくても、日本は決して第３者ではないことを私たちは考え続けなければならない。

朝鮮半島の人々は、植民地からの解放と同時に米国とソ連による分割統治という、まさに始まろうとしていた世界的冷戦の波にさらされた。

1945 年８月 15 日、日本の敗戦とともに訪れた朝鮮解放について、歴史学者・文京洙は「解放を主導的に迎えた独立運動の指導者はほとんどいなかった」と述べている（参考文献５)。植民地解放闘争を闘った指導者たちの準備が整わないまま、人民組織は米ソのそれぞれの占領政策に翻弄されつつも関与し、朝鮮における統一国家建設のための運動を繰り広げた。1948 年４月３日に済州島（朝鮮半島の南部、済州海峡を隔て東シナ海に面した島）で起こった４・３事件の例は、朝鮮半島の人々が植民地支配の果てに分断されてゆく建国の苦しみを、日本人の問題として感知する一つの手掛かりになる。

1945 年末、朝鮮半島の統治をめぐる米ソの交渉は、いわゆる「信託統治案」、すなわち朝鮮人による統一的な臨時政府を作って、それを５年間、４か国（米・英・中・ソ）による信託統治のもとに置くという案に行き着いていた。しかし、その案の実施方法をめぐる米ソ交渉は難航し、やがて決裂するという歴史のなかで、４・３事件は起こった。文京洙は４・３事件を次のように要約している。

> ソ連との話し合いに見切りをつけたアメリカは、1948 年、南朝鮮だけの分断国家樹立にむけた総選挙を実施しようとするが、「４・３事件」は、直接的には、この「単独選挙」に反対する済州島での４月３日の武装蜂起に端を発し、その武力鎮圧の過程で３万人を超える島民が犠牲となる。この血なま

ぐさい弾圧に投入された警察・軍・右翼団体は、おおむね、植民地期に日本がつくり育てた機構や人員を引き継ぐ存在であったことを忘れてはならない。つまりそれは、ほかならぬ日本の朝鮮支配の申し子たちであった。（文京洙「済州島４・３事件とは何か」参考文献６より引用）

❖詩人・金時鐘（キムシジョン）と４・３事件

詩人・金時鐘（キムシジョン）は４・３事件の一般市民と近いところにいた末端の当事者であり、「私は４・３事件に関わりのある者にならざるをえなくなって親を捨て、故郷を捨て、日本に流れ着いて在日朝鮮人になってしまった者です」と、自伝的回想録『朝鮮と日本に生きる―済州島から猪飼野へ』（2015年、大佛次郎賞受賞）（参考文献６）のなかで述べている。

彼は日本文化に深くそまった皇国少年として少年期を過ごした。日本の抒情歌を愛し、17歳で「解放」を経験したときには世界文学全集38巻を全部日本語で読み終えていた反面、母国語である朝鮮語はほとんど書けない青年であった。済州島では、抗日活動をしていた活動家たちが、解放と同時に「国語学習所」を開設して朝鮮語を教え始めたが、金時鐘はその初級から学ばなければならかった。彼に朝鮮語を教えたのは、朝鮮半島本土で日本の目を盗んで朝鮮語を学んでいた同じ世代の学生たちであった。金時鐘は「私の無知さ加減がいかに帝国日本にまみれたものであったかを痛く思い知らされて、自分が自分でみじめでもあり、情けなくもありました」と当時を振り返っている（参考文献６）。

そのころ済州島で起こったことは、少なくとも38度線の南部、おそらくそれに限らず朝鮮半島の各地で起こった現象であり、その後の朝鮮半島の人々の中に根を張る分断の形のルーツを形成しているように思われる。日本の植民地支配に抗した民族主義者や社会主義者、抗しないまでも耐えながら順応していた人々が、各地で民族の統一国家建設のためのさまざまな活動を活発に始めていた。それらの核になった多くは、日本帝国官憲が社会主義者（サフェジュイジャ）とレッテルを貼った人たちであった。この社会主義者について、「植民地統治に歯向かった人たち、良心的な民族主義者や自由主義者、農民運動家も組合活動家も、ひいてはキリスト教徒をはじめとする各宗派の信仰者たちをもひっくるめて、民衆は〈サフェジュイジャ〉と呼んでいた」と金時鐘は説明する。この説明は、ベトナム戦争のときの〈ベトコン〉を思い出させる。米国はサイゴン政権に抵抗した民族解放戦線の活動家をすべて〈ベトコン〉と呼び共産主義者のレッテルを貼って民衆の分断を図った。

❖済州島における米軍の軍政

米軍が軍政を敷くために先遣隊の将校が済州島に入ったのは 1945 年９月末、実質的な軍政業務は米軍中隊の進駐のあった 11 月になってからであった。軍政が確立するまでに、朝鮮半島各地の社会秩序は自治組織によって運営され、当然にも統一国家建設のために活発に動いていたさまざまな組織の合従連衡（がっしょうれんこう）が繰り広げられていた。済州島にも権威のある自治組織として済州島人民委員会が早期に設立された。それは、離島の特徴として自立性が強い組織であったが、本土組織との連携も進んでいた。日帝支配下で抗日活動をしていた人たちの人となりと良心に接して尊敬の念を抱き始めていた金時鐘は、人民委員会の下働きをするようになった。

済州島における軍政は、初期は人民委員会と連携しながら統治を始めた。しかし、厳しい食糧事情と 1946 年夏のコレラによる疫病禍など困難な諸課題に直面する中で、軍政は日帝支配下で行われた強制的な米穀供出と配給制度を復活した。解放後しばらくは鳴りを潜めていた日帝支配の手先であった地元有力者や右翼組織が息を吹き返し、今度は軍政の手先となって幅を利かし始めた。人民委員会は強制供出に反対し、軍政と癒着して暴利を得る汚職官吏と悪徳商人の告発運動を展開した。軍政は自分たちに逆らう人民委員会の活動を共産主義の策謀と断じ、「反共」のために親日派あがりの大小の右翼団体をテコ入れして、人民委員会の弾圧に乗り出すようになった。

1947 年３月１日の「３・１節 28 周年記念済州島民大会」(1919 年３月１日、日本植民地支配に抗して民衆蜂起が起こった。朝鮮半島全土に広がり「３・１万歳革命」とも呼ばれる。その 28 周年記念集会）が４・３事件への大きな転機となった。島民大会は、迫りくる朝鮮南部のみの単独選挙に反対し、米ソの信託統治協議の再開を求め、統一した民族独立を勝ち取るという目的を掲げて開かれた集会とデモ行進であった。総人口の１割を超える老若男女、あらゆる階層の島民３万人が参加し、島民大会は済州島では未曾有の生気みなぎる大集会となった。デモ行進が二手に分かれて行われ、合流地点で締めくくりの集会をして解散する予定であった。

しかし、合流地点の手前でデモの解散が命じられ、混乱している中で武装警官が群衆に一斉に発砲した。その結果、即死４名、のち死亡２名、重症８名という惨事になった。その場を目撃していた金時鐘は「発砲命令は米軍側の命令だったと確信します」と著書（参考文献６）で述べている。

この事件が島民の反軍政の感情に火をつけた。「南労党の謀略」「警察署を襲撃する気勢を見せたため、やむをえず発砲した」と警察は発表し、全国紙もそう報道した。警察は翌日から猛然と首謀者狩りを始めたが、真相を知る島民は結束して暴挙に抗議した。３月 10 日を期して抗議のゼネストが行われ、島内の 174 団体が参加したが、その中には罷免覚悟の軍政庁の官吏 75% が含まれていた。

自主組織の壊滅を狙う軍政当局と警察庁が本土から済州島に人員を増派したが、それと同時に連動する右翼団体のメンバーが多数島に投入された。連日の逮捕が始まると同時に逮捕者に情報を吐かせるための残忍な拷問が行われた。軍政下の警察について、米国務省元高官であり朝鮮問題の歴史学者であるジョン・メリルは、その実体を「主に日本の支配下での治安活動の『経験者』である対日協力者によって構成されていた警察は、そのイデオロギー的傾向においてははっきりとした右翼であった。そのやり方も、……なにかといえば拷問にかける旧態依然たるものであった」と述べている（参考文献６）。

❖ 1948 年４月３日決起

1948 年の事件直前の３月には、その月だけで３人の 20 代の若者が拷問死したことが判明し、島民の中にやり場のない怒りが満ちるようになった。朝鮮南部では強硬な反共保守の李承晩らを担いだ米軍政による単独選挙が５月 10 日に行われることが決定された。煮詰まった島民感情の中で急進派は遂に武装蜂起を決意した。1948 年４月３日、「単独選挙・単独政府に反対し、祖国の統一と独立を呼びかけ、軍政の蛮行を阻止し、これまでの怨恨を晴らす」などの趣旨を述べた檄文を発し、遊撃隊は漢拏山の各地で狼煙をあげて決起した。農民一揆のような武器で武装し、警察支署、右翼団体、要人宅を襲撃した。

軍政長官は４・３事件を「共産主義者の煽動による叛乱」と規定し、鎮圧のための全島ローラー作戦を繰り広げた。単独選挙によって発足した制憲国会によって８月 15 日に大韓民国（初代大統領・李承晩）が成立したが、米軍は米韓暫定協定によって韓国に居座り、できたばかりの韓国軍の指揮統制は米国軍事顧問団が握った。韓国軍内に済州島警備司令部が設置されたが、軍政と変わらぬ掃討作戦を繰り広げた。村ごとに嫌疑者の探索を行い見せしめの公開処刑を行いつつ、指定された敵性地域においては村を丸ごと焼き払う焦土作戦にまで発展した。

1950 年に朝鮮戦争が始まってからは、韓国全土で展開された思想犯の予備検束が、済州島においては４・３事件の鎮圧と一体化して行われた。それは、日帝植民地支配において行われた朝鮮思想犯の予防拘禁のノーハウを旧親日勢力が新政権下で復活させたものである。1950 年には、予備拘束者数百名の虐殺・水葬、飛行場における数百名の銃殺・闇埋葬など数々の集団虐殺が記録され、後に遺骨の発掘が行われている。

公式に３万人超と言われる４・３事件による島民の犠牲者は、実際には５万人に上ると金時鐘はいう。済州島の決起部隊の抵抗は朝鮮戦争をはさんで６年半続いた。

1999 年 12 月、事件から半世紀以上を経て、金大中（キム デ ジュン）政権によって４・３事件犠牲者の名誉回復のための「４・３特別法」が制定されたが、特別法は、４・３事件の対象期間を 1947 年３月１日から 1954 年９月 21 日と定めている。この最後の日付は漢拏山の禁足令が解除され掃討作戦が正式に終了した日である。

朝鮮民族の歴史に深い傷を負わせた事件を少し詳しく述べてきた理由は、この傷は現在に続く朝鮮半島の分断の意味を考える原点であり、それに日本の植民地支配が深く関わっていることを示すためである。

現在も続く分断の形は、民族の誇りや良心から生まれる人々の思想と行動を左翼イデオロギーのレンズを通して見る、長い歴史をもつ思考様式によって特徴づけられている。その様式が、社会体制の異なる大韓民国（韓国）と朝鮮民主主義人民共和国（北朝鮮）の両国が存在するなかで、壁を再生し続けている。日本の植民地支配はこの様式の生みの親なのだ。

2　核兵器：世界の中の北朝鮮

❖ 13100 発の中の 40 発

2021 年春の時点で、地球上には約 13100 発の核弾頭が存在する。その 90% は米国とロシアが持っている。北朝鮮は地下核実験を６回行ったものの、核兵器を搭載したミサイルの数は極めて僅かであろう。搭載の有無は別として、核弾頭の数は 40 発程度と推定されている（参考文献７）。

なぜ北朝鮮の核兵器開発だけが非難されるのだろう。

潘基文（バンキムン）前国連事務総長は、かつて「悪い兵器に良い（持ち）手はない」という名言を吐いた。核兵器は誰が持っても悪いという意味である。

北朝鮮の核兵器問題を冷静に考えるためには、前提として世界の核兵器問題の全体像を掴んでおくことが必要だ。

世界には、北朝鮮を含めて９つの国が核兵器を持っている。この９カ国を総称するときは「核兵器保有国」、あるいは単に「核保有国」と呼ぶ。一方、この中の５カ国、米国、ロシア、フランス、中国、英国をしばしば「核兵器国」と呼ぶ。この５か国は、核不拡散条約（NPT）において特別扱いされ「核兵器国」と定義されているからである。この５か国は、国連安全保障理事会で拒否権を持つ常任理事国（しばしばＰ５（ピー・ファイブ）と呼ばれる）でもある。

NPT は 1968 年に締結され、1970 年に発効した。現在では国連に加盟する総数 192 か国のうち４か国を除くすべての国が参加していることが示すように、軍備管理に関する国際条約の中でもっとも多くの国が加盟している普遍性のある条約である。条約交渉の当時、すでに上記の５か国が核実験を行って核保有をしていたが、ケネディ米大統領が 1975 年までには 20 か国が核兵器を保有する可能性があると懸念する状況であった。そこで、ほとんどの国にとって不平等感を免れない条約であったが、５か国を核兵器国と特別に定義したうえで、それ以外の国には核保有国を増やさないことを目指す条約が追求された。小節を改めて詳しく述べるが、特別扱いされた核兵器国は、NPT 第６条において、核兵器を全廃するための交渉を誠実に行うという義務を負うことによって、バランスが保たれた。

核兵器国以外の核保有国4か国を、一般に「NPT 外の核保有国」と呼ぶ。インド、パキスタン、イスラエル、北朝鮮の4か国である。インド、パキスタンはNPT を差別的条約であるとして参加を拒否したが、インドは 1974 年と 1998 年に、パキスタンは 1998 年に地下核実験を行って公然と核保有国となった。イスラエルは、核保有を公式に表明したことはないものの広く核保有国とみなされており、自身もそれを否定していない。

北朝鮮の NPT との関係は複雑である。一度は加盟したが脱退宣言をして北朝鮮自身は脱退したとの立場をとっている。国際社会もそれを既成事実としているが、脱退の手続きに瑕疵があるとして正式に脱退を受け入れてはいない。北朝鮮の NPT 脱退の経過については第2章（56 ページ）、第3章（91 ページ）で詳しく述べる。

〈表1〉に核保有国9か国の推定保有弾頭数を示そう。

核弾頭は、作戦配備、作戦外貯蔵、退役・解体待ちの3項目に分類している。

この表を理解するために、いくつかの技術的なことを説明する。

まず核弾頭は核兵器を構成する心臓部分であり、濃縮ウランやプルトニウムの原子核エネルギーを瞬間的に開放して爆発を起こす装置である。核兵器は大きく言うと、この核弾頭とそれを運搬する手段の2つの部品で構成されている。核ミサイルの場合、運搬手段はミサイルを飛行させるエンジン、燃料、目標への誘導装置などを含む。重力で落下する型の核爆弾の場合は、核弾頭と運搬手段は分離しがたく一体化している場合が多い。また、爆弾を搭載する航空機を運搬手段と解することもできる。一方、航空機から発射する核ミサイルや潜水艦から発射する核ミサイルもあるので、運搬手段は重層的に理解する必要がある。

表における作戦配備というのは、核兵器がすぐに使用できる状態で基地に配備されているものである。核弾頭がミサイルに搭載されていたり、核爆弾が搭載される予定の航空機の近くに保管されていたりする。それに対して作戦外貯蔵の核弾頭というのは、核弾頭が運搬手段と分離されて、多くの場合、離れた場所にある（中央）貯蔵所に保管されている。核兵器を使用する部隊は、作戦命令（訓練も含む）があった時に初めて弾頭を取り寄せて運搬手段に搭載する。退役・解体待ちの弾頭は、文字通り用済みになった核弾頭で解体のために順番を待ってい

〈表１〉核保有国と保有核弾頭数（2021 年３月現在）

国名	NPT 上の核兵器国					NPT 外の核保有国				計
	米国	ロシア	フランス	中国	英国	インド	パキスタン	イスラエル	北朝鮮	
作戦配備	1,800	1,600	280	0	120	0	0	0	0	3,800
作戦外貯蔵	2,000	2,900	10	350	75	160	165	90	40	5,790
退役・解体待ち	1,750	1,760	0	0	0	0	0	0	0	3,510
計	5,550	6,260	290	350	195	160	165	90	40	13,100

（数字は丸めてある）（参考文献 7）

る弾頭である。解体されない限り弾頭は情勢が変われば再度使用される可能性が残っており、この数を把握することは重要である。また、解体作業は細心の注意をもって行う必要があり、解体のペースは政府がそのためにどれだけの人的・財政的投資をするかに左右される。

表で示されているように、世界には約 13100 発の核弾頭があり、その 90% は米国とロシアに占有されている。北朝鮮が持っているとしても僅かに 40 発程度に過ぎない。だから許されるという話では決してないが、北朝鮮の非核化を求めるならば、圧倒的多数である他の国々の非核化を視野に入れて議論するのでなければ、不公平の誹(そし)りを免れ得ないだろう。

他の国々は、自国の核兵器をどのように正当化して、北朝鮮の核兵器はダメだと主張しているのだろうか。

❖５つの核兵器国の実態

NPT が特別扱いしている米、ロ、仏、中、英の５か国について考えてみよう。

すでに触れたように、特別扱いされた国々といえども、NPT 交渉時にすでに核保有をしていたという事実は認められたが、それを既得権として認められた訳ではない。他の加盟国が核保有をしない義務を負うのに対して、５か国は核兵器を全廃するための条約交渉をすることを義務づけられた。NPT 第６条は次のように書いている。

第６条　各締約国は、核軍備競争の早期の停止及び核軍備の縮小に関する効果的な措置につき、並びに厳重かつ効果的な国際管理の下における全面的かつ完全な軍備縮小に関する条約について、誠実に交渉を行うことを約束する。

分かりにくい日本語だが、核兵器国を含むすべての加盟国が、「核軍備の縮小に関する効果的な措置」について「誠実に交渉を行うこと」を約束した。「核軍備の縮小」という言葉は、外務省が作った定訳だが誤解を招く。その原文の英語は「nuclear disarmament」であって、「核の武装解除」すなわち核兵器の「削減」ではなくて核兵器の「全廃」を意味する。したがって、第６条は「核兵器を全廃するための効果的な条約について誠実に交渉せよ」と加盟国に義務づけている。

しかし、NPT 発効から 50 年以上が経過しているにもかかわらず、未だにそのような条約交渉は行われていない。のみならず、核兵器国のみならず、日本のような核兵器国の「核の傘」に依存している国は、時期尚早としてそのような条約交渉を今も拒否している。2021 年１月に核兵器禁止条約が発効したが、これらの国々は条約を間違ったアプローチであると否定し不参加を表明している。

核兵器国は NPT を軽視しているのではない。むしろ「重視」していると言ってよいであろう。核保有国を増やさないために NPT は厳格な査察の仕組みを定めており、そのことを重視しているのである。そのために、第６条の核軍縮義務に関しても、義務を果たす努力を続けていると主張し続けている。努力の根拠として彼らが強調するのは、核弾頭数の削減である。

確かに、米国の場合、現役の核弾頭数（**〈表１〉**における「作戦配備」と「作戦外貯蔵」とを加えた弾頭数）が、ピーク時の 31000 発（1967 年）から今日の 3800 発まで約 88% 減少した。ロシアの場合もピーク時の 40000 発（1986 年）から今日の 4500 発まで 90% 近く削減した。しかし、冷戦が終結し経済的な相互依存が増している今日の世界において、数千もの核弾頭を持つ必要があるだろうか？

そのうえ実際には、ゼロに向かって減少し続けるという意図も兆候も見えない。米国もロシアも現有の核兵器を新しい兵器に更新するために膨大な予算を投じている。米国の場合、現有の核兵器の多くは 80 年代に就役したものであり、約 40 年とされる寿命を 2020 年代に迎える。そのときに切れ目なく核戦力を継続させるために、次世代兵器の建造が、いま巨額の投資を伴って進行している。ロシアでは、米国のミサイル防衛を突破できる新概念の核兵器を開発し、その実戦配備が始まっている。米国もロシアも21世紀後半にも悠々と生き延びるような核兵器の開発と生産を続けているのである。

米ロに比較すればはるかに核弾頭数の少ない他の核兵器国に関しても、これらの傾向は概ね変わらない。中国だけは今日も弾頭数の微増を続けている。フランスはピーク時の540発から290発へ、英国も500発から195発へと核弾頭を削減した。しかし、すべての国が、核兵器の長期使用を見据えて近代化を続けている。最近、英国は260発まで核弾頭数を増やすと宣言した。

このように、米国をはじめとする核兵器国は明らかにNPTという国際法への違反を続けている。にもかかわらず国連安保理を支配している彼らは、国際法違反について制裁を受けることもない。北朝鮮の国際法違反ばかりがメディアで論じられるが、私たちを取り巻く現実はこのようにアンフェアな状況にある。

そもそもNPTが、すべての国に核兵器全廃を義務づけた理由は何であったのだろうか。

その理由は、条約の前文冒頭に謳われている。加盟国は、「核戦争が全人類に惨害をもたらすものであり、したがって、このような戦争の危険を回避するためにあらゆる努力を払い、及び人民の安全を保障するための措置をとることが必要である」と認識したのである。つまり、核兵器の比類のない破壊力を認識して、核兵器の不拡散と全廃を目指す必要があるとしてNPTを締結した。ここでは、誰もが否定できない人類的観点を優先させるという精神が基礎に置かれている。

北朝鮮はもちろん米国を含むすべての核兵器国も、根本的にはこの同じ精神の下に裁かれなければならない。北朝鮮固有の問題は、本書において詳しく論じることになるが、根本の問題として、このことを忘れてはならない。

❖軍事力依存の国家戦略

米国も日本も、そしてほとんどの国々が、自国にとって好都合な時には法の支配の大切さを強調する。法の支配の対極にあるものは力の支配、あるいは軍事力の支配である。つまり、すべての国は、人間の文明の進歩が軍事力の強さではなく、法の尺度によって測られるべきであるという価値観に同意している。

国連憲章は、万全ではないが、国際社会がそのような共通の価値観によって支配されるべきであるという国際法の基礎を定めている。国連憲章は、国連の目的として「紛争又は事態の調整または解決を平和的手段によって且つ正義及び国際法の原則に従って実現する」ことや「人民の同権及び自決の原則の尊重に基礎をおく諸国間の友好関係を発展させる」ことを掲げ、行動の原則として「国際紛争を平和的手段によって国際の平和及び安全並びに正義を危うくしないように解決しなければならない」と定めているのは、そのような考え方の現れである。

しかし、核兵器保有国は、そのような共有された国際法の基礎の上に核軍縮の前進を図ろうとしていない。

彼らが国家戦略の中で核兵器をどのように位置づけているのかを見ておこう。

NPT 上の核兵器国は、2010 年以降、自国の核兵器政策を支配している原理について報告することが求められるようになった。最新のものは 2015 年に提出された（参考文献８）。

それによると米国（オバマ政権）は、ステップ・バイ・ステップに段階を踏んで核兵器のない世界に進んでゆくと決意を述べつつも、「核兵器の基本的な役割は自国や同盟国・パートナーに対する核攻撃を抑止することである」「自国や同盟国・パートナーの致命的利益を防衛するという極端な場合においてのみ核兵器の使用を考慮する」という考え方を示した。ここで核兵器の「基本的な役割」と書かれているものは、「唯一の役割」（「唯一の目的」とも言われる）という言葉に対置して使われていることに注意したい。核兵器の役割を、敵からの核攻撃を抑止することを「唯一の役割」にせよという要求があったことに対して、それはできない、としてオバマ政権によって使われたのが「基本的な役割」という言葉であった。具体的には大量の通常兵器による攻撃や化学兵器による攻撃などに対しても、核兵器で報復することがありうると米国は考えている。ただ、オバマ政権になって一つ前進があった。それは NPT を順守している非核兵器国に対しては核兵器を使用しないという保証を与えたことである。一般的に「核兵器を使用しないという保証」を軍備管理では「**消極的安全保証（NSA）**」と呼ぶが、オバマ政権によって明確にされた NSA は、しばしば「クリーンな NSA」と呼ばれている。一方、「致命的な国益防衛のためにのみ核兵器を使う」という論理は言い古された原理である。この原理では、すべての国家が同じことを主張したらどうなる、という素朴な問いに説得力をもって応えることができない。

ロシアの報告もほぼ同様な内容だがもう少し直接的な表現だ。ロシアは核兵器の使用は厳密に制限されていて、２つの例外的な場合にのみ許されると述べている。２つの場合とは「大量破壊兵器を使用したロシアやその同盟国への攻撃の場合、および国家自身の存立への脅威である場合」である。大量破壊兵器というのは、無差別に大量の人間を殺戮する目的の兵器で化学兵器、生物兵器、放射能兵器、核兵器を含む。この４つの大量破壊兵器はしばしばCBRN（シーバーン）と呼ばれる。ロシアの核兵器に対する考え方は、「クリーンな消極的安全保証」を除いて、米国とほとんど同じと言えるであろう。

フランスも、国家安全保障戦略における核兵器の役割は厳密に「自衛のための極端な状況において、国家の致命的利益の防衛」に限定されると述べる。フランスの特徴の１つは、何が致命的利益を脅かすかという脅威の種類は関係なく、いかなる脅威も一定の「しきい」を超えれば「極端な状況」と考えるとして、「しきい」概念を主張していることである。その上で、核抑止力が働くためには、それ以上に具体的に核兵器を使用する状況について述べることは、「潜在的な侵略者が攻撃するときのリスクを計算できなくするため」に、行うべきでないと主張している。曖昧さを残すことで抑止力を高めるというこの考え方は90年代の米国でも主張されていた。冷戦期の古い抑止論の残滓であるとの感が否めない。

英国の場合どうであろうか？　米国が「同盟国・パートナー」を含めて核兵器の役割を設定しているのに対して、英国はNATO（北大西洋条約機構）加盟国を明記している点が違っているだけであり、その他は米国の立場とほとんど同じといってよい。すなわち、英国の基本的な核兵器政策は「NATO同盟国を含む自衛の極端な状況においてのみ核兵器の使用を考慮する」と述べる。ただ、そのために必要な最小限の信頼できる核抑止力として、「トライデント型弾道ミサイル搭載の潜水艦を連続して海洋パトロールに就かせる形態」を掲げ、絞り込んだ抑止力を示していることが、英国の特徴となっている。結果として、現在、英国は核兵器国の中で最も少ない数の核兵器を有している。

中国のみが、他の４か国と一線を画す考え方に立っている。つまり、中国は米国が現在においては採択できないとしている「唯一の目的」政策を採用し、他国からの核攻撃に対する防衛のためにのみ核兵器を持つとしている。その原理に基づいて、中国は1964年の最初の核実験以来、「いかなる時も、いかなる状況においても、先に核兵器を使用しないという約束を一貫して維持している」と述べている。いわゆる「先行不使用」（ノー・ファースト・ユース）の政策である。これらの点から、中国の政策は５か国の中では最も進んでいると言える。難点は、その考えに立った時に核戦力をどこまで強化すればよいと考えているのかが明らかにされていない点である。また、この点も含めて、中国の核兵器に関する情報が乏しく透明性が低いことが、せっかくの進んだ政策への信頼性を損ね、説得力を弱めている。

以上で見たように、核兵器国の国家戦略で共通しているのは、自衛のための極端な状況において、核兵器によってしか達成できない役割があるという主張である。核兵器という究極の暴力が国家安全保障に必要だと主張し続けている核兵器国の姿は、世界的な法の支配に国家安全保障の基礎を置くべきとする考え方とは、およそ正反対の考え方に囚われている世界の現実を示している。

プライドの高い小国「朝鮮民主主義共和国」は、この同じ土俵の囚人になろうとしているように見える。この意味において、北朝鮮は世界を映す鏡と言える。

❖「核の傘」を求める国々

核兵器国と同じ基本認識に立つと、すべての国は、核兵器を持つか、核兵器を持つ国と軍事同盟を結んでその保護の下に入るか、いずれかの方法でしか自衛を全うすることができないことになる。ドイツ、カナダ、イタリア、オランダ、ベルギー、トルコなどNATO加盟の非核兵器国（25か国）や日本や韓国は後者の道を選択して、米国の「核の傘」に依存することを選んだ。それに対して北朝鮮は前者を選択したことになる。どちらも自衛のために核兵器を必要とするという本質において変わりはない。

私たちはこの状況全体を変える必要がある。

NATO は 28 か国からなる軍事同盟であるが、そのうち米国、フランス、英国は核兵器国であり、25 か国が NPT 加盟の非核兵器国となる。冷戦の一方の当事者であった東側陣営のワルシャワ条約機構がソ連の崩壊とともに解体したとき、もう一方の当事者であった NATO もまた解体されるべきであっただろう。解体されなかった NATO は、その後東方に拡大し続け、ポーランド、ブルガリア、ルーマニアなど旧ワルシャワ条約機構に属していた国々を呑み込んでいった。今日、NATO とロシアとの緊張が激化している遠因が、この経過にあることは誰もが認めざるを得ないことであろう。

この NATO の核兵器への依存体質は極めて強い。NATO の組織機構の１つに「核計画グループ」（ニュークリア・プラニング・グループ）があるが、現在ではフランスを除いて加盟国すべてがこのグループに参加している。国防相レベルで毎年、核兵器政策全般にわたって協議を行っているほか、より下級レベルの会議はさらに頻繁に行われている。協議は単に米国の核兵器に依存するのみの受動的なものではない。核兵器の使用、使用訓練、使用の意思決定過程にも及ぶものとなっている。このグループは NATO の結束の中心に核兵器を置く役割を果たしており、NATO の核同盟としての性格を強めている。

NATO の非核国であるはずの５か国に約 100 発（2021 年１月現在）の米軍の核爆弾が配備されていることによって、核同盟の実体である「ニュクリア・シェアリング」が形成されている。ドイツ、オランダ、ベルギー、イタリア、そしてトルコの６基地に配備された計約 100 発の米国の B61 核爆弾がそれである。トルコを別として、これらは同盟国のパイロットが投下できるように訓練が行われている。非核国といえども、ドイツ、イタリア、オランダ、ベルギーは実質的には核保有国と言っても過言ではないような核戦争準備態勢を維持しているのである。核爆弾を供与する米国を含め、これらの国々は実質上 NPT 違反国であり、北朝鮮の核兵器開発を安保理決議違反であるとして追及しても、ほとんど説得力を持たない。

日本と韓国の現状は NATO 諸国と比較すると少しはましかも知れない。米国の「核の傘」が国家防衛のために必要であるという考え方を、両国とも長期間採択してきた。日本は 1968 年の非核３原則とセットにして米国の「核の傘」への依存を明確にした。韓国の場合、後に述べるように 1991 年まで米国の戦術核を韓国の米軍基地に配備していた（第1章45ページ、49ページ）。しかし、米国がその政策を変更して核兵器を撤去して以来、日本と同様な「核の傘」政策をとってきた。すなわち、NATOのように米国の核兵器の運用に関与するまでには、両国ともNPTの精神を犯してはいない。

「核の傘」に依存する政策とは、米国に対して核攻撃態勢を維持すること、そのために訓練を怠らないことを求め、そのために必要な支援を行うという政策である。その意味において、日本も韓国も米国による核攻撃の威嚇を「援助、奨励、誘導」してきたことになる。2021年1月に発効した核兵器禁止条約は、このような「核の傘」依存政策からくる行為も禁止している。

ロシアの核兵器に依存した同様な「核の傘」依存国家は存在しないのだろうか？

情報が乏しいが存在する。しかし、その規模は小さく仕組みも明確ではない。冷戦後、1992年に「集団安全保障条約」（タシケント条約）が締結され、2002年に集団安全保障条約機構が設立された。ロシアを中心に、アルメニア、ベラルーシ、カザフスタン、キルギス、タジキスタンが参加している。このうちカザフスタン、キルギス、タジキスタンの3か国は2006年に中央アジア非核兵器地帯の設立に参加し、核兵器依存から決別している。中央アジア非核兵器地帯条約と先行するタシケント条約との関係は、条約成立時のみならずその後も論争の的になったが、両者が両立できる文言が非核兵器地帯条約に記載されていることから、西側諸国も含めて2014年に論争は決着をみた。これら3つの非核兵器国は、有事にロシアを含め加盟国の軍隊に依存したり協力したりする軍事同盟は維持するが、非核地帯条約の義務を侵さないことを誓約した（参考文献9）。アルメニアとベラルーシはロシアの「核の傘」の下にあると考えられる。

❖核兵器は毎日「使用」されている

このように、世界の支配的な大国、中堅国家は核兵器国か「核の傘」依存国となっている。そして、彼らは核兵器廃絶を法的に約束しながら、言を左右にしてそれを実行しようとしていない。

幸い、広島、長崎以来76年のあいだ、核兵器が実際に武力紛争のなかで使われたことがない。そのため、核兵器の虜になっている世界のこの現実について、多くの人たちは実感を失っている。その結果、北朝鮮の核問題を一人の悪者をやっつけるというような単純な図式で考える落とし穴に落ち込んでいる。

実際には、核兵器が臨戦状態に置かれている世界は、リアルな現実である。

今のこの瞬間にも、米ロ合わせて約1500発の水爆が、大統領の数分の決断で核のボタンが押され核ミサイルが発射される臨戦態勢に置かれている。この態勢を維持するため、米ロとも訓練を行い部隊現場の緊張感を維持することに努めている。

この態勢がいかにきわどいものかについて、2015年に出版されたウィリアム・ペリー元米国防長官がその経験を回想録に書いている（参考文献10）。ペリーが国防次官であった1979年11月9日、北米航空宇宙防衛司令部（NORAD）の監視官から深夜に電話があり、警戒コンピューターがソ連から200発のICBMが米国に向かっていることを示している、との報告を受けた。ペリーは瞬間に悪夢が遂に現実になったと感じた。監視官は前後の状況からこれは誤報だと判断すると素早く報告した。幸い、訓練用テープがあやまってインストールされていたことが数日後に判明した。もしこの事件がキューバ危機の時に起こっていたら人類はどうなっていただろうか？　数分の後に大統領は核のボタンを押したかも知れない。

冷戦後、違う性質の事故があった。

2007年8月30日、米国ノースダコタ州マイノット空軍基地で考えられないような核兵器事故が起こった。事故は国防総省の分類では、コードネーム「ベント・スピア（曲がった槍）」と分類され、コードネーム「ブロークン・アロウ（折れた矢）」と分類される事故よりも軽微な事件と分類されている。ブロークン・アロウとは「核爆発やその可能性のある事故であるが核戦争を誘発する危険性のないもの、核爆発ではない核兵器の爆発や火災、核兵器による放射能汚染を伴う事故など」を言うが、ベント・スピアは「ブロークン・アロウ以外の、核兵器についての重大事件もしくは未然の事件」を言う。

マイノットでは、8月30日、新型のミサイルと置き換えるために退役する予定の空中発射巡航ミサイル12発を、核弾頭を外してルイジアナ州のバークスデール空軍基地に運搬する予定であった。戦略爆撃機B52が片翼に6発ずつを運搬すると計画されていた。巡航ミサイルに搭載された核弾頭は、爆発力が可変（かへん）

で 150 キロトン（広島原爆の約 10 倍）の爆発力を持つ水爆である。ところが途中で輸送量が 6 発に変更になった。そこで 6 発に対してのみ核弾頭を外す処理が行われた。ところが輸送部隊にこの変更が知らせられなかったために、6 発は生きたままの核弾頭をつけた状態で B52 に搭載された。本当は 3 段階にわたって核弾頭が付いていないことをチェックする手順があったにもかからわらず、すべてが実行されなかった。輸送準備は 29 日早くに終わり、核ミサイルを載せたままの B52 が、核兵器に必要な海兵隊の警備が付かないまま無防備で駐機場に放置された。翌 30 日の朝、パイロットは 6 発の核爆弾が搭載されていることを知らないまま、マイノット基地を出発してバークスデール基地に到着した。ミサイルは、そこにおいても積み降ろしされないまま、しばらく駐機場に放置された。30 日の夜遅くになって、積み降ろしの際の手続き一つが行われた際に初めて核弾頭付きのミサイルが含まれていることが判明した。結局、合計 36 時間、6 発の核弾頭の存在は行方不明のまま米大陸を動いていたことになる。

この重大事態を受けて米国防総省ではタスクフォース（任務部隊）を形成して、冷戦後の米国の核兵器管理のタガを締めなおそうとした。タスクフォースを率いたのはシュレージンジャー元国防長官であった。タスクフォース報告書は 2008 年シュレージンジャー報告として知られている（参考文献 11）。

シュレージンジャー報告に書かれた次の一文は、核抑止体制を理解するのに重要なのでここに引用しておきたい。

> 我々の一貫した目標は核兵器の実際の使用を避けることであったが、核抑止力は毎日**使用**されており、友邦や同盟国を安心させ、反対国が米国に対等に対抗する能力を持とうとする意図を砕き、潜在的な敵国が米国や同盟国を攻撃することを抑止し、もし抑止が破れたときには敵国を打ち負かす能力を維持している。（強調は梅林）

核抑止力は毎日「使用」されているのである。北朝鮮の核兵器開発は、このような膨大な数の核兵器が日々使われている中で行われている。

《第１章》

初期の核開発

（1950 年代～ 1992 年）

❖ソ連の研究援助

1950 年代、冷戦初期の米国もソ連も、原子核エネルギーに関する知識と技術の独占を図りながら、これによって同盟国を増やし管理しようとしていた。

原子力に関する協力と援助が、多くの後進国を自分たちの陣営に引き込み、繋ぎとめるための重要な外交手段となった。資本主義世界においても共産主義世界においても、後進国にとっては、核エネルギーに関する知識と技術は国家の科学技術と産業の発展を象徴する先端分野であった。1953 年 12 月の国連総会におけるアイゼンハワー米大統領の「アトムズ・フォア・ピース」演説は、このような時代の幕明けを意味する。

このような世界の趨勢の中において、朝鮮半島における核エネルギー開発の経過は、東西冷戦とともに日本の植民地支配の結果として生まれた南北の対立が加わって、二重に歪められることになった。北朝鮮の核兵器問題を考えるとき、日本人はまずこの経過を忘れてはならない。

北朝鮮は共産主義陣営の一員として、原子核エネルギーに関する科学技術支援をソ連から得たのは、当時の世界の趨勢において当然であった。ソ連は 1949 年に米国に４年遅れて最初の原爆実験を行い、53 年に核融合反応を一部に利用したブースト爆弾の実験を行い、1955 年には２段式の水素爆弾の実験を行っていた。この分野で急速に米国に対抗する力をつけていた。

ソ連の肝いりで、1956 年３月、東側諸国が共同してモスクワ近郊のドゥブナに原子核共同研究所（JINR）を設立したが、北朝鮮もその創設メンバー国の１つであった。参加国は、アルバニア、ブルガリア、中国、チェコスロバキア、東ドイツ、ハンガリー、北朝鮮、モンゴリア、ポーランド、ルーマニア、ソ連、ベトナムの 12 か国であった。ソ連はこれより早くから陣営諸国への原子核エネルギーに関する教育・訓練の支援を始めていたが、JINR 設立の背後には、西側諸国が 1954 年にジュネーブ近郊に欧州原子核研究機構（CERN）を設立したという事情があった。

これらの基礎研究の協力の上に、1959 年９月、北朝鮮は寧辺（ヨンビョン）に核エネルギー研究複合施設を建設することについてソ連と協定を結んだ。寧辺という場所の選定もソ連の協力と援助のもとに行われた（**参考文献１**）。協定にしたがって、1962 年から 63 年にかけて、研究用原子炉としてソ連の IRT2000 型原子炉（軽水炉の一種。以下 IRT 炉）の建設が寧辺で始まった（**参考文献２**）。中国が核実験に成功して５つ目の核保有国になったのが、1964 年 10 月であるが、IRT 炉が小出力で臨界に達したのはその翌年、1965 年８月であった（比較のために、日本で最初の実験原子炉 JRR-１が臨界に達したのは 1957 年であり、動力〈発電〉試験炉 JPDR が最初の発電を行ったのは 1963 年であった）。

とはいえ、この寧辺に至る過程は北朝鮮にとって決してハッピーなものではなかった。北朝鮮の主体（チュチェ）思想による自主独立の社会主義建設路線は、ソ連の覚えが良くなかった。寧辺でやっと研究炉建設が始まったころには、米国の支援で韓国がすでに研究用原子炉を建設し（1960 年）、南ベトナムも研究炉の完成間近であった。さらには、ソ連圏から一時は追放され、北朝鮮が韓国と同じくらい敵視していたチトー主義のユーゴスラビアが、1956 年にソ連の援助の下に原子炉建設に着工しており、北朝鮮が協定を結んだ 1959 年には完成を迎えていた。これらは、北朝鮮を苛立たせ、そのプライドを強く傷つけた（**参考文献２**）。

IRT 炉は厳しいソ連の管理下にあった。IRT 炉は軽水炉であったが、濃縮度の高いウランを使っていた。通常の発電用軽水炉では、ウラン 235 の濃度を２～６％まで濃縮して使う。IRT 炉の場合、1967 年に熱出力２MW で定常運転を始めたときには 10% 濃縮ウランを使ったが、北朝鮮独自の改良によって、76 年には４MW（濃縮度 36%）に出力アップ、86 年には８MW（濃縮度 80%）になった（**参考文献３**）。80% 濃縮のウランは核兵器にも使うことができる高濃縮ウランである。これらは２国間の協定によりIRT燃料目的に限定してソ連から供給された。ちなみに、ソ連、北朝鮮、国際原子力機関（IAEA）は、IRT炉と寧辺に作られた臨界集合体について1977年７月に３者の保障措置協定を結んでいる。

60年代後半、ソ連はNPT条約交渉推進に力を入れており、それが成立し（1968年）、発効（1970年）する過程で、ソ連は当然にも北朝鮮がこの不拡散体制に組み込まれてゆくことを望んでいた。しかし、北朝鮮がNPTを差別的として強く批判していたことも、両国の協力の障害であった。

北朝鮮が先端科学技術としての原子核エネルギー分野への関心に留まらず、電力供給源としての原子力に関心を広げるのは必然であった。

北朝鮮は建国当時、日本の植民地時代の継続としてほとんどの電力は水力発電に頼っていた。水力発電所は朝鮮戦争でかなり破壊されたが50年代にほぼ復旧を遂げた。1961年９月に開催された朝鮮労働党第４回大会は、その後の電力生産計画について水力と火力の並行開発を決定した。発電所建設に当たっては、資金面でも技術面でもソ連を中心として中国、東ドイツ、オーストリアの支援に依存することになった。その結果、1975年、発電量において初めて火力が水力を上回った。しかし、北朝鮮の工業化時代と言われる1956年から1970年において、電力生産が3.2倍に増加したのに対して、工業生産は11.6倍に増加したことが示すように、北朝鮮の電力不足は歴然としていた。

このような状況の中で北朝鮮は原子力発電炉の導入への支援を積極的にソ連及び東欧の技術先進国に要請した。

❖ソ連、原発建設への援助をしぶる

IRT炉が運転開始した直後から、北朝鮮は原子力発電の導入に動き始めた。公開されているソ連やハンガリーの外交文書によると、1967年２月から３月にかけてモスクワを訪れた北朝鮮の高レベル代表団は原発１基の導入を要請したが断られた。同年12月、北朝鮮の原子力専門家代表団は、すでに1960年に原発建設を始めていた東ドイツを訪問し、原発建設に関する支援を含む広範な原子核エネルギー協力協定の締結を打診したが、ソ連に協力を要請するよう言われて不発に終わった（参考文献２）。

この頃、世界では途上国における原子力発電所の建設が始まっていた。北朝

鮮がライバルとする韓国では 1971 年に古里（コリ）１号炉の建設が始まった（1978 年に完成）。それよりも早く、台湾では 1969 年に金山（チンシャン）１号炉の建設が始まった。西側だけではなくて、北朝鮮の別の競争相手である東側ブロックにおいても同様であった。西ドイツが 1960 年に原発第１号を完成させていたことも刺激となって、工業先進国としての地位を得ていたチェコスロバキアは、前述の東ドイツより早く 1958 年に原発建設を開始した（完成は東ドイツの方が早かった）。ソ連は、1966 年、ブルガリアとハンガリーとの両国に対して原発建設に合意する協定に署名した。社会主義路線において独裁色の強い自主独立路線をとってソ連と距離があった北朝鮮とルーマニアのみが、取り残された状況にあった。

ソ連が北朝鮮への発電用原子炉提供を望まなかったのには、さまざまな理由があったと考えられる。

根本には上述のように、フルシチョフ時代を迎えたソ連が雪解けと東西共存路線に転じていたのに対して、金日成（キムイルソン）主席の対決色の強い強硬路線に対して不支持を伝えるという、国家路線にかかわる問題があった。第２には、前述したように、北朝鮮が強く NPT に反対をしているという事実があった。これには、北朝鮮の核武装への懸念という側面と同時に、同じように NPT に強く反対していた中国の影を見たという側面があった。さらに第３には、ソ連の援助も含めて火力発電建設に力を入れていた北朝鮮が、その燃料には当然ながら自国資源である石炭を重視し、ソ連からの石油輸入を制約していたのに加えて、1973 ～ 74 年の世界的な石油危機においてソ連の石油価格が高騰したことを、「ソ連が朝鮮から搾取」と公然と述べていたことも両国の関係悪化を招いていた。

このような事情のなかで、北朝鮮とソ連が「DPRK における原子力発電所の建設に関する経済及び技術協力協定」に署名するのは、米ソ冷戦の終結も近い 1985 年 12 月のことであった。北朝鮮は協定署名の直前にソ連の要求通り NPT に加盟した。しかし、この協定によって北朝鮮に原発が作られることはついになかった。

❖黒鉛減速炉の建設

その間に、北朝鮮では独自の技術で「試験発電炉第１号」の建設が始まっていた。建設開始時期について確定した情報はないが、1979 年か 1980 年とされている。

その原子炉とは、今日も北朝鮮が核兵器用プルトニウムの生産に使っている寧辺の電気出力５メガワット（５MWeと書く）の黒鉛減速炉である。

当時、世界には多量の原子炉技術、再処理技術に関する専門書や文献が出回っていた。そのような公開された知識とIRT炉をはじめソ連から吸収した知識やノウハウを基礎にして、1980年代から北朝鮮はほぼ完全な国産核燃料サイクルを始めたと言ってよいであろう。

北朝鮮は豊富なウラン鉱山をもっている。朝鮮半島におけるウラン採掘は、1940年代初め、日本の植民地支配の時代に、日本の原爆計画（極めて初歩的なもの）のもとで始まったとされている。しかし、日本の敗戦以後、ソ連の地質学者が精力的にウラン鉱床を探査した。ロシアの外交文書によると、その情報が北朝鮮から中国に渡り、中国がウランを利用する事態をロシアは恐れていた。北朝鮮の主要なウラン鉱山は平山（ピョンサン）、順川（スンチョン）、毎峰山（メボンサン）など10か所が知られている（10ページ地図）。ここで採掘されたものを、平山や博川（パクチョン）などでイエロー・ケーキと呼ばれるウラン化合物に精錬する。イエロー・ケーキは寧辺に運ばれ、そこに建設された燃料加工工場で原子炉燃料に加工している（参考文献３、４）。

原子核エネルギーは、天然ウランにわずか0.3%含まれるウランの同位元素ウラン235の核分裂連鎖反応によって取り出される。黒鉛炉では、その連鎖反応に必要な遅い速度の中性子を生み出すために減速材として黒鉛を用いる。ところが、北朝鮮はこの黒鉛の有力な産出国でもある。代表的な産地は青水（チョンス）である（10ページ地図）。

寧辺の５MWe黒鉛減速炉（熱出力20MW）はイギリスのコールダー・ホール炉（1956年運転開始）をモデルにしたもので、1986年に稼働を開始した。この炉は天然ウランを燃料にしており、ウラン濃縮という大がかりで困難な技術開発をしなくても済む方式を採用することによって、北朝鮮は国産技術での核燃料サイクルを早期に開始することができた。

このように、原料面においても、技術面においても、黒鉛減速炉は北朝鮮の主体思想にふさわしい技術的選択であった。IRT炉もそうであるが、ソ連の支援によって軽水炉による原発に取り組んだ場合には、ウラン濃縮、ひいては原子炉の燃料アセンブリー（集合体）まで、相当期間にわたってソ連から輸入しなければならなかった。一方で、黒鉛減速炉は軽水炉よりも使用済み核燃料から兵器用プルトニウムを抽出するのに適しているという側面があって、核兵器計画との関連に関心がもたれる。この点については後に考察する。

北朝鮮では、1987 年頃には、使用済み燃料、あるいは照射ウラン燃料からプルトニウムや燃え残ったウランを抽出する放射化学研究所（再処理施設）の建設が、やはり寧辺で始まった。

さらに北朝鮮は同型の大型炉の建設にもとりかかった。寧辺に 50MWe 黒鉛減速炉、及び泰川（テチョン）に 200MWe 黒鉛減速炉の建設が始まった。しかし、両者とも建設は中断されたまま現在に至っている。

これらの原子炉は核兵器目的に建設されたのであろうか？　北朝鮮は原子核エネルギー開発の初期から核武装を考えていたのだろうか？

参考までに、朝鮮戦争は 1950 年６月 25 日に始まり、1953 年７月 27 日に休戦協定が結ばれた。北朝鮮がドゥブナの共同研究所に専門家を送り始めたのは 1956 年、つまり朝鮮戦争が休戦して３年後であった。

すでに述べたように、電力需要の必要性においても、韓国や同僚の社会主義国との威信をかけた競争に勝つ意味においても、北朝鮮にとって原子力技術は第一義的には産業発展、より具体的には原子力発電の目的にあったと考えるべきであろう。原発建設に関する支援要請をソ連や東欧諸国に対して繰り返し行っていた事実はそれを裏付けている。また、黒鉛減速炉の建設を、試験炉から始まって 200MWe の実用規模まで建設を開始した事実は、軍事目的としては説明しにくい。1987 年４月の第８回最高人民会議で決定された第３回７か年計画において、北朝鮮は数基の原発建設の方針を打ち出したが、一連の黒鉛炉建設はここに掲げられた方針とも符合するものである。

公開されているソ連や東欧の歴史的外交文書において、北朝鮮の要人が自国の核武装に言及していることも、少なからず明らかになっている。たとえば、ハンガリーの冷戦期外交文書は、北朝鮮の駐在大使館員がすでに自国製の核弾頭と核ミサイルを保有していると述べたと記録している（1976 年２月）。また一方では、1977 年１月には、在韓米軍の核兵器に対抗するために北朝鮮が中国の戦術核兵器を入手する計画を示唆する発言が、金日成主席や朴成哲（パクソンチョル）首相によって行われた。これらの諸情報の中で、平壌駐在のハンガリー大使館は北朝鮮の執拗な東側諸国への原発建設支援要請について、1979年２月に次のように締めくくっている。「北朝鮮は、いずれは原子爆弾を作る能力を持つようになるという隠された意図を持ちつつ、このように原子力における韓国への遅れを取り戻そうとしている。」（参考文献２）

次節に述べるような核兵器の脅威に曝されていた北朝鮮が、核兵器のことを考えなかったとは考えにくい。しかし、外交上の言辞には誇張や虚言はつきものであるし、とりわけ北朝鮮の外交的言辞は周到に準備されていることを私たちは経験している。肝心なことは、実質のある計画としての核兵器開発がいつから始まっていたかである。黒鉛炉開発時点においては発電炉開発が主目的であったというのが本書の見解であるが、より正確な議論は今後の歴史文書などによる解明を待つ必要がある。

❖韓国への米戦術核配備

序章で述べたように、北朝鮮が米国の核攻撃の脅威に曝され続けてきたという側面も、朝鮮半島における核問題を考えるときに見逃すことができない。朝鮮戦争の最中においても、それ以後においても、北朝鮮は絶えず米国による核兵器使用の脅威と威嚇にさらされた。その意味では、北朝鮮は将来的な核兵器保有の必要性について考えないはずがなかったであろう。

朝鮮戦争が始まった1950年６月25日に、38度線を超えて武力侵攻をしたのは北朝鮮の人民軍であった。しかし、当時、金日成率いる北朝鮮も李承晩（イ スンマン）率いる韓国も、自らを正当な政権であることを標榜し、武力統一によって一つの民族国家を樹立することを目指していた。そのため38度線を超えた武力衝突がしばしば発生した。また、北朝鮮はスターリンのソ連、そして内戦に勝利して革命を達成したばかりの毛沢東の中国の支援を当てにしており、韓国はトルーマンの米国、そして米国を介した国連の支援を当てにしていた。その意味で、朝鮮戦争は世界的な大きな冷戦の枠組みにおける利害に強く左右される運命にあった。1950年９月にマッカーサーの仁川（インチョン）上陸作戦が行われ、10月に中国人民志願軍が鴨緑江を越えて参戦するに及んで、朝鮮戦争は米中戦争とも言える状態に陥った。

現在明らかになっている公文書で知られているだけでも、米国は何度も、朝鮮戦争において核兵器使用を考慮あるいは示唆している。序章にいくつかの具体例を示した（18ページ）。仁川上陸作戦で盛り返していた米韓軍が中国人民志願軍の参戦で平壌が奪還されるという情勢の中で、1950年11月30日の記者会見で、トルーマン米大統領は「我が政府は核兵器使用を現実問題として常に考えている」と述べ、世界の各紙に大きく報道された。この考えには国連軍の一員であった英国のアトリー首相が反対の意向を示し、結局のところ実現されることはなかった。

1951年３月、米極東軍との契約によってジョンズ・ホプキンス大学の研究チームは「原子兵器の戦術使用」と題する研究報告書を、国連軍総司令官であったマッカーサー元帥に提出した。しかし、報告書は「朝鮮戦争は地上軍を支援するために原子爆弾を戦術使用することを研究する素晴らしい機会を与えている」と書く一方において、当時の核兵器の状況について注目すべき判断を示していた。米国の戦術核兵器の開発（小型化と運搬手段）は未熟であり、史上初めてとなる戦術核使用のための条件が整っていないという評価であった（参考文献５）。実際にはマッカーサー元帥は26個の標的を特定し、核兵器の使用権限を上層部に要求していた（序章18ページ）。

アイゼンハワー大統領の回顧録には、1953年、休戦協定交渉の進展が思わしくない状況において「（休戦合意を実現するための）可能性の一つは、満足できる進展がなければ、我々は決然として武器使用の制約を取っ払う意図を持っていること、そして、朝鮮半島に戦争を限定することに、もはや責任を負わないことを共産主義トップに分からせることである」と中国を脅したことが記されている（参考文献５）。

1953年７月27日の朝鮮戦争の休戦協定によって、朝鮮半島への新規部隊や武器の導入は禁止されたが、それを監視する中立国監視委員会は数年で機能不全に陥った。米国の著名な研究者ウィリアム・アーキンらが情報公開法で入手した米軍機密文書によると、韓国への核兵器の配備は1958年１月から始まった。核兵器の貯蔵場所は米軍の烏山（オサン）空軍基地であった。配備された核兵器は、オネストジョン誘導核ミサイル、280mm核砲弾など陸軍用の戦術核兵器が中心であった（参考文献６）。当時、米陸軍は師団を核装備５師団に編成（「ペントミック師団」と呼ばれた）しようとしていたが、その一環として行われた。やや遅れて戦術空軍の使う核爆弾も配備された。

北朝鮮は常に核攻撃とその威嚇の恐怖にさらされてきた。1975年6月、シュレージンジャー国防長官は、ワシントンにおける記者会見で韓国に核兵器を配備していることを公言しつつ、北朝鮮に対してそれをいつでも使用する準備があると述べた。核戦争のリハーサルと言われた米韓合同演習「チームスピリット」が1976年に開始され、毎年恒例の演習となった。北朝鮮は、チームスピリットに臨戦態勢をとって対応した。

配備された核弾頭の数については、1000発以上という表現を含めてさまざまな数字が言われてきたが、比較的根拠のあるデータとしては、660～686発（1977年以前)、249発（1983年)、151発（1985年）という数字がある（参考文献5)。基地の弾薬庫に貯蔵されたこれらの核兵器の他に、寄港する艦船や航空機に搭載された核兵器もあった。

韓国に配備された核兵器は、日本の米軍基地と一体となって運用されていた。それを例示する一つの事件が2016年になって初めて明らかになっている（「朝日新聞」2016年2月1日)。1959年1月、1機の戦闘爆撃機F100が烏山基地で核兵器を巻き込む火災をおこした。米軍は1981～82年に32件の「ブロークンアロー（折れた矢)」と呼ばれる核兵器事故を公表したが、そのうちの一つがこの烏山基地の事故であった。ところが最近、事故機は福岡県の板付基地を拠点とした第8戦術戦闘航空団所属のものであり、核爆撃訓練のため烏山に飛来していた時に事故が発生したことが公文書により判明した。米軍の核兵器の運用が国境を越えて日本の基地と一体となって行われていた実態が浮かび上がる。

❖韓国の核武装計画

朝鮮半島の核状況は、南北関係に強く関係しながら推移している。一般的には、冷戦後においては、良好な南北関係の時期においては、核問題についても良好な関係が築かれた。その代表例が、1992年に発効した南北非核化共同宣言（巻末 資料1 ）や2000年の金大中の太陽政策が生み出した南北首脳会談、さらには最近の文在寅の呼びかけから始まった板門店宣言である。しかし、冷戦期においては背後にあった東西関係の影響が大きかった。

1972年7月4日のいわゆる7・4南北共同声明は、それ以後の南北の諸合意の基礎となる考えを確認した点で重要な意味を持っている。しかし、冷戦下の大国の動きに誘発された側面が強く、南北の緊張緩和、ひいては核兵器に関係する動向に大きな影響をもたらさなかった。むしろ、核兵器の分野では共同声明の精神と逆の事態が、声明後に進行した。

ベトナム戦争で敗色を濃くしていた米国は、1969 年７月にグアムでニクソン・ドクトリンを発表し、やがて中国との接近を図り、1972 年２月にはニクソン大統領の歴史的な中国訪問が実現した。この変化は、朝鮮戦争の背後にあった国際関係の大転換を意味した。この状況に押されて、金日成と韓国の朴正熙政権は協議を繰り返して、1972 年７月４日、いわゆる７・４南北共同声明の合意に到達した。

７・４共同声明の核心は、いわゆる自主・平和・民族的大同団結の原則であるが、正確には次のように表現されている。

１．統一は外国勢力に依存するかまたは干渉を受けることなく自主的に解決すべきである。

２．統一はお互に武力行使によらず、平和的方法で実現すべきである。

３．思想と理念、制度の差違を超越してまず単一民族としての民族的大団結をはかるべきである。

共同声明に基づいて南北調節委員会が設置され会合を重ねたが、在韓米軍や統一の進め方について両者の隔たりは大きく、会議は形がい化していった。1972 年 10 月に朴正熙は軍事クーデターによって大統領選挙を排した維新体制を樹立し、1973 年８月には有力な大統領候補であった金大中が朴政権の KCIA によって東京から拉致される事件が発生した。これを契機として、南北の協議は打ち切られた。

この頃、前述したように北朝鮮はソ連や東欧諸国に対して原発建設への援助を求める外交に奔走していた。一方の韓国では古里１号炉の建設がすでに始まっていたが、同時に核武装への検討が始まっていた。1968 年１月、ほぼ同時に起こった北朝鮮ゲリラの青瓦台襲撃事件やプエブロ号拿捕事件において米国が北朝鮮に対して宥和的態度をとり、またニクソン・ドクトリン（1969 年７月）が在韓米軍の撤退を示唆している状況のなかで、1971 年、朴正熙大統領は「武器開発委員会」を設置して核兵器開発の検討を開始した。もっとも直接的な契機は、ニクソンが1971年初めに第7歩兵師団の韓国からの撤退を表明したことであったとされる。1972年には、韓国は公然とフランスから使用済み核燃料の再処理技術を輸入する計画を進めた。

1974年にインドが核実験を行った状況も重なって、米国は韓国の核兵器計画を断念させるために情報収集と外交圧力を強めた。再処理計画を断念しなければ、原発の第2号炉建設のための融資を行わないとするムチと米国の核の傘を確約するというアメを用いて、米国は朴正熙を説得することに成功した。1975年4月、韓国はNPTを批准することによって非核兵器国になることを明確にした。

実際には、韓国の核武装計画の疑惑が晴れた訳ではなかった。韓国では、米国の核の傘への不信感とともに、北朝鮮との関係においてその後も核の選択肢についての議論が繰り返されるが、その先例がこの時に作られたと言ってもよいだろう。

❖冷戦の終結から南北非核化共同宣言へ

ソ連におけるゴルバチョフ政権のペレストロイカは冷戦末期の世界に大きな変化をもたらした。朝鮮半島では、1987年の韓国民主化闘争の勝利によって大統領直接選挙が復活した。大韓航空機爆破事件（1987年11月）で南北の緊張が高まる一方、1988年のソウル・オリンピックをめぐって韓国の国際的地位が高まった。ソ連も中国も参加を決定したが、北朝鮮は選挙によって選ばれた盧泰愚政権は「軍政の継続」であるとして参加を拒否した。1990年6月には盧泰愚・ゴルバチョフ会談がサンフランシスコで行われ韓国・ソ連の国交樹立に合意した。北朝鮮はこれに反発し、ソ連の北朝鮮への核の傘が無力になるのであれば、北朝鮮は核武装するという趣旨の覚書をソ連に手渡した。

その一方で南北のハイレベルの接触が同時並行して頻繁に行われた。予備会談の後、南北ハイレベル会談が1990年9月にソウルで第1回、10月に平壌で第2回、12月にソウルで第3回、1991年2月に平壌で第4回、と続いた。

これらの協議の中で、南北は1991年9月に国連に同時加盟した。そして同年12月13日、第5回ハイレベル会談の中で、南北の首相は7・4共同声明を基礎にした統一を展望しながら「南北の和解と不可侵及び協力、交流に関する協定」に署名した。さらに、同じ12月末に両首相は「朝鮮半島の非核化に関する南北朝鮮の共同宣言」に合意し、翌 1992 年１月 20 日署名、２月 19 日に発効した。南北の統一に向けた和解・不可侵の合意という歴史的な進展と同時に非核化の合意が行われたのである。これは、南も北も和解が非核化抜きに語り得ないことを実感してきたことの証左でもあろう。宣言は、16 年続けられてきた米韓合同軍事演習を 1992 年には中止するという朗報にまで発展した。

南北非核化共同宣言の内容とその後の展開を説明する前に、米軍戦術核の韓国からの撤去について触れておく必要がある。

ソ連が崩壊する直前に、米国はいくつかの理由から戦術核の整理が緊急に必要であることを認識した。この点に関してはソ連と考えが一致した。もっとも重要な理由は、ソ連邦の各地に散らばっている戦術核を中央で集中管理することによって、ソ連の混乱時に行方不明になったり、好ましくない者の手にわたることを防止することであった。また別の理由として、米国では、艦船や航空機が戦術核を載せていることによって、安全管理や訓練の手順を煩雑にしていた。加えて、核兵器搭載は寄港のたびに同盟国の市民から抗議される状態を引き起こしており、軍内部から不満があったという事情もあった。

そこで、米ソ（米ロ）大統領の「合意された一方的イニシャチブ」と呼ばれる取り組みが始まった。米太平洋軍の記録によると、米軍がまず優先的に取り組んだのが韓国からの核兵器の撤去であった。その結果、1991 年 12 月 18 日には、韓国の盧泰愚大統領がもはや韓国には米国の核兵器は存在しないことを宣言した。これが南北非核化共同宣言を可能にする一つの重要な前提となった。

南北非核化共同宣言は短いものであるが、極めて注目すべき内容を含んでいる（巻末 **資料１**）。まず前文に「平和的統一にとって好ましい環境と条件を創り出す」という目的が書かれていることに注目したい。朝鮮半島における統一という文脈は北朝鮮の核兵器問題を考えるときに欠くことのできないものである。

次に、南北は「核兵器を実験せず、製造せず、生産せず、受領せず、保有せず、貯蔵せず、配備せず、使用しない」ことを約束した。また、「核再処理施設及びウラン濃縮施設を保有しない」と約束した。これは、既存の非核兵器地帯条約には含まれていない極めて先進的な内容である。単に核兵器の禁止だけではなくて、その原料となるプルトニウムを抽出する「核再処理施設」や高濃縮ウランを製造する「ウラン濃縮施設」の保有までも禁止するというのである。日本では、米国との交渉の結果、1981 年にすでに東海村再処理工場のフル操業が認められていたし、1992 年に六ヶ所村のウラン濃縮施設も操業を開始していた。非核化共同宣言は、背後に米国やロシアの思惑があったとはいえ、日本とは別の道を選択したという重要な意味をもっていた。

これらの約束を実行するために、南北は「南北合同核管理委員会」を発効後一か月以内に設立することを宣言に盛り込んだ。この管理委員会が検証（相互査察）の対象となる施設について合意し、査察手段と方法を定めることにしたのである。

《第２章》
束の間の春へ
（1993 年～ 2000 年）

1　94 年危機と朝鮮半島エネルギー開発機構

❖ IAEA への初期申告

北朝鮮は 1986 年に寧辺の５MWe 黒鉛減速炉の運転を開始していた。その直前の 1985 年 12 月、ソ連から原発建設に関する援助を得るために NPT に加盟した。

NPT に加盟すると、IAEA に対してすべての核関連施設や核物質を申告してその査察を受ける義務が発生する。そのために包括的（フルスコープ）保障措置協定と呼ばれる協定を IAEA との間で結ぶ必要がある。NPT によると、NPT 加盟の日までに協定についての交渉を開始し、１年半のうちに発効させなければならない。しかし北朝鮮の場合、外務省は協定への署名の意思を 1992 年１月７日、米国がチームスピリット 92 の中止を発表するのと同じ日に発表した。このタイミングからみると、北朝鮮は韓国からの米核兵器の完全撤去とチームスピリット演習の中止を要求して、IAEA との交渉を続けていたと思われる。協定への署名は１月 30 日に行われ、最高人民会議の承認を得て発効したのは 1992 年４月であった。加盟から実に６年余が経過していた。注目すべきことは、このタイミングは南北非核化共同宣言が発効した直後でもあった。

北朝鮮は NPT と南北非核化共同宣言という２つの非核化義務の履行を、IAEA と韓国という別々の相手に対して行うという特異な状況を迎えることになった。IAEA との関係は一方的に査察される関係であるが、韓国との関係は韓国の非核化義務の履行も同時に要求する相互主義の関係にあった。

南北非核化共同宣言が発効してからちょうど1か月が経った1992年3月18日、宣言に定められた南北合同核管理委員会が設立され、翌日に第1回会議が開かれた（参考文献1）。

南北合同核管理委員会と言いつつも、韓国の背後には常に米国の意向があり、北朝鮮には在韓米軍のもっている核兵器が常に非核化の対象となる存在であった。核管理委員会における南北の駆け引きは、韓国が寧辺の核施設を中心に査察を要求したのに対して、北朝鮮は在韓米軍基地すべての査察を要求するという対立を巡って行われた。結局1993年1月25日の第13回会議をもって両者の交渉は決裂した（参考文献1）。直接の原因は、米韓が1月に中止を発表した軍事演習チームスピリットを、1992年10月8日になって来年には再開すると決定したことにあった。

その後の国際情勢を考える上ではIAEAの査察問題が重要だが、実際には、南北関係を無視した非核化は実現不可能であり、南北核管理委員会が機能できなかった経過は重要な意味をもっている。このことは、後述する2018年4月の南北の板門店宣言や6月のシンガポールにおける米朝首脳共同声明に基づく「朝鮮半島の非核化」の実現にも、教訓として問われている問題である。

NPTは核兵器国の同盟国である非核兵器国が「核の傘」に依存することについては何の制約も定めていない。

一つの条約としてのNPTの公平性は、核兵器国の核兵器の全廃が同時並行で要求されて初めて、非核兵器国に対する厳密な査察の実行とバランスが取れる理屈であるが、条約はそのように運用されていない。したがって、北朝鮮が韓国と軍事同盟を結ぶ米国の核の脅威を除去する保証を南北非核化共同宣言の履行において求めることは重要な意味をもっていた。南北合同核管理委員会が行き詰まったのち、IAEAの査察過程においてこの側面からの要求は顧みられる余地がなくなった。北朝鮮にNPT履行を求めるとき、単にIAEAの査察要求のみならず、米国の核兵器からの安全の保証を確保するという視点からの方策を、国際社会が補うことが求められていたであろう。

南北合同核管理委員会による相互査察の取り決めは、地域が抱えている困難に対して現実に即した解決策を見出すための貴重な機会となるはずであった。しかし、当時、北東アジア諸国のみならず国際社会全体が、それを成功に導くために知恵を出すことができなかった。当時、そのような視点は欠落しており、国際社会はIAEA中心に据えてのみ、物事を考える傾向があった。この傾向は現在も基本的に変わっておらず、今後の朝鮮半島の非核化を考えるときにも十分に考慮すべきことがらである。

北朝鮮は保障措置協定で義務づけられた「初期申告」（150ページの大部に及んだ）を1992年５月４日に提出した。「初期申告」というのは、IAEAがその後の「通常査察」によって追跡するときの基準となる出発点を把握するために、当事国がまず核物質の種類、量と存在場所（核施設）の経過と現状についての自己申告を行う行為である。

北朝鮮が核物質の所在地として申告したのは、IRT炉、金日成研究所の未臨界施設（平壌（ピョンヤン））、５MWe黒鉛炉、50MWe黒鉛炉、200MWe黒鉛炉（泰川（テチョン））、核燃料製造工場、放射化学研究所（実際にはプルトニウムを抽出する再処理施設）の７施設であり、それらの場所における核物質目録と設計情報であった。これらのうち、括弧内に地名を書いていない施設はすべて寧辺にある（10ページ地図）。

IAEAは、申告の概略を確認し、将来の査察チーム派遣の準備のために、初めての査察チーム（団長：ハンス・ブリックスIAEA事務局長）を５月11日〜16日に北朝鮮に派遣した。

北朝鮮はこの初めてのIAEA査察チームを歓迎した。査察団はこの時には申告していない施設も含めて希望する場所はどこにでも案内すると告げられた。建設中の泰川の200MWe黒鉛炉も含めて査察チームは３つの黒鉛炉のすべてを訪問することができた。加えて、北朝鮮はこの時の訪問施設の概観を記録したビデオテープを査察チームに自主的に提供した。この映像は今日においても北朝鮮の核施設に関する貴重な映像である（参考文献２）。

❖査察における疑惑の発生

この準備訪問を踏まえて、初期申告の中味を検証するためのIAEAの査察（特定査察＝アドホック査察と呼ばれる）は、1992年５月26日に始まる第１回を皮切りに８か月のうちに６回行われた。

第１回特定査察　1992年５月26日〜６月５日

第２回特定査察　1992年７月８日～18日
第３回特定査察　1992年９月11日～14日
第４回特定査察　1992年11月２日～13日
第５回特定査察　1993年１月20日～22日（北朝鮮は査察ではなく協議の訪問と主張）
第６回特定査察　1993年１月26日～２月６日

これらの査察活動のなかで、大別して２つの問題が発生した。１つは未申告施設の問題であり、もう１つは申告されていないプルトニウム抽出活動の疑惑である（以下、参考文献２が詳しい）。

1992年の夏になって、米国がIAEAに偵察衛星の写真から寧辺に未申告の３つの疑わしい施設があると情報提供を行った。米国は、この中の２つはIAEAの査察の直前にカムフラージュされた形跡があり、隠れたプルトニウム抽出作業から出た大量の廃棄物の貯蔵場所である可能性がある、もう１つは比較的新しい設備であり重要な他の２つから注意をそらすためのおとりではないかとの見解を述べた。IAEAは無視できない情報であることからそれを取り上げたが、米国に対してはいかなる見返りも与えないと伝えたという。中立機関であるべきIAEAと米国のような強力な利害関係国との関係は、このように絶えず微妙な問題を孕（はら）んでいる。

第３回の特定査察において、IAEAはまず寧辺の北のはずれにある比較的新しい施設の訪問を要請した。通常、保障措置協定によれば初期申告に記された施設しかIAEAは査察の権利を与えられていない。したがってこの要請は、申告に記されていない施設でも見せるという北朝鮮の好意に沿っての要請であった。北朝鮮は、この施設は高性能火薬を用いた金属加工設備であると説明し、実際その説明と矛盾のない簡素な施設であった。当然のことながら、将来の核弾頭製作に必要な爆縮技術（核分裂連鎖反応のための臨界質量を超えるまでプルトニウムを高性能火薬によって圧縮する技術）の実験場と考えることも可能であった。

続いてIAEA査察チームは放射化学研究所（再処理施設）の近くにある第２の未申告建造物へのアクセスを要請したが、今度は軍用施設であるので見せられないと一度は断られた。しかし、やがては許可が下りて建物に入ることができた。警備が厳しい軍の支配下にある一階建ての建物で、軍の高官が仕事をしており、核活動らしいものは見られなかった。査察チームは写真撮影や標本採取は許されなかった。簡単な被曝線量計を携帯していたがその範囲では異常は検出されなかった。

北朝鮮は IAEA の２箇所の査察要請に疑念を抱いた。IAEA は米国から情報提供を受けたことを黙っていたが、やがてメディアにそのことが報道された。

第３回査察が終わって以後に、米国はさらに IAEA に情報提供を行って、訪問した軍事施設は２階建てであり、１階部分は見えなくなるように埋められてきた経過を衛星写真で説明して見せた。また地下部分は再処理施設と２本の壕でつながっていることを示した。第３の未申告場所も同様なカムフラージュが行われていた可能性を衛星写真は示していた。

IAEA は繰り返して第２、第３の未申告施設の訪問と標本採取を要請した。しかし、北朝鮮は査察を免除されるべき軍事施設であるとして拒否を続けた。これが未申告施設に関する経過であった。

一方、北朝鮮の提出した初期申告の内部矛盾や、査察において採取した標本の分析結果と初期申告との相違も顕在化していった。その背景として、IAEA の査察方法が北朝鮮の特定査察の直前に大きな進歩を遂げていたことに注目しておく必要がある。それには 1991 年１月〜２月の湾岸戦争での苦い経験が作用していた。湾岸戦争前のイラクは NPT の加盟国であった。しかし、戦勝後の制約のない立ち入り調査の結果、イラクは IAEA が把握していない核兵器計画を実施しており IAEA の保障措置制度の欠陥が暴露されたのである。IAEA 理事会は、初期申告の「正しさ」だけではなく、「完全さ」、すなわち未申告の活動がないことを検証することの重要性を強調し、そのための技術能力の改善に取り組んでいた。

第１回、第２回において、IAEA はそのような手法の一つである「擦りつけによる標本採取」を、再処理施設など核物質を扱う施設において実施した。査察前に除染・清掃された施設であっても床や壁に目に見えない残滓（ざんし）が付着している。それを「擦りつけ」手法で採取し、その試料に含まれる微量のプルトニウムから同位元素の含有比率を決定することができる。同じプルトニウムであっても、抽出した使用済み核燃料棒が異なると同位原子の比率が異なる。これによって燃料棒の抜き取り回数や抽出作業の回数を判断することができる。

北朝鮮は IRT 炉の燃料棒から数百ミリグラムのプルトニウムを抽出した経験

を持っていたが、それはIAEAとの別の協定の下で行われた。黒鉛炉については、北朝鮮は再処理施設で少量のテスト運転を1回しただけであり、86本の使用済み燃料棒から計算上は90gのプルトニウムが含まれる計算であったが、実際の収量は62gであったと報告した。IAEAは、北朝鮮がこの中から提供した少量のプルトニウムの分析と、査察時に入手した再処理の廃液や擦りつけ標本の分析とを比較したが、さまざまな側面においてそれらの分析結果は一致しなかった。北朝鮮は追加説明資料を提出したが矛盾を解消するものではなかった。

先に述べた使用済み燃料の貯蔵場所と思われる未申告施設の解明がプルトニウム抽出問題の解決につながることは明らかであった。しかし、軍事施設への査察であるとする北朝鮮の拒否によって、交渉は行き詰まった。

❖ NPT脱退宣言と米朝初の文書合意

1993年2月までにIAEAと北朝鮮の関係は行き詰まっていた。同時進行していた南北関係の悪化は、第3回と第4回の特定査察の間に米韓に合同軍事演習チームスピリットの再開を発表させるに至っていた。査察チームは北朝鮮の主張に耳を傾けて、権限の範囲内での合意に達する努力を続けようとしたが、IAEA本部（ウィーン）はしびれを切らした。

2月9日、ブリックスIAEA事務局長は保障措置協定に定められた「特別査察」の条項を適用して、廃棄物施設と見なされる寧辺の2箇所への査察を要求した。これに対して、北朝鮮はIAEAの指摘する矛盾点については説明済みであり、2施設への査察は矛盾事項と無関係であり受け入れられないとの立場を回答し、ウィーンに専門家を派遣して説明に当たらせるとした。

詳細な報告書を持参した北朝鮮原子力相と専門家チームは、その後IAEA事務局長ら幹部とウィーンで会談し、それを受けてIAEAは秘密理事会を開催した。これらの手順を経て、1993年2月25日、IAEAは公開の理事会を開催し、期限を切って「特別査察」を行うための決議を採択した。IAEAが「特別査察」を要求する理事会決議を行ったのは、1957年のIAEA創設以来、初めてのことであった。

北朝鮮代表は、決議は正義に反するものであり、国家の主権を侵すものであると述べ、決議の強行は保障措置協定に違反しIAEAの信頼性と公平性を損なうものだと主張した。注目すべきことは、北朝鮮が主権と「至高の国益」を守るために対抗措置を講じざるを得ないと述べたことである。NPT は第 10 条において国家の「至高の利益」に反する事態における脱退の権利を定めているからである。

北朝鮮は 1993 年３月 12 日、NPT からの脱退を宣言し、脱退の意図を国連安保理に伝えた。これが北朝鮮の１回目の NPT 脱退宣言である。

脱退宣言は「国家主権と安全が脅かされる厳しい事態」が発生したと述べ、２つの理由を掲げた。第１は北朝鮮に対する核戦争演習である米韓合同演習チームスピリットが再開されたこと、第２は２月 25 日、IAEA 事務局の一部と加盟国の一部が米国の影響の下で IAEA 理事会において核活動と関係のない軍事施設の特別査察を強要する決議を採択した、というものであった。

前者については、NPT の前提である核保有国の核軍縮が進行せず、朝鮮半島の非核化のための在韓米軍への核査察は行われないまま、チームスピリットが再開されていることの脅威を強調した。また、後者に関しては北朝鮮と戦争状態にある米国がねつ造した情報資料に基づいた軍事施設への査察は、交戦国の偵察活動を助けるものだと主張した。北朝鮮はまた、この立場は「米国が我々に対する核の威嚇を中止し、IAEA 事務局が独自性と公正性の原則に帰る時まで変わらない」と述べるとともに、「核エネルギーを平和利用の目的に使う DPRK 政府の政策が変わることはないし、わが人民は今後も朝鮮半島の非核化を実現するために全力を尽くす」と述べた。

NPT によると、脱退は通告から３か月後に発効する。この 90 日を活用して状態を好転させるか、それに失敗して軍事衝突という最悪の事態に発展するか、という緊張状態のなかで朝鮮半島情勢は極めて流動化した。国連安保理では非難決議や制裁決議を巡る関係国の攻防がある一方、米国を中心に北朝鮮、韓国、中国には制裁に伴う軍事衝突に備える動きが生まれ、真偽のはっきりしない謀略的な情報戦や、米朝交渉による打開策の模索、などが同時並行的に動いた。５月 11 日、国連安保理は、北朝鮮に対して脱退宣言の取り消しと NPT 及び保障措置協定の順守を求め、IAEA に対して北朝鮮との協議の継続を求めた。

北朝鮮が、脱退声明の中で核エネルギー開発の継続と朝鮮半島の非核化実現を主張していることを踏まえれば、この情勢においてなしうる重要な取り組みは、北朝鮮の核エネルギー開発を国際援助することを通して北朝鮮の核開発の透明化を図り国際社会との接点を拡大する交渉を始めること、そして NPT 脱退を撤回させることであったであろう。米国はこのような交渉を担う力を持ち、それによって得られる利益も大きな国であった。北朝鮮にとっても、米国は軍事的脅威を緩和する意味において交渉に値する国であった。

その意味でその後の米朝交渉が重要な役割を果たした。結果的に交渉は長期にわたって行われたが、その第1ラウンドの会議が1993年6月2日から11日までニューヨークで行われた。そして6月11日、**米朝は3項目の原則に合意**し共同声明を発表した。これは**米朝間で文書化された初めての合意**である。

声明では、3原則の下で「両国は対話を継続することに合意した」「北朝鮮は、必要があると考える限り、NPTからの脱退が発効することを**自主的に停止**すると決定した」と述べた。NPT脱退宣言が発効する時間切れ寸前の合意であった。米国の交渉責任者はクリントン政権下の国務次官補ロバート・L・ガルーチ、北朝鮮代表は第1外務次官の姜錫柱（カンソクチュ）であった。3項目の原則とは次の通りである（参考文献3）。

1．核兵器を含む武力による威嚇や行使を行わないという保証。
2．核兵器のない朝鮮半島における平和と安全保障。それには公平なフルスコープ保障措置の適用、相互に他方の国家主権の尊重、及び相互に他の内政への不干渉を含む。
3．南北の平和統一を支持。

このようにして北朝鮮のNPT脱退はひとまず避けられ、米朝協議は第2ラウンドに入った。

❖黒鉛炉をめぐる2層の流れ

第2ラウンドの米朝ハイレベル協議は、1993年7月14日〜19日ジュネーブで行われた。北朝鮮はIAEAとの交渉よりも米朝協議の方が先だと主張していた。会議は良好な雰囲気で始まった。北朝鮮においては、6月25日（朝鮮戦争、開戦の日）と7月27日（朝鮮戦争、休戦の日）の間の期間は毎年反米闘争で騒然とする。しかし、「今年は、この協議の成功のために静かにしている」と在米の北朝鮮の外交官は語っていた。会議の目的は、3原則合意に従ってIAEAの査察を復活させる手順について協議することであった。しかし、交渉の当事者たちはより本質的な新しい段階に進む必要があることを認識していた。

ガルーチら米国代表団の回想によると、この段階で双方とも黒鉛炉を廃棄し、北朝鮮に軽水炉を提供して発電方法を切り替える方向でしか、核兵器開発疑惑を払拭できないであろうという考えを持ち始めていたという（参考文献２）。その意味では疑惑施設の査察は IAEA との関係においては避けて通ることのできない関門であったけれども、その先に問題の解決は見えてこないと米国も考えていたことになる。最終日の共同声明は、米国が黒鉛炉を廃棄して軽水炉に置き換える方法を検討することを約束し、北朝鮮は IAEA 及び韓国と査察に関して協議することを約束した。韓国との協議とは南北合同核管理委員会の再開を意味する。北朝鮮の姜錫柱代表は「北朝鮮が黒鉛炉を放棄する意思あるということは、核兵器開発の意図がないことの証である」と述べた。

IAEA 査察チームは８月３日に寧辺に入ったものの疑惑２施設訪問は許されなかった。北朝鮮は軍事施設の訪問に必要な IAEA の中立性の問題を解決したいという理由を掲げた。韓国は板門店（パンムンジョム）で核管理委員会の開催を提案したが、北朝鮮は中断した理由である米韓合同演習チームスピリットの中止が先だと主張した。一方、北朝鮮はこれらの交渉と並行して第３ラウンドの米朝ハイレベル会議の開催を要求したが、米国は北朝鮮と IAEA 及び韓国との協議の進展がない限り、第３ラウンドは開催しない方針を貫いた。それ以後も米国、北朝鮮、韓国、IAEA のさまざまなレベルで交渉が行われ、合意できる条件の探り合いが続いた。この経過の中で、申告済み７施設の監視カメラのフィルムが切れるなど、疑惑２施設のみならず、７施設の査察継続も困難になっていた。

このような交渉の過程で５MWe 黒鉛炉の燃料棒の取り出し問題の期限が迫った。これは純粋に技術的問題でありながら保障措置にとって極めて重大な意味をもっており、早晩発生すると予測されていた。黒鉛炉の性質上、安全上の理由で使用済み燃料を炉内に長い期間放置し続けることはできなかった。米国はこのことをすでに 1993 年６月に懸念していた。1994 年４月 19 日、北朝鮮は黒鉛炉の燃料棒の交換を近いうちに行うと IAEA に通報した。北朝鮮は IAEA が燃料棒取り出しを観察することは許すが、標本の抜き取りや分析は許さないという方針を伝えた。

1994 年５月３日、ブリックス IAEA 事務局長は、フルスコープの査察が必要であり、それに同意しないならばそれは北朝鮮が核兵器開発を行う意図があることの証拠となり、国連安保理に問題提起せざるを得ないと金永南（キムヨンナム）外相に宛てた手紙を書いた。北朝鮮の初期申告が正しいとすれば、1986年に黒鉛炉の運転を開始して以来初めての燃料交換になるはずであった。その立証のためには、取り出された燃料棒が炉内のどの場所のものであるかを特定したうえで、そこから得た標本の同位元素分析を行うことが必要であった。この機会を失えばNPTに基づく保障措置が不可能になるというという切羽つまった状況にIAEAは立たされていた。北朝鮮は、NPT脱退宣言が保留になっている特殊な状態であることを理由に、一般ルールは適用できないと述べてIAEAの要求を断った。

5月12日、燃料棒の抜き出しの開始を通知し、14日、IAEAの監視員が到達する前に実際に抜き取りが始まった。

この期間の北朝鮮、米国、IAEAの動きを振り返ってみると、黒鉛炉の扱いについての思惑が2つの層になって流れていることに気づく。表面の層は、NPTの査察体制を守ることによって核兵器計画を阻止するという建前の流れである。もう一つの底流の層は、黒鉛炉の過去にさかのぼっての完全な査察と検証は不可能であるとの認識を強めながら、新しいクリアな体制に移行するために黒鉛炉問題を活用しようとするより本質的な流れである。実際のところ、この段階において、北朝鮮が黒鉛炉によって核兵器製造を続ける方針を突き進んでいたとは極めて考えにくい。

❖戦争の危機とカーター元大統領の訪朝

査察を巡る緊張が高まっていたこの頃に発せられた、核兵器開発に関する金日成の発言を紹介しておこう。1994年2月1日、金日成は平壌を訪問した著名な米国の福音伝道師ビリー・グラハム師にクリントン大統領宛のメッセージを託した。その中で金日成は「米国との関係改善を望んでいる」「北朝鮮に核兵器を開発する意思はない」ことなどを述べた（参考文献3）。また、同年4月16日、金日成と面会したCNNの記者マイク・チノイは、金日成が「世界は、我々がもってもいない核兵器を見せろと要求している。もう沢山だ。核兵器をもって何の役に立つ？　戦争などしたくない……国中に建設をしてきた。それを壊したくない」と語ったと伝えている（参考文献4）。と同時に、チノイは燃料交換を見せることによって、北朝鮮が米国と取引をしたいと望んでいたと、当時を分析している。

その後の推移も考えると、北朝鮮は米国の脅威を除去するために米朝関係を構築するという戦略目標のために、将来の核開発の可能性を臭わし続けるという外交路線を取り始めたとみることができる。

NPT脱退宣言以後のIAEAの査察を巡る駆け引きは、絶えず軍事的危険をはらんでいた。クリントン大統領は、経済制裁に向かって問題を国連安保理に持ち込んだ。一時はチームスピリット再開を決定した。これに対して北朝鮮は「経済制裁は戦争行為と見なす」と応じた。

1994年３月19日、板門店で開催された特使交換のための南北協議において、北の首席代表・朴英洙（パクヨンス）が韓国の首席代表・宋栄大（ソンヨンデ）に対して述べた次の発言は当時の状況を象徴している。「戦争の代価をよく考えるべきだ。ソウルはここから遠くない。戦争になればソウルは火の海になる。貴方もおそらく生き残れない。」この脅迫発言で会議は決裂した。交渉はライブで青瓦台（チョンワデ）など関係部署に放送されていた。北朝鮮嫌いの金泳三（キムヨンサム）大統領はこれをリークして韓国の反北世論の形成に利用した（参考文献３）。

このころ、米国ではペリー国防長官が任命された。ペリーは回想録のなかで、その頃第２次朝鮮戦争を予測して戦争準備に奔走したことを記している（参考文献５）。1994年４月、ペリーは韓国と日本を準備なしに訪問し戦争準備態勢を確認した。ラック在韓米軍司令官は、朝鮮半島大型戦争用の作戦計画5027が何時でも実行可能であるが、「もう２万人の増員派兵と戦闘ヘリコプター・アパッチと完全装備のパトリオット防空部隊の増派があれば、早期の侵攻阻止と韓国市民の犠牲者の相当な軽減ができる」と応えた。彼はまた、寧辺の黒鉛炉や再処理施設を巡航ミサイルで攻撃、破壊する計画を立案させた。原子炉内には使用済み核燃料が残っている、さらに原子炉は運転中であるかも知れない、その時でも放射能被害はたいしたことはなく攻撃可能だと分析した、と回想録は書いている。湾岸戦争（1991年１～２月）で巡航ミサイル・トマホークの戦果が喧伝（けんでん）されていたころである。横須賀に配備され米軍の巡洋艦、駆逐艦のトマホークが湾岸戦争でのピンポイント攻撃に著しい働きをみせたことを、私たちは知っている。

回想録には記していないが、ペリーは日本政府の協力なしにこの戦争を遂行できないことを熟知していた。韓国の次に日本を訪問したとき、彼は日本が米軍の戦争準備に協力する準備があることを確認し、安保理が経済制裁を決定したとき、米国が北朝鮮船舶に対する阻止行動を行ったときの日本の支援について協議した。ペリーが愛知和男・防衛庁長官（細川護熙内閣）に「米国は何をするにも先ず日本に相談する」と確約したとき、愛知は「朝鮮半島有事に対応できる特別措置法を準備する」と答えたという。

韓国、日本への訪問から帰国したペリーは、国防総省の「タンク」と呼ばれる会議室に全軍の４つ星将軍たちを集めて戦争の準備会議を開催し、取るべき行動を協議した。部隊の展開、地域軍の間を結ぶ輸送、空母の派遣、朝鮮半島周辺の基地への航空機の集結、地上軍の追加的な大量投入などが話し合われた。大統領がゴーサインを出せば戦争計画は動き出すことができた。

今日、94 年危機と呼ばれる戦争危機であった。

しかし、冷静に考えるとこの危機は武力衝突の危機ではない。大国の論理によって「米国が戦争を始める危機」である。米国は、北朝鮮の核武装を未然に防ぐという大義を掲げて第２の朝鮮戦争を計画した。後のイラク戦争に酷似した侵略戦争を起こそうとしたのである。

米国に好戦的雰囲気が生まれていた。ジョン・マケイン上院議員は戦争準備を主張した。スコウクロフト元大統領補佐官は「北朝鮮が再処理を中止し査察を受け入れなければ、米国は寧辺の原子炉を攻撃することになる」という内容の意見を「ワシントンポスト」紙に投稿した。

このような気運のなかで、金日成はジミー・カーター元米大統領に訪朝による調停を求める手紙を書いた。ペリーの回想によると、北朝鮮の官僚たちが、スコウクロフトが米政府を代弁していると勘違いしたために書かれた手紙だという。

金日成はカーターを評価しており、1991 年、さらに 92 年にも平壌訪問の招待をしていた。カーターはそれらの訪朝を果たせないでいたこともあって、軍事衝突を避けるための訪朝の意向をクリントン大統領に伝えた。カーターは制裁路線に批判的であったのでクリントン大統領は乗り気でなかったと伝えられる。「米国を代表するいかなる権限も与えられていない。何らの指示も与えられておらず、正式の許可も得ていない」という状態でカーターは訪朝した。韓国を経て平壌に到着したのは６月 15 日であった。

北朝鮮は６月 13 日、IAEA からの脱退声明を出して緊張はさらに高まっていた。ホワイトハウスでは 14 日から軍事行動についての首脳閣僚の会議が始まっており、「オシラク作戦」が具体的な選択肢として浮上していた。イスラエルが1981年にイラクのオシラク原子炉爆撃、破壊したことに因んだ命名であり、寧辺原子炉の攻撃シナリオであった。

ペリー回想録によると、6月16日、シャルカシビリ統合幕僚会議長、ラック在韓米軍司令官、クリストファー国務長官、ペリー国防長官がホワイトハウスに集まりクリントン大統領に戦争にいたる行動計画を提案していた。安保理による制裁措置、韓国にいる米国非戦闘員の退去、部隊の増派についてブリーフィングを行い、大統領は部隊増派について幾つかのオプションから一つを選び、すぐに行動に移すことになっていた。それが北朝鮮の攻撃を誘う可能性もあった。大統領がその決断を下す直前に一人の職員が息を切らせて駆け込んできて平壌からのカーターの電話を告げた。電話は「北朝鮮が制裁と部隊の増派を止めるならば再処理についての交渉をしたい」という内容であった。大統領は「協議が行われている間は北朝鮮が再処理活動をすべて停止する条件ならば、米国は行動を中止して協議を始める用意がある」と応えた。カーターは「北朝鮮は条件を呑まないかも知れない」としつつ、そのままを相手に伝えた。金日成は結局合意した。

6月20日、ガルーチ国務次官補と姜錫柱外務次官の正式の同意文書が換わされた。北朝鮮は核計画の主要部分を凍結しIAEAが保障措置を継続することを許し、米国は米朝ハイレベル協議を再開し経済制裁を中止するという内容であった。このようにして危機は回避され、北朝鮮の核問題は新たな段階に入ることになった。

❖米朝「枠組み合意」と朝鮮半島エネルギー開発機構

第3ラウンドの米朝ハイレベル協議は、ジュネーブにおいて8月5日～12日に行われた。第2ラウンドの協議において底流として表れていた本質的問題（60ページ）がここでは主要議題となった。それは、金日成・カーター会談においても金日成から提案されていた「黒鉛炉を軽水炉と交換する」という構想であった。

協議は順調に進み、9月23日～10月21日に2度目の会合をもったが、この過程で米朝は核問題の最終的解決として歴史的な合意に達した。

最終日の10月21日の「アメリカ合衆国と朝鮮民主主義人民共和国との枠組み合意」（しばしば「枠組み合意」と略称される）（巻末 **資料2**）が成立し、そこから「朝鮮半島エネルギー開発機構」（KEDO）が誕生することになる。同日に米韓はチームスピリットの中止を発表した。

米朝「枠組み合意」の主要な内容は次のようなものであった。前提として「枠組み合意」は1993年6月11日の３原則（58ページ）を再確認している。

１．両者は北朝鮮の黒鉛減速炉と関連施設を軽水炉発電施設に転換するために協力する。

—米国は、総発電能力約200万KWの軽水炉を2003年までに北朝鮮に提供する準備に責任をもつ。

—米国は軽水炉プロジェクトのために**国際共同事業体**を設立し、その代表となって北朝鮮との窓口となる。

２．米国は、共同事業体が、第１号軽水炉が完成するまで、黒鉛炉の凍結によって失うエネルギーを補填するよう責任をもって準備する。

—補填するエネルギーは暖房用、発電用の重油の形で提供する。

—重油の引き渡しは３か月以内に開始し、年間50万トンとする。

３．北朝鮮は黒鉛減速炉と関連施設を凍結し、最終的には解体する。

—北朝鮮は、IAEAが凍結を監視できるように全面的に協力する。

—解体はプロジェクトが完成したときに完了する。

—黒鉛炉から出た燃料棒の処分方法を見出すために、両者は協力する。

４．両者の関係正常化に向かって行動する。

—両者は通信、金融の障壁を除くために協力する。

—両者は準備を経て相互の首都に連絡事務所を設置し、やがて大使を置く関係を持つ。

５．両者は朝鮮半島の平和と安全のために協力する。

—米国は北朝鮮に対して核兵器による威嚇、使用を行わないと正式に保証する。

—北朝鮮は南北非核化共同宣言を履行するため不断に措置を講じる。そのため、南北対話を行う。

６．両者は国際的な不拡散体制の強化のために協力する。

—北朝鮮はNPTの締約国に留まり、条約下の保障措置の実施を認める。

—北朝鮮とIAEAは、凍結の対象とならなかった施設の特定査察と通常査察を再開する。

―軽水炉プロジェクトが完了し、中心的な核関連機器が搬入される前の段階で、北朝鮮の初期申告の正確さ、完全さの検証問題を IAEA と北朝鮮の間で解決する。

枠組み合意は、これまでの米朝合意に比較すると、画期的な内容を含んでいる。核問題の解決に端を発して、エネルギー問題、安全保障問題、国交正常化問題に及ぶ包括的な諸問題に関する両国の基本姿勢について合意した。これは、国際法上の協定ではなく、米国のロバート・ガルーチ特命大使と北朝鮮の姜錫柱第１外務次官が署名した政治的合意文書であり、クリントン大統領は親書でもって追加的な誓約を行ったものである。

朝鮮戦争の停戦協定を平和条約に移行させる問題や在韓米軍の扱いなど、韓国も当事者となるべき問題に触れることは当然ながらできていない。しかし、この合意が実行されるならば、その基礎の上にこれらの解決を展望することができたであろう。

枠組み合意を、北朝鮮の核問題をテコにした瀬戸際外交の勝利と考え、お人好しの米国が失敗した外交であるとの見方がある。筆者はそのような見方には与しない。両国が戦争回避を選び、妥協をして合意に達した歴史的な外交の成果としてその価値を評価したい。また、北朝鮮は３原則の合意の時から、核兵器用物質の生産炉であった黒鉛炉の放棄を考えていたのであり、この時点で核武装の意図がないことが改めて示されていると見るべきである。

翌 1995 年３月９日、枠組み合意に定められた軽水炉プロジェクトを担う国際共同事業体は、**朝鮮半島エネルギー開発機構（KEDO）**としてニューヨークで発足した。KEDO は、米国、日本、韓国の３か国が設立協定を結び、原加盟国となって理事会の中核をなす国際機構である。後に EU も理事会に入る（1997 年９月）とともに、ニュージーランド、オーストラリア、カナダ、インドネシア、チリ、アルゼンチン、ポーランド、チェコ、ウズベキスタンの９か国が一般メンバーとして参加した。

2　朝鮮半島の春

❖ KEDO を翻弄した国際環境

KEDO 設立の歩みは決して順調とは言えなかった。

１つには米国の国内政治が常に大きな影を落としていた。共和党の保守派の多くは金日成やその世襲後継者が支配する北朝鮮そのものが嫌いであった。1994 年秋の中間選挙で、共和党が勝利したことによって両院で民主党政権は少数派に転落した。その結果、KEDO による重油の供給予算は繰り返し議会の壁に直面することになった。

北朝鮮においては、米朝枠組み合意が署名される 100 日ほど前に金日成が死去し、金正日（ジョンイル）が後継者となった。条約ではなく政治的約束である枠組み合意の履行には、北朝鮮と米国の相互の政権指導部の意思疎通が重要であった。その意味で、金正日体制への移行にともなう不確定要素や不安が、それでなくても予測しがたい相互の関係をより不透明なものにした。

そのうえ、1993 年２月に始まった韓国の金泳三（ヨンサム）政権は反共感情の強い政権であり、南北関係は硬化しつつあった。NPT 脱退声明後の北朝鮮に対して行った金泳三の「核兵器を持つ相手と握手できない」という演説は、その後の南北関係を悪くするのに充分であった。米国と北朝鮮との間の合意はしばしば韓国の不快や警戒を誘い、米国のクリントン政権は韓国と米議会の両方に対して困難な舵取りを強いられる結果となった。

このような状況下で、KEDO の軽水炉計画は初期段階から南北の調整に苦労を強いられることになった（参考文献３が詳しい）。

米、韓、日の３者で合意した KEDO 設立協定においては、北朝鮮に供与する軽水炉について「100 万キロワットの韓国標準型原子炉２基」と韓国の中心的役割が明記された。韓国は、このように韓国の役割を強調することによって、北朝鮮を助けるために税金を投入するのは米国に押しつけられたものであり、対米依存の結果だという国内の批判をかわそうとした。北朝鮮も KEDO 合意の内容を知っており、供与される軽水炉が韓国のものであることを十分に承知していた。しかし、そのことが契約書に書かれることは韓国に恩を受けることを認めることになり屈辱的なことであった。米国は「枠組み合意」から６か月以内（すなわち1995年４月21日まで）に、軽水炉供与の契約をKEDOと北朝鮮との間で結ぶよう最善の努力を払うことを北朝鮮と「枠組み合意」で約束しており、南北が契約書の内容について合意するための調停をしなければならなかった。

それぞれの国内向けの面子のためとしか言いようのない目的のために、軽水炉契約の表現を巡る米朝会議が５回にわたって延々と開催された。1994年11月30日を皮切りに北京で２回、1995年３月25日の第３回からベルリンで２回、そして1995年５月20日から第５回会議がクアラルンプール（マレーシア）で開催された。北朝鮮は、意見が受け入れられないならば、枠組み合意に含まれていた「凍結しない施設におけるIAEAの査察」を拒否すると脅して米国を揺さぶった。クアラルンプール会議は３週間に及ぶ会議となったが、６月13日にやっと最終合意を見るに至った。

米朝の合意は文書化され、提供される軽水炉について「軽水炉は約100万キロワット電気出力の２本の冷却水ループを備えた加圧水型軽水炉２基よりなる。KEDOが選ぶ炉の型式は米国起源の設計と技術をもった現在生産中のモデルの最新型のものである」と表現した。さらに、KEDOが原子炉を発注する相手の企業について「米国企業が軽水炉計画全体をコーディネートし、その米国企業をKEDOが選定する」とした。つまり契約書に書き込む原子炉のスペックも契約企業も韓国の名を出さないで特定する、笑うに笑えない苦肉の産物であった。このやり方に韓国が同意するためにはもう一つの仕掛けが必要であった。米国と北朝鮮がクアラルンプールでこの共同声明を発表するのと同じ日に、ソウルにおいてKEDOが理事会を開催した。そこには米国のガルーチ代表を始め韓日の高位の代表が参加をして決議を採択した。決議はクアラルンプールの米朝合意を歓迎したうえで、KEDOは合意内容に適合する炉として韓国標準型原子炉のウルチン３号・４号を選定し、発注企業を韓国電力公社（KEPCO）とすることを決定した。

このようにして1995年12月15日、KEDOと北朝鮮の軽水炉建設に関する契約書は署名された。「枠組み合意」における約束の目標期日よりも８か月ほど遅れて実現したことになる。また、以下に述べるようなさらなる困難を乗り越えて、KEDOと韓国電力公社との間の軽水炉２基の本格建設のための契約書が署名されるのは４年後の 1999 年 12 月 15 日になってからのことであった。

❖偵察潜水艦座礁と金昌里(クムチャンリ)疑惑

際どい駆け引きをくぐりながらも、米国のクリントン政権に関する限りKEDO の事業は成果を積み上げていった。

1997 年８月 19 日、琴湖(クモ)において軽水炉２基の起工式が行われた。

それに至る時期、軽水炉建設の付属契約交渉を中断させた一つの事件が起こった。北朝鮮の偵察潜水艦の座礁事件である。「枠組み合意」は北朝鮮が南北関係の改善に努力する約束を含んでいたが、半世紀近く戦争状態が続いていた南北関係の改善の困難さを示していた。

1996 年９月 18 日、日本海（東海(トンヘ)）沿岸の江陵(カンヌン)の沖合で北朝鮮の偵察潜水艦が座礁しているのが発見された。潜水艦はサンオ級（サンオは鮫の意）でディーゼル・エンジン推進の小型、低速の沿岸潜水艦である。26 人の乗組員のうちただひとり生存し、逮捕された乗組員の自供で事件の経緯が明らかになっている。それによると９月 13 日に北朝鮮の基地を出港して越境し、15 日に３名の工作員を上陸・潜入させた。軍事基地の撮影などの目的とされる。17 日、工作員を回収するために沿岸に近づいたときに潜水艦は座礁した。離礁を試みたがスクリューが壊れて潜水艦を放棄せざるを得なくなった。そこで全員が上陸し近隣の山野に潜伏することになった。18 日、偶然通りかかった車の運転手が座礁した潜水艦を発見し、事件が明るみになった。

金泳三大統領は激怒し４万人の軍隊を動員して侵入者の掃討作戦を展開した。潜水艦乗組員のうち 11 人は集団自決を行い、１人が逮捕され、１人が行方不明である他は全員が銃撃戦の末射殺された。韓国人も兵士と民間人含めて 13 人の犠牲者を出した。約 50 日かけて掃討作戦はやっと終了した。

金泳三は北朝鮮からの謝罪がない限り KEDO に関する一切の活動を凍結すると述べ、北朝鮮は軽水炉計画が遅延するならば寧辺の原子炉の凍結を解除すると応酬した。長い交渉の後、1996 年の暮れギリギリになって北朝鮮は「深く謝罪する」と表明した。これによって軽水炉契約の付属契約が進むことになった。

1998 年になって、「枠組み合意」の帰趨にかかわる２つの重大事件が発生した。１つは金昌里の地下核施設の疑惑であり、もう１つはテポドン・ミサイルの発射であった。

1998 年８月 17 日、「ニューヨーク・タイムズ」が、寧辺北西部にある金昌里（10 ページ地図）に巨大な地下の秘密核施設が建設されていることを米国の国防情報局（DIA）などの情報機関が突き止めたと暴露した。そこには原子炉やプルトニウム生産の再処理施設が建設されているという。DIA の見解は、「枠組み合意」で凍結された寧辺の核活動をこっそりと金昌里で行おうとしているというものであった。２週間後に弾道ミサイル・テポドンが発射されたことも重なって、もともと KEDO に懐疑的な米国議会が大騒ぎをすることになった。９月 28 日の米下院国際関係委員会におけるベンジャミン・ギルマン委員長の発言は、対北朝鮮強硬派の典型的な意見であり、その後も繰り返される論調なので紹介しておこう。

> 現政権の北朝鮮政策は成功していない。北朝鮮の瀬戸際政策に褒美を与えることによって北朝鮮の悪行に税金を使っている。……枠組み合意は予定されていたような北朝鮮の行動の変化を生み出すことに失敗をした欠陥だらけの合意だ。北朝鮮は枠組み合意を隠れ蓑にして、世紀末までに米国を核攻撃できる能力を持つという彼らの本当の目的を達成しようとしている。彼らにとって枠組み合意は取引材料に過ぎない。我々にとって、枠組み合意は国家安全保障や東アジア同盟国に対する明白で現実的な脅威だ。

米国は金昌里への立ち入り調査を要求して交渉したが、北朝鮮はその場所は核と何の関係もない場所であり、立ち入り要求は主権侵害の要求であるとして拒否をした。これによって米国は疑いを深め、拒否し続けることは「枠組み合意」を崩壊させると警告した。北朝鮮は、金昌里は「枠組み合意」と何の関係もないと反発したが、米国は懸念を払拭できなければ米朝の外交関係そのものが壊れると譲らなかった。実際、クリントン政権はそのままでは議会との関係で先へ進めなくなったであろう。その後数か月の間にチャールズ・カートマン朝鮮半島担当特使と金桂寛（ゲグァン）外務次官が５回の会談を行った。11 月中旬に北朝鮮が軟化を始め、1999 年３月 16 日、１回だけの査察に応じることと引き換えに米国が国連を通じた食糧の人道支援を行うことで合意が成立した。

1999 年５月 20 日～ 24 日に金昌里の現地査察が行われた。米査察チームは 15 名の各種専門家で構成され、北朝鮮は査察チームが調査に必要とするすべての行為を許した。トンネルの精密計測、トンネルの外の建物も含めたビデオや写真撮影などが行われた。トンネルは全長７km に及び、17 本の長いトンネルが細いトンネルで結ばれていた。主トンネルの幅は 40m、高さは６m、すべてのトンネルの壁は岩肌がむき出しであった（参考文献２）。

調査チームの結論は、「プルトニウム生産にかかわる原子炉も再処理施設も、建設中である痕跡も含めて、全く存在しない。『枠組み合意』に違反するものは何もない。地下空間の大きさや配置から考えて、そのような施設に適しているとは考えにくい。とはいえ、将来に相当な改造を行えば原子炉や再処理を建設できることは否定できないし、別の核関連施設のために設計されているということも否定できない」という趣旨のものであった。

まさに大山鳴動(たいざんめいどう)して鼠(ねずみ)一匹の譬(たと)えの通りの顛末となった。

１年後の 2000 年５月、米国はもう一度金昌里を視察する機会をえたが、以前と比べて地下トンネルに何の変化も見られなかった。

❖テポドン打ち上げの波紋

「枠組み合意」を脅かしたもう１つの出来事は、1998 年８月 31 日の北朝鮮によるテポドン打ち上げであった。

このテポドン発射を長距離弾道ミサイルの発射実験であるか人工衛星発射であるかについての議論は、その後の経過も含めて正確に再分析する必要がある。これに関しては第６章（207 ページ）に述べることとし、ここでは人工衛星発射を試みた衛星発射体（SLV）の打ち上げであったという理解に基づいて、SLV テポドンと述べることにする。

1998 年８月 31 日の正午過ぎに、東海岸の舞水端里(ムスダンリ)（10 ページ地図）にあるミサイル発射場から東方に向かって SLV テポドンを打ち上げた。テポドン（大浦洞）はノドン（蘆洞、北朝鮮の発音ではロドン）に隣接する舞水端里内の地名であり、米国防総省がミサイルを発見した地名をとって命名した。予告なしの打ち上げであり、北朝鮮が予想を超えたロケット技術能力を示したことで国際社会に大きな衝撃を与えた。

９月４日に朝鮮中央通信と北朝鮮外務省は人工衛星の打ち上げに初めて成功したと発表した。３段ロケットで打ち上げられ、切り離された１段目は発射地点から 253km（平成 11 年『防衛白書』は約 180km と推定）の日本海に落下、２段目は日本列島を越えて発射地点から 1646km（同『防衛白書』は約 1600km）の太平洋洋上に落下し、３段目が人工衛星を軌道に載せたとした。その上で人工衛星の楕円軌道の遠地点、近地点の数字を掲載し、衛星が 27 メガヘルツの電波で国歌を流し続けていると述べた。しかし、米国の宇宙軍（当時のスペース・コマンド）を含め、北朝鮮以外のいかなる機関も軌道上の物体や物体からの電波を観測できなかった。衛星打ち上げは失敗であったと評価される。

技術的な議論は第６章に譲るとして、ここでは政治的な文脈について述べよう。打ち上げのタイミングは間違いなく、９月５日に開催される朝鮮最高人民会議の第 10 期第１回会議を祝賀するためのものであったと考えられる。この会議で憲法の修正が行われ、金日成が永世の国家主席になり、金正日（ジョンイル）が事実上の国家主席の職である、新しく定義された「国防委員会委員長」に就任した。それは後継者となって４年になる金正日が、初めて国家における最高地位を法的に与えられる会議であった。この点からも、北朝鮮が単なる長距離ミサイル実験などではなくて、初めての人工衛星の打ち上げという祝賀行事を計画したと考えるのが自然であろう。

このSLV 打ち上げは、国際的にみると、警戒水域や警戒空域を設定し事前通告することなしに行われた、人命、財産に被害を起こしかねない危険行為であったことは否定できない。とりわけ日本にとってはそうであり、日本政府は、そのことに焦点を絞って抗議し、将来のルールについて協議を始めるべきであったが、そうはしなかった。日本政府はこの事件を軍事的脅威に短絡させ、1997 年に改訂した日米防衛協力指針（97 年ガイドライン）による周辺事態法の制定に利用しようとした。９月４日の北朝鮮外務省声明は先取り的にこの動きに言及して、周辺事態法を成立させる動きは米朝関係への軍事的介入となると警告した。

同声明は「打ち上げは宇宙開発のためのものであり、米朝枠組み合意に反しない」と米国に対して予防線をはった。しかし、テポドン発射は米国議会を硬化させた。

ここで北朝鮮の弾道ミサイル問題についての米朝関係の経過を簡単に振り返っておく。

テポドン以前においては、米国は北朝鮮のミサイル能力が米国に及ぼす脅威そのものよりも、主としてミサイルやその技術の輸出行為を危険視していた。北朝鮮は1985年にイランとの間で協力協定を結びスカッド・ミサイル生産計画に取り組んでいた。1987～88年には月産8～10基を生産、イランへの輸出を行った。このスカッドがイラン・イラク戦争(1980～88年)で使われたことはよく知られている。1992年には北朝鮮はイランと軍事協力協定を結びノドンの共同開発を始めた。1993年にはパキスタンにノドンを売るとともに現地生産を許した。

「枠組み合意」の柱であるKEDOの活動が本格化するなかで、米国は北朝鮮とミサイル輸出問題についての協議を提案し、第1ラウンドの**ミサイル協議**が1996年4月にベルリンで開催された。北朝鮮がこの協議に応じた1つの重要な背景として、1995年7～8月に北朝鮮各地を襲った歴史的な豪雨とそれによって引き起こされた未曾有の飢饉があった。北朝鮮はミサイル輸出問題を米国からの経済支援を取りつける交渉に結びつけたかったと考えられる。米朝ミサイル協議は98年テポドンSLV打ち上げまでに2ラウンド開催され、北朝鮮はミサイル輸出中止の補償を要求した。テポドン発射後、1998年10月に第3ラウンドのミサイル協議が行われたが、米国はミサイル計画の中止と経済制裁の解除を交換条件として交渉したが、北朝鮮は経済制裁の解除はすでに「枠組み合意」で行われるはずだと反論して合意に至らなかった。第4ラウンドの会議が1999年3月に平壌で、第5ラウンドの会議が2000年7月にクアラルンプールで行われたが、ミサイル計画中止による損失の補償問題が合意に達しない状態のまま、ブッシュ政権の登場によって米朝関係は壊れていった。オルブライト国務長官はミサイル協議も合意に近かったと、回顧録で述べている(参考文献6)。

「枠組み合意」に関する米朝交渉においては、核計画凍結・軽水炉建設という流れに関わる交渉とミサイル問題を解決する交渉が、しばらくの間は直接に交差しないで進行した。この状況はペリー・プロセスが始まる1999年5月頃を境に、一つの総合政策にまとめられ、個別交渉が続くことになった。

❖ペリー・プロセス

軽水炉計画が「枠組み合意」の目玉であったことに間違いないが、長期的に見たとき、米朝関係の正常化という「枠組み合意」における大目標が、より本質的な課題であることは言うまでもない。この目標のために始まった4者会議は、結果的に成功しなかった努力であるが、ここで述べておく必要がある。

1996 年４月、米国は韓国と相談し、中国にも呼びかけて米、中、北朝鮮、韓国の**４者会議**を開始した。その目的は、朝鮮戦争の休戦協定を超えてより恒久的な朝鮮半島における平和機構を模索することにあった。従来、休戦協定に関する会議に韓国が参加することを北朝鮮は認めない姿勢であったが、４者会議の構想について北朝鮮は耳を傾けた。この変化は「枠組み合意」によって包括的なビジョンが共有されていることによって得られた結果だと言えるであろう。４者会議は 1997 年 12 月に始まり、1999 年８月までに６回の本会議が速いテンポで開催された。会場はいずれもジュネーブであった。４者の全体会議の間に２国間会議を挟む運営が功を奏して、この過程は 2000 年に実現する「朝鮮半島の春」とも言える好ましい状況を生み出すのに様々な形で貢献した。2000 年６月の南北首脳会談や 10 月の米朝高官の相互訪問は、このような４者会議が媒介した２国間協議が実を結んだものである。

さて、SLV テポドンの打ち上げは、米議会の「枠組み合意」への批判を強め、米議会は重油供給のための予算支出にさまざまな条件を課すとともに、米国の北朝鮮政策全体を省庁横断的に再検討するために**北朝鮮問題調整官**を 1998 年中に任命するよう大統領に命じた。これに応えてクリントン大統領は 1998 年 11 月 12 日、前国防長官ウィリアム・ペリー（当時、スタンフォード大学）を調整官に任命した。ペリーは 94 年の朝鮮半島危機が「枠組み合意」によって回避された時期の米国防長官である。前述したように（61 ページ、63 ページ）、その時は寧辺核施設の軍事攻撃に踏み切る方針で動いた。クリントンの要請に対して、ペリー自身は乗り気ではなかったが状況の重大さに鑑みて引き受けたと、当時の米国務長官マデレーン・オルブライトは回想している（参考文献６）。ペリーは北朝鮮政策の本格的な再構築を目指し、そのために必要な強力な国内の陣容と国際的な協力体制の確立をめざした。国内的には国防長官時代の人脈を活かしてオルブライト国務長官に国務省の全面的な支援と第１級の支援チームの結成を求めた。オルブライトは彼女の右腕の特別補佐官ウェンディ・シャーマンを提供した。ペリー自身はハーバード大学からアシュトン・カーター（後のオバマ政権の国防長官）を呼び寄せて、この２人を副調整官に当てた。

ペリーは日本と韓国を政策見直しに深く関与させることが必要だと考えた（参考文献5）。韓国は太陽政策と矛盾する見直しになることを警戒していたし、日本は拉致問題との関係を懸念していた。彼は日本と韓国を訪問しそれぞれのトップ、小渕恵三と金大中に面会した。そして、ペリーと日、韓の代表で北朝鮮政策の調整を共同で行う3か国チームを形成したいと訴え、そのための代表の選出を求めた。ペリーの回想録によれば、日、韓ともこの大胆な提案に驚くとともに米国が一方的にことを進めることへの懸念を払しょくして、積極的に体制の構築に協力した。このようにして、1999年4月25日、ペリー、加藤良三（当時、外務省総合外交政策部長、後の駐米大使）、林東源（当時、外交安保・大統領首席秘書官、後の統一相）の3人が共同代表となる北朝鮮政策に関する「3か国共同調整管理グループ」が結成された。このような協調的意思形成による政策調整の外交プロセスが、後に「ペリー・プロセス」と呼ばれている。

ペリーは、北朝鮮への対処について「**3か国共同調整管理グループ**」の共同意思をまとめあげた。その内容は、「北朝鮮との関係正常化と休戦協定を平和条約に転換する目標に向かって一歩一歩前進しつつ、北朝鮮の核兵器製造能力と弾道ミサイル計画や輸出の廃棄を目指す」という長期的な包括的外交方針を優先的課題として設定すること、その上で、もし北朝鮮がそれに同意しないときには経済制裁の強化などより強制力のある次の手段に訴えるという2段構えの戦略であった。

林東源はこの方針は彼の構想から生まれたものであると、『林東源回想録』に述べている（参考文献7）。金大中の「太陽政策の設計者」と呼ばれる彼は、反戦、平和の人であり「朝鮮半島の冷戦構造解体のための包括的接近戦略」を実行する「包容政策」を主張していた。ペリー調整官と2人の副調整官が98年12月にソウルを訪れたとき、彼はこの主張を力説した。ペリーは「金大中大統領とあなたの主張を初めて聞き、自分の考えとのあまりの違いに、唖然となってものが言えなかった」と、後に語っている（参考文献7）。

同じような違いを感じた林は、大統領の命を受けて訪米して米国を説得する任を引き受けた。「朝鮮半島の問題は当事者の韓国が主導して強大国の支持と協力を引き出さないといけない。韓国の国力から考えて、もうそうすることができ、米国も韓国の主張を尊重してくれるはずだ。今回成功すれば、韓米の外交史上、初めて韓国が政策協調でリードすることになる」と、林は当時の意気込みを語っている。

翌 99 年の１月末、ワシントンで林東源はペリー調整官と２人の副調整官と再び会談し、「包容政策」「朝鮮半島の冷戦構造解体のための包括的接近戦略」を含む文書化された韓国側の方針を説明した。ペリーは「創意的で大胆な構想だ」「根本的で包括的なアプローチを段階的に推進するというのは正しい方向だ」「韓国の同意なしに米国の対北政策は進められない」と歓迎し、感謝した。

３か国で調整された方針と小渕恵三、金大中の全権委任の手紙を携えたペリー調整官は３か国の代表として 1999 年５月 25 日～ 27 日、平壌を訪問した。ペリーは平壌での姜錫柱との協議を通じて、包括的かつ長期的な方針をもった具体的交渉の提案に対する北朝鮮の好感触を得た。「北朝鮮側はミサイルを貴重だと考えていることは明らかだった。そしてミサイルを抑止力、威信、外貨の源泉と考えていた。しかし、核兵器と同様に長距離ミサイルを諦めることが関係正常化への道であることを彼らは理解していた。もっとも重要なことは、正常化こそが数十年続いた不安に終止符を打ち、安全で安定した繁栄する朝鮮半島を生み出すとして、彼らが正常化を明白に望んでいたことだ」と、ペリーは回想している（参考文献５）。

北朝鮮政策の見直しに関するペリーの報告書は、1999 年９月に秘密報告書の形で議会へ提出され、10 月に要約版を一般に公開した。基本は前述した包括的、統合的な長期的戦略を堅持しつつ、当面の核、ミサイル問題を一つひとつ解決する方針を述べたものである。その上で、「北朝鮮が『米朝枠組み合意』の条項を逸脱しない限り、米国自身が合意違反をするべきではない。そうすれば米国が枠組み違反の立場に立たされ、北朝鮮が寧辺の凍結を解除する道を開き、我々を 1994 年夏の危機に戻すことになるであろう」と述べた。すなわち、「枠組み合意」と KEDO 事業の継続を勧告したのである。

❖ 2000 年米朝共同コミュニケ

ペリーによる北朝鮮政策の見直しによって新しい方針が固まる中で、クリントン政権は北朝鮮とミサイル問題などを含むより包括的な協議を開始した。**米朝高官ベルリン会議**と呼ばれる一連の会議である。米国からチャールズ・カートマン朝鮮半島平和担当特使、北朝鮮から金桂寛外務次官が担当した。北朝鮮は、

1999年9月24日、米国の関心に応えて「ベルリン会議が継続している間、ミサイル発射実験を行わない」という**ミサイル発射実験モラトリアム**を宣言する外務省談話を発表した。同年11月の第2ラウンドの米朝高官会議において、両国はさらにハイレベルの高官による相互訪問によって、核、ミサイル、テロリズム問題、経済制裁の緩和など、広範な懸案の解決と両国関係の正常化への動きを前進させることを話し合った。2000年1月の第3ラウンド・ベルリン会議を経て、3月はニューヨークに場所を移して米朝の高官の相互訪問に関するさらなる詰めの会議が行われた。1つの焦点は北朝鮮をテロ支援国家リストから外すために必要な条件を固めることであった。

一方で、韓国の金大中は太陽政策を積極的に進めていた。2000年3月、ベルリン自由大学で発した、後に**ベルリン宣言**と呼ばれる演説は、韓国から北朝鮮への対話の呼びかけであった。ヨーロッパに向かう飛行機の中で書き上げたという演説は、公表する前に北朝鮮にも事前に伝えて単なる宣伝の演説ではなくて、具体的な提案であると伝えたという。

そこには、①道路、鉄道、港湾、電力、通信など北朝鮮へのインフラ投資や農業構造改善に協力する準備があること、②朝鮮半島の冷戦構造を克服するため、武力挑発や核、ミサイル開発の中止の訴え、③平和定着のための和解と離散家族問題の解決の呼びかけ、などが含まれていた。

南北の歴史的な首脳会談は6月13日に実現した。金大中大統領が平壌を訪問し、金正日国防委員長が空港まで出迎えて、2人は喜びと感動の握手を交わした。法的にはまだ戦争状態が続いている両軍の最高司令官が一方の軍の儀仗隊を閲兵し分列の敬礼を受けるという想像を超えた瞬間であった。6月14日に終日をかけた率直な会議が行われ、夜遅く南北共同宣言に合意された。宣言の日付は6月15日とされた。宣言は次の5項目よりなる。

1．統一問題における、民族自主の原則の再確認。
2．南北統一の形について、南の連合制案と北の緩やかな段階における連邦制案には共通性があり、この方向で今後の話し合いを続ける。
3．離散家族問題や非転向長期囚問題など人道的問題の早期解決。
4．経済、文化、社会など広範囲の協力と交流を活性化して相互信頼を高める。
5．合意事項の実行のため当局間の会議を早期に開催する。

歴史的な南北首脳会談による南北関係の好転は、米朝間の懸案を解決するための両国高官の相互訪問の計画にも好影響を与えた。2000 年７月にバンコクで開催された ASEAN 地域フォーラム（ARF）で米朝の外交トップ、すなわち北朝鮮の白南淳（ペクナムスン）外務大臣と米国のオルブライト国務長官が、歴史上初めて１時間余りの会談を行った。内容は乏しくても重要な象徴的意味を持つ会談である。オルブライトはその場でペリーに匹敵する高官の訪米を要請した。

金正日、金永南（ヨンナム）最高人民会議常任委員長に次ぐナンバースリーである趙明禄（チョミョンロク）国防委員会第１副委員長のワシントン訪問が実現したのは、同じ年の 10 月であった。脇道にそれるが、金正日は趙明禄にワシントンに行く前に西海岸に立ち寄ってペリーに会い、ペリーにシリコンバレーの工場を見学したいと要請するよう命じたと言う（参考文献５）。北朝鮮は決して「隠遁者の王国」（オルブライトの回顧録は北朝鮮に関する章にこのタイトルを付けている）ではないことを示すエピソードである。また、ナンバースリーである国軍副司令官を訪米させたことは、北朝鮮が真剣に米朝関係の正常化を望んでいることを示していた。

趙明禄がワシントンに入る直前である 10 月６日、テロリズムに反対する国際的努力を支持する旨の米朝の共同声明が発せられた。趙の訪米時の米国内環境を整え、テロ支援国家のリストから北朝鮮を除外する方向を示唆するものであった。

国務省での会談には背広姿で、30 分も経たない後にホワイトハウスに入ったときはメダルとリボンをちりばめた軍服姿で、趙明禄は北朝鮮の国家代表として使命を果たした。その最大の役割は両国関係の新しい根本的な出直しの先鞭をつけ、クリントン大統領の訪朝を要請することであった。趙明禄訪米の総括として出された 2000 年 10 月 12 日の米朝共同コミュニケ（巻末 資料3）に盛り込まれた次の一文は、その意味で重要な意味をもっている。

> （新しい関係に進む）重要な第一歩として、両国は、いずれの側の政府も相手に対して敵対的意図をもたないと述べ、過去の敵意から自由になった新しい関係を築くために今後あらゆる努力を払うと誓約した。両国は不信を除き相互信頼を築き、……重要な懸念事項を建設的に協議できる雰囲気を維持するよう努力することに合意した。これに関連して、両国の関係は、相互に相手の主権の尊重と内政不干渉の原則に基づいたものであるべきことを再確認

し、２国間、あるいはより広い場にせよ、定期的な外交的接触を持つことの重要さに留意した。

両国は、過去の敵対的な関係と決別し、新しい関係の構築に向かうという大方針を打ち出したのである。コミュニケはまた、「枠組み合意」を両国とも遵守することを確認するとともに、新しい関係にとってミサイル問題解決が重要であるとし、その話し合いの継続中はいかなる長距離ミサイルの発射も行わないという北朝鮮の意図も書き込んだ。

❖クリントン外交の遺産

10月23日、24日、オルブライト国務長官は、クリントン大統領訪朝の事前準備という位置づけで平壌を訪問した。彼女は、６月に首脳会談を行った金大中が彼女に語った金正日の印象に同意して「金正日は自分に必要なものは何かがわかっている聡明な男だ」と述べ、「孤立しているが情報通だ。国が悲惨な状況であるにも拘わらず、絶望していないし苦悩も見せず、自信に満ちているように見える」と印象を語っている。

北朝鮮の市場開放について金正日がオルブライトに語ったことも興味深い。「開放で何を意味している？　その定義が必要だ。西側の言う開放を受け入れるつもりはない。開放が我々の伝統を傷つけてはならない」と述べ、自由市場と社会主義を混ぜた中国型には関心がない、スウェーデン型は基本的に社会主義であり関心があると例を引いた。さらにタイは市場経済であるが伝統を守り歴史の変動に対して独立を守り続けた王政であり、タイ・モデルにも関心があると述べた。オルブライトは、金正日は「タイ経済に関心があるのか王政維持に関心があるのか」と自問した、と回想している（参考文献６）。

両者の会話において、ミサイルと在韓米軍問題に関して注目すべき内容があった。金正日は通信衛星の打ち上げ計画をもっており、どこかの国が北朝鮮の代わりに打ち上げを代行してくれるならば、ミサイルの必要はないと述べた。これは、７月のプーチン・金正日会談で話題になった内容と一致する。さらに、一方で、金正日はミサイルをシリアやイランに輸出していることを躊躇なく公言し、ミサイルは外貨獲得のためであるから、誰かが補償するなら生産を中止できる、と述べた。また、韓国が同調するならばミサイル関連技術の輸出規制（MTCR）に参加する用意があるとも述べた。さらに自衛目的のミサイルについては、韓国が500km の射程のミサイルを開発しないなら、北朝鮮はすでに配備しているものは変えられないが、新規の生産は止めると述べている。抜け目のない交渉者としての金正日像が見えてくる。

在韓米軍に関する金正恩の見解も興味深い。金正日は冷戦終結以後の在韓米軍は東アジアの安定化の役割をもっていると考えているが、軍の意見は半々に分かれている、と述べた。この内容は、６月の南北首脳会談における金正日発言と合致する。そのとき、金正日は統一後も在韓米軍が安定要因になるとの見解を示し、北朝鮮メディアが米軍撤退を強く主張しているのは「人民の感情をなだめるためだ」と説明した。もちろん、これらは米朝関係が正常化した状況における見解を述べたものである。常識的な意見交換が可能な指導者であることを示している。

オルブライトは、金正日がクリントン訪朝による米朝サミットを真剣に望んでいることを感じとった。北朝鮮は、米国の予想以上にミサイル問題について譲歩の用意があることを示した。北朝鮮が臭わせている代償としての食糧支援、肥料、衛星打ち上げ費用などは、ミサイル開発がもたらすであろう脅威と比較すれば小さなものであると感じられた。オルブライトもサンディー・バーガー大統領補佐官もミサイル問題で確実な成果が見通せるならば訪朝すべきであるとの考えであった。クリントン自身も意欲を示していた。問題は大統領任期が数か月に残すだけの状況において、北朝鮮の外交スタイルに合致する形で交渉議題の整理に要する時間、それに付随する韓国、日本との外交調整を行う時間が要求されるという点にあった。米国はとりわけミサイル合意における検証問題に困難を感じていた。疑われることを嫌う自尊心と主権意識の強い北朝鮮との間で検証制度の合意には時間がかかると予想された。

最終的にクリントン大統領の訪朝は断念された。オルブライトによると、二者択一の問題として煮詰まった断念理由は、危機に面していた中東問題への対応のために日程調整が不可能になったということである。この時、クリントンは、自ら仲介した 1993 年のオスロ合意の履行を巡って対立した当時のエフード・バラク・イスラエル首相とヤセル・アラファト・パレスチナ解放機構（PLO）議長との調停交渉に大統領として最後の外交努力を払ったが失敗した。

大統領の訪朝は実現しなかったとはいえ、「枠組み合意」の下で KEDO によるエネルギー協力と核兵器計画の凍結を実現し、ミサイル問題や朝鮮戦争の終結と平和条約の締結まで視野に入れたより包括的なペリー・プロセスによる米朝関係の正常化へと計画を進めたクリントン外交は、重要な成功を収めつつあったと評価できる。

クリントン政権の北朝鮮外交は継承するに値する貴重な遺産を残して終了した。

《第３章》
米ネオコン政治と６か国協議
（2001 年～ 2008 年）

1 「悪の枢軸」路線の失敗

❖ブッシュ大統領の登場

クリントン政権の遺産はジョージ・W・ブッシュ政権の登場によって無残に壊されていった。ブッシュ政権の初期の政策の特徴はABCと呼ばれたことに象徴されている。ABCはAnything But Clinton（クリント以外なら何でもよい）を意味する。しかし、対北朝鮮政策に関してはABC以上の理不尽さがあった。

クリントン政権の北朝鮮外交を包括的路線の軌道に乗せようとしたウィリアム・ペリーが、2015 年に落胆の言葉を綴っている。ブッシュ政権によって悪化してしまった米朝関係を踏まえての発言である。

> 2000 年、我々は北朝鮮との間である程度の正常化を達成する可能性（確実性ではない）に到達していた。北朝鮮は経済の立て直しのために核の野心を放棄する準備があるようであった。2015 年のいま、我々の目の前には腹を立てて挑戦的になり、６発から 10 発の核武装をし、さらなる核爆弾に使う核分裂性物質を生産し、長距離ミサイルの部品をテストしている北朝鮮がいる。これらの結果をみると、これは我が国の歴史の中でおそらく最も成功しなかった外交の行使である（参考文献１）。

米国では湾岸戦争の英雄であったコリン・パウエルがブッシュ政権の初代国務長官になった。パウエルはオルブライトとそのチームから詳しい状況の説明を受け、クリントンの北朝鮮政策の遺産の重要さを理解した。そしてそれを引き継ぐこと、すなわち、北朝鮮が望むならば米朝「枠組み合意」を順守しKEDO事業を継続するのみならず、クリントン政権の到達点に立って交渉を再開する意思を表明した。2001年1月17日の米上院における彼の認証公聴会においてもその方針を述べた。韓国の林東源も2月に訪米してパウエルに面会し、北朝鮮との協議の勢いを失わないうちに、仕上げ段階にあるミサイル問題に取り組むよう促した（参考文献2）。パウエルは太陽政策への支持を表明し、「朝鮮半島の冷戦を終結させる歴史的な好い機会だ」との認識を示した。

しかし、ブッシュ大統領のセンスはまったく異質のものであった。就任間もない2001年2月、後にブッシュ政権下でKEDO米国代表を務めたチャールズ・プリチャードは、ホワイトハウスで大統領が着任の儀礼の電話を各国首脳に掛けていた時のエピソードを記している（参考文献3）。大統領には相手の首脳について事前の簡単なブリーフィング用紙が作成され提供されていた。韓国の金大中大統領に関するブリーフィングでは、韓国は米国と強い同盟関係にあること、北朝鮮問題で協力し合うことの重要性、などが説明された。ブッシュ・金大中の電話会話が始まり、金大中が北朝鮮を関与させることの必要性を語っているとき、ブッシュは顔をあげて電話の送話口を手で押さえながら「こいつは何者だ。信じられない。なんとナイーブなやつだ」と言った。

プリチャードはその日、もっと詳しい金大中の情報を書くように補佐官から電話を受けて、軍事政権に反対した政治活動、投獄された経験、30年の闘いの後に大統領になった経歴、太陽政策によって北朝鮮を関与させたこと、などを書いた報告書を提出した。それでも「大統領の考え方は変わらなかった」とプリチャードは記している。

約1か月後の2001年3月7日、金大中は訪米しブッシュに直接、北朝鮮に対する太陽政策と関与政策の重要性を説くことを試みた。しかし、金大中訪米中の首脳会談は悲惨な結果に終わった。それはパウエルが方針の後退を強いられる機会ともなった。

3年前の1998年6月のクリントン時代の金大中の訪米時に行われた、多くのゲストを招待したディナーを伴う首脳会談とはうって変わって、そのときにブッシュが金大中に与えたものは1時間ほどのビジネス・ミーティングと、20分ほどの共同記者会見のみであった。両首脳はそれぞれの主張を述べ合ったが響き合うものはなかった。のみならず、記者会見におけるブッシュの発言は、北朝鮮を不快にするに十分な、外交的に不適切な表現を少なからず含むものであった。金大中の米国に対する積極的な関与の要請に対して、ブッシュは「北朝鮮は信用できない国であり、検証を前提とする話し合いが必要である」と述べ、「北朝鮮の指導者に対して懐疑的である」「北朝鮮がすべての合意を順守しているかはっきりしない」「対北朝鮮政策を根本的に見直す予定であり、北朝鮮との接触を急いで再開する考えはない」などと述べた。

パウエルは、その前日「クリントン政権が交渉を進めてきたその地点に立って交渉を再開する」と積極的な米朝協議の再開意図について記者会見したばかりであった。パウエルは、わずか一日で修正のための記者発表をする羽目に陥った（参考文献３）。

一つの背景として、金大中・ブッシュ会談の１週間前に、韓国の外交通商省がブッシュ政権の怒りを買う失策を犯したことが知られている。ロシアのプーチン大統領がソウルを訪問した際に出された韓ロ共同声明が、包括的核実験禁止条約（CTBT）や米ロ間に結ばれている対弾道ミサイル制限条約（ABM 条約）の重要性を強調したのである。ブッシュ政権は ABM 条約の破棄と CTBT 否定の政策を実行しようとしていた。同盟国である韓国が相談なく行ったこの外交行動に対して、米国務省は怒り強く抗議した。金大中の訪米はこの負の状況を背負って行われた。しかし、これがブッシュの冷遇を誘った主因ではないであろう。根本はブッシュが大統領就任以前に身につけていた偏見に満ちた北朝鮮観をホワイトハウスに持ち込んだことに起因していた。プリチャードは次のように回想している。

> 率直に言って、大統領が就任して３か月の時点で、大統領にもっとも近い側近でもない我々のなかの誰が、ブッシュの北朝鮮に対する敵意の深さ、ひいては北朝鮮の関与を主張する者に対する敵意の深さを理解できていたであろうか（参考文献３）。

「坊主憎ければ袈裟（けさ）まで」のたとえのようなイデオロギー的偏狭が外交に持ち込まれた悲劇を思わざるをえない。と同時に、似たような偏りが日本においては常態化していることにも思いを致さざるをえない。

❖米、明らかな「枠組み合意」違反

米国の変化に北朝鮮は反発した。北朝鮮の労働新聞は、３月15日、「米国はデタントの兆しを見せ始めていた朝鮮半島情勢にけんか腰の態度を見せている。これは侵略者の本性を表し、北朝鮮を軍事力で扼殺し、南北の対話をぶち壊して南北統一の動きにブレーキをかけようとする米国のよこしまな意図を示すものだ」と述べた。南北統一の動きとは、2000年６月の南北首脳会談以後加速していた南北の交流・協力の動きを指している。

2001年６月６日、ブッシュ大統領は北朝鮮政策の見直しの結果を記者発表した。ディック・チェイニー副大統領、ドナルド・ラムズフェルド国防長官、ジョン・ボルトン国務副長官、コンドリーサ・ライス国家安全保障担当大統領補佐官を中心とする強硬派とパウエルに代表される国務省穏健派の間の意見の不一致は表に出されなかった。発表された内容は、それなりに気を配った表現で示されたが、クリントン政権と明確に一線を画す内容であった。「枠組み合意」の履行を約束したが、履行方法を改善するとして従来よりも厳しい態度で臨む姿勢を見せた。ミサイル協議について検証可能な規制と輸出の禁止を強調した。北朝鮮との関係改善を望むとしながら、北朝鮮の真剣さと肯定的行動を求めるという高圧的姿勢も見せた。対等な相互関係を強調して信頼を回復しようとしたクリントン時代とのトーンの違いは明らかであった。

この新方針によって米朝協議を再開する努力が米国内で始まった。６月13日、国務省の朝鮮半島平和特使となったプリチャードと北朝鮮国連代表・李亨哲との、いわゆるニューヨーク・チャンネルの会合が再交渉の場となった。米国側はブッシュ政権の新方針を説明した。しかし、交渉はほとんど前進しなかった。

むしろ状況は、もっと大きなネオコン政治の波に呑まれていった。

ブッシュ政権は2001年９月30日に「４年ごとの国防見直し（QDR）」報告書を議会に提出し、新しい国防政策を打ち出した。米国で発生した**9・11同時多発テロ事件**の直後に出された報告書であるが、QDR報告書に書かれている通り、報告書は８月末にはほとんど完成していた。QDRは米国における21世紀の脅威を「予告時間の少ない突発性」と「予測が困難な不確実性」という特徴でとらえた。そして、従来のように「敵は誰か」「戦争はどこで起こるか」といった「脅威ベース」アプローチの国防戦略から、「どのような手段で敵は攻撃してくるか」

〈図２〉ブッシュ・ラムズフェルドの新しい３本柱

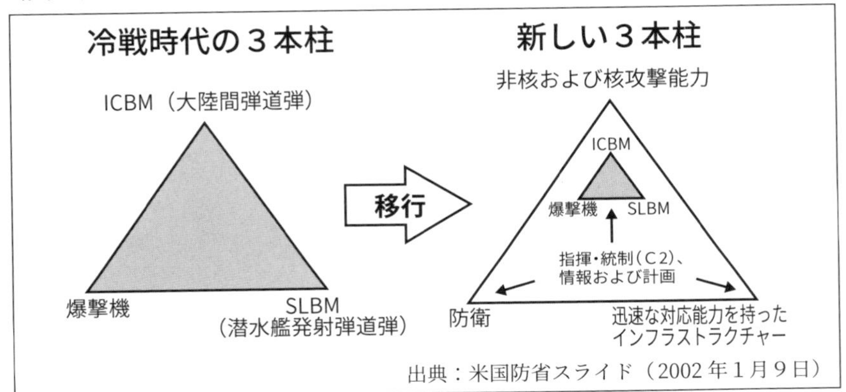

出典：米国防省スライド（2002 年１月９日）

といった「能力ベース」アプローチの国防戦略に切り替えることを宣言した。対テロ戦争は９・11 を起点に始まるが、それを先取りしたような理論化が先行していたのである。

このような考え方をベースにしたブッシュ政権の「核態勢の見直し」（NPR＝ニュークリア・ポスチャー・レビュー）が 2001 年 12 月末に議会に提出された。NPR 作成は、冷戦後における核兵器削減を求める強い世界的世論に応えて、１年前から議会が要求していたものである。大統領選挙中、民主党のゴア陣営も共和党のブッシュ陣営も核態勢の見直しを公約していた。

QDR と軌を一にしたブッシュ政権の NPR は、「能力ベース」の脅威として大量破壊兵器とりわけ核兵器とその運搬手段である弾道ミサイルの脅威に焦点を当てた。冷戦時代は核兵器を戦略兵器として特記し、戦略核兵器の３本柱（トライアド）として戦略爆撃機、大陸間弾道弾、潜水艦発射弾道弾を備えていた。それに対してブッシュ政権は、「能力ベース概念における新しい３本柱」を定義した。攻撃能力、防衛、迅速対応能力をもったインフラストラクチャーの３本柱である**〈図２〉**。攻撃能力の柱には冷戦時代と同じ戦略核兵器が量的に削減された形で含まれると同時に精密誘導の通常兵器が含まれる。防衛の柱には弾道ミサイル防衛システムが強調されている。最後のインフラストラクチャーの柱は、核兵器の削減が行われても戦略関係の急変があったときに使える核弾頭を急速に増やすことのできる能力や地下核爆発実験を再開するに要する準備期間を短縮できる体制の構築などが含まれた。

2002年早々にNPRが公表されたときには、上記のような基本概念の変化を述べた「序文」のみが公表され、報告書本体は非公開とされた。しかし、2002年3月9日に「ロサンゼルスタイムズ」紙が本体を暴露する記事を書いたことによって世界に大きな衝撃を与えた。とりわけ北朝鮮との関係において、その内容は深刻な意味をもっていた。

NPRは米国が核兵器の使用を想定する事態を「喫緊の事態」「潜在的な不測事態」「予期せぬ不測事態」の3つに分類して掲げ、このような事態が予測される国として7つの国を名指しした。ロシア、中国、北朝鮮、イラク、イラン、シリア、リビアの7か国である。このうち北朝鮮以下の5か国は、米国と長い敵対関係にあって3分類すべての事態が予想され、またテロリストを支援したり、かくまっていると述べ、さらに北朝鮮とイラクに関しては常時軍事的な懸念であると述べた。

北朝鮮を名指ししたこの新しい核態勢は、あきらかに米朝「枠組み合意」を完全に無視したものであった。「枠組み合意」は1993年6月で合意した3原則を前提として明記しているが、3原則の第1は、「(米国は北朝鮮に対して)核兵器を含む武力による威嚇や行使を行わない」というものである。「枠組み合意」自身も「両者は政治的、経済的関係の完全な正常化に向かって進む」「米国は北朝鮮に対して核兵器による威嚇、使用を行わないと正式に保証する」と明記して約束した。

米国は、明らかな「枠組み合意」違反を犯した。「ロサンゼルスタイムズ」の報道を受けて、2002年3月14日、北朝鮮外務省は「8年間『枠組み合意』を忠実に実行してきたが、米国との合意をすべて見直さざるを得ない」と声明した。

❖高濃縮ウラン計画のCIA情報

このようなNPRによる明文的な合意違反と同時に、ブッシュ大統領には対話によって米朝関係を改善する意図がないことが次々と表面化した。

2002年1月29日の年頭教書演説における「悪の枢軸」発言はあまりにも有名である。

> 我々の第2の目標はテロを支援する政権が大量破壊兵器をもって我が国や

> 同盟国を脅すことを阻止することである。９・11 以後静かにしている国もある。しかし、我々は彼らの本性を知っている。
>
> 北朝鮮は国民を飢えさせながらミサイルや大量破壊兵器を開発している政権だ。
>
> イランは選挙で選ばれていない少数の者が国民の自由への希望を圧し潰しながら、大量破壊兵器を開発しテロを輸出している。
>
> イラクは米国への敵意をむき出しにしながらテロを支援し続けている。イラク政府はアンスラックス、神経ガス、そして核兵器の開発を 10 年以上企んできた。……
>
> これらの国と彼らのテロリスト同盟国は悪の枢軸を形成しており、世界の平和を脅かすために武装している。……

朝鮮中央通信は直ちに論評して「北朝鮮への宣戦布告に等しい」と述べ、また「対話の再開」という米国の提案は、関係改善のためではなく軍事戦略を実行するためのものであることが明確になった、と述べた。

約３週間後に行われたブッシュの韓国訪問は多少とも軌道修正をする機会であったが、彼は考えを変えなかった。ブッシュは、北朝鮮の政権は悪であり、「人民を解放しない限り、あの男、金正日についての考えは変わらない」と語った。ブッシュは「我々は北朝鮮に侵攻する意図はない。韓国に北朝鮮を攻撃する意図はないし米国にもない」とも語ったが、これは北朝鮮に対して意味のあるメッセージにはならなかった。一連の経過は、クリントン政権が米朝共同コミュニケ（2000 年 10 月。77 ページ）で「いずれの側の政府も相手に対して敵対的意図をもたないと述べ、過去の敵意から自由になった新しい関係を築くために今後あらゆる努力を払う」と誓った精神と余りにもかけ離れていたからである。

北朝鮮政策の見直しによる交渉再開を目指してから１年も経たないうちに、ブッシュ政権は軌道修正に迫られた。2002 年６月に新しく打ち出された米国の方針は「**大胆な（ボールド）アプローチ**」と呼ばれた。この方針におけるブッシュの意向は、北朝鮮が安全保障問題と人権問題で根本的な改善を示すなら、米国はそれに見合った大胆な一括的解決を提案する準備がある、というものであった。クリントン政権が行ってきた対等な立場で段階的に信頼を積み重ねてゆく相互主義の方針から、大国が小国に授ける姿勢に立った一括解決の提案へと方針が変わった。

「大胆なアプローチ」を直接北朝鮮に伝えるために、できるだけ高位の特使が北朝鮮を訪問することになり、ジェームス・ケリー国務次官補が特使として選ばれた。訪朝の時期について最初は7月が予定されたが、実際には10月の訪朝が実現した。この間に米国では大きな状況の変化が発生した。

「大胆なアプローチ」が採択されるのと同じ頃に、米国内では情報機関が、北朝鮮が秘密の高濃縮ウラン計画を持っているという評価に到達した。しかし、本書執筆の現在においても、どのような証拠によって米情報機関が北朝鮮の高濃縮ウラン計画を立証したのか明らかではない。当時の米中央情報局の議会報告は、次のように書いている（参考文献4）。

> 米国は、北朝鮮が過去数年間ウラン濃縮に取り組んできたと疑っている。しかし、北朝鮮が2002年中ごろまで、遠心分離施設用の資材や装置を入手し始めたことを示すような明確な証拠は得られていない。
>
> 2001年に、北朝鮮は遠心分離用の資材を大量に求め始めた。また、ウランの取入れ、取出しシステムにおいて使うのに適した装置を購入した。

ウラン濃縮計画が存在するという情報の信憑性について、米陸軍の情報将校として28年の経験があるプリチャードは守秘義務で情報を明かすことはできないが、当時の情報が高濃縮ウランを用いて核兵器を製造する計画があることを示していたと確信できた、と述べている（参考文献3）。一方、韓国の情報機関の長官を経験し、韓国の北朝鮮に関する情報に精通する安保問題大統領補佐官であった林東源は、米政府が根拠情報を明らかにしないで行われた説明と韓国で得ている情報から考えたとき、米国が一方的に行った分析結果は信頼できないものであったと結論している（参考文献2）。

同じ頃、日本の小泉首相が北朝鮮を電撃訪問し、日朝平壌宣言（2002年9月17日）（巻末 **資料4** ）を発した。林東源は次のように書いている。

> 韓国、日本と北朝鮮の間で関係改善の動きが活発化していた状況を考えると、韓日両政府に対して露骨にブレーキをかけるための情報操作ではなかったかという疑惑を振り払うことはできなかった。「金昌里情報」の場合のように、「最悪の場合を前提とする諜報」を、政治的意図をもって誇張、歪曲した可能性も排除できないのである（参考文献2）。

本書では、同じ頃、米国はイラクに核兵器計画があると主張してイラク戦争を準備していたことを同時に想起しておきたい。そのような計画は存在しなかったことが後の調査で明らかになり、ブッシュ政権の歴史に残るスキャンダルとなった。

❖ネオコンが仕組んだケリー訪朝劇

ケリー国務次官補の平壌訪問は 2002 年 10 月３日～５日に実現した。訪朝の目的は当初計画されていた「大胆なアプローチ」の説明ではなく、高濃縮ウラン計画について北朝鮮を問い詰め、対決することが唯一の目的となった。ネオコンたちは、これを「枠組み合意」を潰す道具にしようと考えたのである。ボルトン国務副長官は「これ（CIA の北朝鮮ウラン濃縮計画情報）は、枠組み合意を粉砕するために長年探していたハンマーだった」と回想している（参考文献５）。

実際、訪朝時のケリーの行動には厳しい縛りがかけられており、外交交渉をする権限は一切与えられなかった。ウラン濃縮問題を突きつけるのが目的であり、それを交渉のテーブルに載せることが目的ではなかった。当時、安全保障問題の大統領補佐官であったコンドリーサ・ライスですら、回想録の中でウラン濃縮問題を外交課題にできなかったブッシュ政権の事情を否定的に記録している（参考文献６）。

> ジム（ケリー国務次官補）への指示が極めて窮屈なものであったために、彼は何がウラン濃縮計画をテーブルに載せる糸口になるのか、それを十分に探ることができなかった。彼は状況をワシントンに打電した。それはすぐにリークされた。私には、いかなる交渉の道も断ち切ってしまうように強硬派が電報をリークしたのが明らかだった。北朝鮮が怒ってすべてをご破算にしたので、強硬派は成功した。

ケリーから説明を受けた北朝鮮の外務次官・金桂寛は論評に値しないと無視をした。そのうえで金桂寛は上司である第１外務次官・姜錫柱に詳しい報告を行った。翌日、姜錫柱がケリーと会談した。姜は、軍を含むすべての関係者に未明まで会っていたと述べた上で、北朝鮮の見解を長々と話した。1994 年の「枠組み合意」は米国によって完全に破壊されたとし、その理由としてブッシュ政権が「悪の枢軸」と名指ししたこと、核攻撃の標的として名指ししたこと、先制攻撃政策を採用していることなどを掲げた。先制攻撃政策というのは、２週間前の９

月 20 日に発表された「合衆国の国家安全保障戦略」における記述を指している。そして姜は、この状況下で DPRK は軍事力を最大限まで近代化して「先軍政治」を強化することを決定したと述べた。ケリーとともに同席していたプリチャードの回想によると、姜のトーンは時に皮肉たっぷりであった（参考文献３）。

我々は悪の枢軸の一部であって、あなた方は紳士だ。これが我々の関係だ。我々は物事を紳士然と協議することはできない。もし我々が米国の圧力で武装解除したならば、我々はユーゴスラビアやアフガニスタンのタリバンのようになって、殺されてしまう。

しかし、米側が高濃縮ウラン計画について踏み込んで問い質しても、姜が否定することはなかったが明確に肯定する言葉もなかった。姜は、米国が DPRK は核兵器の製造のためにウラン濃縮計画を始めたと言っている、と米国の言い分を述べたその口で、DPRK は実際にはもっと新型の兵器を製造する準備がある、と言明したりした。ケリーやプリチャードが姜の発言の中でもっとも直接的に高濃縮ウラン計画の存在を事実上認めたと感じた発言は、次の趣旨の姜の発言であった（参考文献３）。

DPRK は米国と対話をするためには、ウラン濃縮にしろ核兵器にしろ交渉のテコが必要だ。DPRK がウラン濃縮を止めれば米国は見返りに何でも与えると言いたいのだろうがそうは行かない。米国は DPRK の基本政策を認識すべきだ。不可侵の約束を伴った平和協定を締結し北朝鮮の経済発展に干渉しないこと、これが達成されて初めて DPRK は対等な立場で米国の抱いているウラン濃縮の懸念について協議することができる。

姜のウラン濃縮についての説明は、計画が存在することを正直に認めた上で取引をしているのか、米側の疑惑を利用して架空の計画の存在を臭わせつつ交渉をしようとしているのか、はっきりしない。しかし、参加した米国代表は、「北朝鮮はウラン高濃縮計画の存在を認めた」と結論づけた。

2002 年 10 月 16 日、米国務省は、北朝鮮が高濃縮ウラン製造計画など核兵器計画を継続していることを訪朝した国務次官補に認めた、と公表した。日本のメディアも含めて、世界のメディアはこのことを大きく報じた。北朝鮮外務省は 10 月 25 日、「何の証拠も示さないで、我が国が核兵器を作るために高濃縮ウラン計画に活発に取り組んでいると主張している」と批判し、枠組み合意がブッシュ政権によって破られ、北朝鮮が核攻撃の標的になったいま、「北朝鮮は国家主権を防衛するために、核兵器のみならず、より強力ないかなる兵器も保有する権利を有する」と反発した。

一方で、この声明において、北朝鮮は一貫した方針として交渉の提案を行ったことは注目すべきことである。「米国が、条約によって核兵器の不使用を含め北朝鮮への不可侵を法的に保証するならば、北朝鮮は米国の懸念を払拭する用意がある」と不可侵条約の締結を呼びかけたのである。

❖ KEDO 崩壊と２回目の NPT 脱退宣言

米国の強硬派は KEDO による北朝鮮への重油供給を直ちに停止すべきと主張した。10 月供給の重油はすでにシンガポールから平壌に向かっており、重油は国際企業体 KEDO の所有物であり米国が自由に扱える財産ではなかった。東京での米日韓「３か国調整・管理グループ」の協議を経て、KEDO の理事会が 10 月 14 日にニューヨークで開催され、12 月からの重油供給停止が決定された。声明では北朝鮮に対して「検証可能な形で核兵器計画を即座に中止する」よう要求した。日本、韓国ともすでに KEDO による軽水炉建設計画に多額の投資を行っていた。軽水炉の建設はワシントン内部が濃縮ウラン計画で揺れている 2002 年８月の時期に東海岸の琴浦（クモ）で起工式が行われ、遅れながらも建設が始まっていた。重油供給の停止は KEDO 崩壊の始まりであったが、とりわけ韓国と日本は KEDO の立て直しに希望をつないでいた。

北朝鮮は、「枠組み合意」は米朝間の合意であるにもかかわらず、米国が当事者の北朝鮮に対して相談せずに、KEDO を隠れ蓑にして一方的に通告させたことを非難した。そして、米国が一方的に「枠組み合意」を破った以上、北朝鮮も重油供給を前提にして合意した寧辺核施設の凍結を解除し、施設の再稼働を行うことを決定したとして、12 月 12 日、IAEA に対して核施設の封印を解き監視カメラを撤去するよう通告した。IAEA が応じないのに対して、凍結は米朝間の問題であると主張して北朝鮮自身の手で撤去すると改めて通告した。撤去行為は 12 月 22 日に始まった。IAEA 監視官は、使用済み燃料 8000 本の貯蔵所の封印が撤去されることを観察し、12 月 26 日には原子炉に新しい燃料棒の挿入が始まったことを報告した。27 日、北朝鮮は IAEA 監視官の国外退去を命じ、監視官は12月31日に退去した。

翌2003年1月6日、IAEA理事会は北朝鮮に対して撤去した監視装置の回復と監視官の復帰、ウラン濃縮計画についての説明、検証可能な形での核兵器計画の即自中止、などを求める決議を採択した。

北朝鮮の動きは一直線であった。1月10日、北朝鮮は1993年に次いで2度目のNPT脱退宣言を行った。

今回の脱退は1993年の時とその性格が異なっていた。北朝鮮の言い分は93年に脱退手続きを一旦停止したのは、「必要があると考える限り、NPTからの脱退が発効することを自主的に停止する」という北朝鮮の自主的な判断に基づく一時的措置であった。その背景には「米国は北朝鮮に対して核攻撃も核攻撃の威嚇もしない」という約束を含む「93年の3原則合意」が米朝間に存在した。その合意から出発して「枠組み合意」にまで進んだ。にもかかわらず、米国が一方的にそれに違反し、敵対行為を続け、北朝鮮は危機に直面しているので脱退手続きの停止を解除する、というのが北朝鮮の論理であった。

脱退声明は、合意違反を行った米国を非難することなく北朝鮮ばかりを非難するIAEAの偏向に強く抗議し、その決議を受け入れないと述べた。また、本書ですでに紹介したように、ブッシュ政権が北朝鮮を悪の枢軸の一部に名指しして核攻撃の目標に掲げたりした政策は米朝間の「枠組み合意」に系統的に違反する行為であったこと、また、直面する危機を克服するために北朝鮮は不可侵条約を締結して核問題の解決の前提とする旨の提案を米国に対して繰り返し行ったが、米国は応じなかったという経緯を述べた。そして、

> 米国が何としてもDPRKを窒息させようとし、IAEAが米国の北朝鮮敵視政策を実行する道具として使われることが再び明白になったいま、我々は国家の安全保障と尊厳が侵されるままになるNPTに拘束されていることはできない。
>
> 我が国の至高の利益が最も深刻な脅威に曝される状況において、DPRK政府は、国家の主権、国民、国民の生存と尊厳の権利を守るために次の決定を行う。

として、次の2項目を決定した。

1．1993年に一時的に停止していたNPT脱退を即時に発効させる。

２．NPT 脱退によって、DPRK は NPT 第３条によって締結された IAEA との保障措置協定にまったく拘束されない。

このように述べたのち、北朝鮮は当面は核兵器開発の意図はなく、米国と交渉の余地があることを次のように述べた。

> NPT から脱退しても、我々に核兵器を製造する意図はなく、現段階における我々の核活動は電力生産などの平和目的のみに限定される。
>
> もし米国が DPRK を窒息させる敵視政策を止め、DPRK に対する核兵器による脅迫を止めるならば、DPRK は米朝間の別の検証制度によって核兵器を作っていないことを証明することができる。

❖米国の多国間協議への傾斜

この時期、米国はイラク戦争の準備に専念していた。１月末に行われたブッシュ大統領の年頭教書は、北朝鮮の濃縮ウラン計画と NPT 脱退宣言が、米国の外交政策と何の関係もなく起こった独裁政権の野心に起因しているという認識に立っていた。そして、北朝鮮で起こったことをイラクへの教訓にしなければならない、北朝鮮よりも残忍な実績があって、豊かな潜在的な富をもち、テロリストとつながっている独裁者がいるイラクが中東を支配することを許してはならないと演説した。北朝鮮をイラク戦争の口実として利用したのである。

「大胆なアプローチ」による北朝鮮との交渉にも問題解決の活路を見いだせなくなったブッシュ政権の強硬派は、米朝の２国間協議そのものを否定するようになった。それは、クリントン政権の２国間協議の産物である「枠組み合意」を誤りであったとする評価から直結する結論であった。問題の解決を地域に関係する多国間の協議で解決するという方向性それ自身は、間違っていないだろう。しかし、ブッシュ政権強硬派には北朝鮮との２国間の対話を「枠組み合意」否定の感情から忌避するという偏狭な動機が目立っていた。

一方、北朝鮮の側は、朝鮮半島の危機は米国の北朝鮮敵視政策に起因しているのであるから、米朝協議以外に問題解決の場はないとの強い主張をもっていた。NPT 脱退宣言においても米国に対して協議を呼び掛けたことは前述の通りである。

ブッシュ政権内に、2003 年１月の一時期「Ｐ５＋５」構想があった。国連安保理常任理事国（Ｐ５）と日本、韓国、北朝鮮、オーストラリア、ヨーロッパ連合（EU）によって、北朝鮮の核問題を話し合うという構想である。北朝鮮はこれを拒否した。

次いで、パウエルが北京において米、中、朝、日、韓が会合する案を中国に提案した。訪朝した中国の銭其琛（チェンチーチェン）副首相が北朝鮮に打診したが、北朝鮮は米朝の直接協議の主張を譲らなかった。そこで銭は、北京で米中朝の３か国協議を行いその際に米朝会談の協議を行う案を北朝鮮に提案した。中国を間に挟んだ調整が続けられたのち、2003年４月上旬には**３か国協議**について合意が成立した。中国は３か国協議については一切を中国に委ね、ニューヨーク・チャンネルで米朝が話し合わないように釘をさした。

３か国協議は４月下旬に実現した。李根（リグン）米国問題副部長を団長とする北朝鮮代表団は、米朝の直接協議を期待し参加したのに対して、ケリーを団長とする米国代表団は、北朝鮮との２国間協議を行ってはならないという命令を受けていた。中国は両国の代表団が面会する機会を演出したが、実質的な米朝２国間協議はついに行われることなく３か国協議は終了した。

その後の経過を振り返ると、北朝鮮は米朝協議の実現を強く望んでいた。多国間協議の中でしかそれが実現しないのであれば、そうであっても米朝協議の実現を目指すべきという方針に転換していたと考えられる。そのような変化とは別に、中国は３か国協議を継続して開催する努力を始めた。

2　6か国協議の成果

❖６か国協議の誕生

米国は、１回目の３か国協議への参加を決めるに当たって、日本と韓国の理解を得るため、３か国協議は入り口であって早期に日、韓を加えた５か国協議にするという説明をしていた。中国が第２回の３か国協議開催を打診してきたとき、米国は中国のリーダーシップを多としつつ、３か国協議を開催したのち連続して５か国協議に移行することを強く求めた。パウエルは３か国協議が定着すると、北朝鮮が５か国に拡大することを拒む可能性があると危惧したのである。パウエルは、その後、ロシアのイゴール・イワノフ外務大臣と電話会談をする機会があり、５か国協議に関する見解を訊ねた。イワノフは「ロシアを排除するのは誰の考えか？」と強い調子で尋ねたという。パウエルはロシアの意向を汲んでロシアを加えた６か国協議の構想に切り替えて中国に提案した。

中国が北朝鮮に３か国、５か国、６か国の選択肢を説明したとき、北朝鮮は３か国協議を経るのではなく、直接６か国協議を開催することを逆提案した。そして北朝鮮も共同提案国になることを要求した。北朝鮮のこの積極的姿勢の背景には、時期は明らかではないが、米朝の２国間協議を拒否していたブッシュ政権内部の強硬派をバイパスして、パウエルはブッシュ大統領から多国間協議の枠組みの中で米朝の直接協議を行うことの了解を取りつけていたことを挙げることができる。2003 年８月１日の朝鮮中央通信は北朝鮮外務省報道官の次のような談話を伝えている。北朝鮮が６か国協議を提案したと言わんばかりである。

> しばらく前に米国は、第３者を介して、多国間協議の枠組みの中で米朝２国間協議を行うことが可能であると、DPRK に伝えてきた。
>
> 最近の米朝の会話の中で、DPRK は、３か国協議を経ないで６か国協議を開催し、その場で米朝２か国協議を開催するという新しい提案を行った。
>
> DPRK のこの提案が現在協議されている。

2003 年８月末に６か国協議が開催されるという報道は、大きな国際的な関心を集めた。そして、協議に参加する各国が、どのような方針で臨むかがメディアの関心となった。

北朝鮮は、NPT 脱退声明の中で強調した「**不可侵条約の締結**」を前面に押し出した。８月 13 日に外務省報道官声明を出したが、その中で３点の方針を打ち出した。

１　米国が北朝鮮に敵対する姿勢の対北朝鮮政策を根本的に転換すること。その証として、米朝間で法的拘束力のある不可侵条約を締結すること、米朝間の外交関係を確立すること、米国は DPRK と他の国との間の経済協力を妨害しないこと。

２　DPRK が法的拘束力のある不可侵条約を求めるのは、体制の安全を保証して欲しいからではない。朝鮮半島での戦争を防止し、全朝鮮人民同胞の安全と繁栄を保証するためである。DPRK の体制は人民が選んだ朝鮮流の社会主義であり、その安全は人民自身が守る。

3　米国の敵視政策が続いている状態での「早期の査察」はあり得ない。米国はIAEAの査察を悪用してDPRKの武装解除を試みてきた。核施設への査察は主権にかかわる問題であり、米国の敵視と核の恫喝が無くなって初めて可能になる。

米、韓、日は政策調整のための非公式高官会議を繰り返した。ここでも、不可侵条約が関心のポイントであった。日本政府は核開発やミサイルなどの完全放棄を求める代わりに不可侵などの安全の保証やエネルギー支援を行うなど包括的な内容を３か国会議への提案として準備していた。しかし、安全の保証といっても北朝鮮が求める法的拘束力のある条約までの積極的な内容ではなかった。北朝鮮への安全の保証が日本の「核の傘」を弱めるのであってはならないという要請を米国に行っていたことが、後に明らかになっている。

８月の半ば、２つの対照的な意見が米「ワシントンポスト」紙に掲載された。

１つは８月14日に日本の防衛大学校の現職学長であった西原正の投稿である。日本政府の意思を代弁したものと想像される。西原は「北朝鮮に核攻撃を加える意図がないと述べる協定に、ワシントン（米政府）は署名すべきではない」と述べ、もしそうなれば「東京（日本政府）は、ワシントンとの同盟にもはや頼ることができなくなり、したがって（北朝鮮からの攻撃に対する）報復のために日本独自の核兵器の開発を決定する可能性がある」と警告した。日本の核武装の可能性まで引き合いに出して、米国を牽制したのである。

４日後、同じ「ワシントンポスト」紙に元米国務長官・大統領補佐官ヘンリー・キッシンジャーが投稿した。その内容は、はるかに論理的で先見的な内容であり、６か国協議の参加国が相互に武力行使をしない誓約や北朝鮮のみならず日本と韓国も非核国家であることを誓約することの必要性を述べたのである。この内容は当時、梅林らがNGOとして提案していた「スリー・プラス・スリー」の北東アジア非核兵器地帯の構想（第５章176ページ）と合致するものであった。

❖ネオコン外交のつけ：モラトリアム無しの交渉開始

第１ラウンドの６か国協議は2003年８月27日〜29日に北京の釣魚台国賓館で開催された。以後の６か国協議はすべてこの国賓館で行われることになる。

そのとき北朝鮮は、1994年10月以来８年間以上中止していた核活動を公然と再開していた。2002年１月に米ブッシュ政権のネオコン外交が「枠組み合意」

を壊したのを受けて、北朝鮮は 12 月末には寧辺の原子力施設の封印を解いて再稼働を始めていた。

「枠組み合意」に結実する交渉は、北朝鮮の核計画とミサイル問題に関する一時中止（モラトリアム）を約束した後に開始された。しかし、６か国協議は、前述のような一方的な敵意が先行した米国外交の失敗の帰結として、けじめなく次の外交ステージを始めざるを得ない状況において始まった。６か国協議の協議が継続している期間において、お互いの状況悪化を招く行動を慎むような前提を設ける余裕がないまま会議を始めざるを得なかったのである。ブッシュ政治の失敗のつけは実に大きく、その後の厳しい交渉環境を余儀なくされた。この環境の下で、米国は失敗した「枠組み合意」の内容、あるいはそれ以上の内容を多国間の枠組みで立て直すことができるかどうかが問われた。

一方の北朝鮮は、前述したように、６か国協議の場を利用して米朝２国間会議を行い２国間の懸案、とりわけ法的な拘束力のある安全の保証と国交正常化を解決するという狙いをもって６か国協議に臨む方針であった。したがって、北朝鮮は核計画やミサイル問題を、ライブに使う交渉カードとして手放さない方針であったであろう。

第１ラウンドの会議が始まってから４か月余り後の 2004 年１月、中国・北朝鮮問題の専門家ジョン・ルイース・スタンフォード大学教授を代表とする４人の米国の民間人代表団が北朝鮮に招かれ、寧辺の核施設を見学した。その中にはジークフリート・ヘッカー博士（米国立ロスアラモス核兵器研究所上級研究員、元所長）や国務省を退任したチャールズ・プリチャード元朝鮮平和特使も含まれていた。彼らは使用済み核燃料貯蔵プールを見せられ、１年前まで IAEA の監視官が封印を確認していた 8000 本の使用済み燃料棒がプールから移されて空になっているのを見せられ、１月～６月の間にすべてを再処理したという説明を聞いた。当時、米情報機関は燃料棒の大部分はまだそこにあるという分析をしていた。また、北朝鮮側は瓶に入ったプルトニウム金属を一行に見せ、５MWe 黒鉛減速炉の燃料棒から抽出したものだと説明した。ヘッカーは、2004 年１月 21 日、米上院外交委員会において訪朝の一部始終を証言したが（参考文献７）、見せられたプルトニウムについて「証明することはできないが、実際プルトニウムのように見えた」と証言している。一方で北朝鮮は高濃縮ウラン疑惑については否定し、そのような能力は持っていないと述べた。

この時期に北朝鮮が米国の専門家に寧辺の核施設を見せた目的は、金桂寛外務次官が彼らに語った次の言葉に現れている。これはヘッカーもプリチャード（参考文献3）も口を揃えて報告した言葉である。「危機の早期解決は、米国自身の利益になるはずだ。時間が経てば経つほど、我々の核抑止力は量においても質においても成長し続ける。」これが6か国協議に臨む北朝鮮の当時の交渉方針でもあった。

6か国協議を取り巻く世界情勢について、ここで短く想起しておこう。2003年3月20日、悪の枢軸の1つとされたサダム・フセイン大統領のイラクは、ありもしない大量破壊兵器の存在を口実として、ブッシュ政権が率いる多国籍軍の侵略を受けた。イラク戦争、あるいは「イラクの自由作戦」である。4月9日、わずか20日足らずで首都バグダッドが陥落し独裁者フセインの像が引き倒された。逃亡したフセインは12月13日に発見され拘束された。6か国協議の第1ラウンドと第2ラウンドはこのような時期に開催された。

第1ラウンドの会議は何の前進もなかった。それぞれの国が基本的な主張を行った。北朝鮮は核兵器の開発、核実験、核ミサイルの開発の意図があると表明した。米国は北朝鮮の核開発の放棄の見返りに安全の保証を文書で行う用意があるとしながらも、不可侵条約は否定した。報道によると米朝の2国間の接触はあったが、2国間協議という程のものではなかったようである。議長を務めた中国の王毅外務次官は共同声明を出すことを目指したが合意できず、議長声明を出すに留まった。北朝鮮代表であった金永日外務次官は「3つのノーだ。前進がなかった。協議は役に立たなかった。もはや協議に参加する積りもない」と苦々しく述べた。

6か国協議は2003年8月から2008年12月までの約5年の間に6ラウンド13セッションが開催された。その中には首席代表者のみによるセッションが3回含まれている。**〈表2〉**に全ての6か国協議を表にまとめた。

〈表２〉６か国協議：経過の要約

2003 年８月 27 日～ 29 日　**第１ラウンド**　北京、釣魚台国賓館 **首席代表者**：金永日・北朝鮮外務次官、ジェームス・ケリー米国務次官補、王毅・中国外務次官、李秀赫・韓国外交通商次官補、アレクサンドル・ロシュコフ露外務次官、藪中三十二アジア太平洋局長 各国が基本方針を述べる。共同声明できず中国による議長声明のみ。
2004 年２月 25 日～ 28 日　**第２ラウンド**　北京、釣魚台国賓館 **首席代表者**：金桂寛・北朝鮮外務次官、ジェームス・ケリー米国務次官補、王毅・中国外務次官、李秀赫・韓国外交通商次官補、アレクサンドル・ロシュコフ露外務次官、藪中三十二アジア太平洋局長 米は CVID（完全で検証可能で不可逆的な解体）を要求。北朝鮮は行動対行動の原則による合意事項の段階的実施を提案。第一歩として核計画の凍結に対する補償を要求。全員が作業部会の設置に同意。
2004 年６月 23 日～ 26 日　**第３ラウンド**　北京、釣魚台国賓館 **首席代表者**：金桂寛・北朝鮮外務次官、ジェームス・ケリー米国務次官補、王毅・中国外務次官、李秀赫・韓国外交通商次官補、アレクサンドル・アレクセーエフ露外務省特使、藪中三十二アジア太平洋局長 北朝鮮の核開発の凍結に対する補償について、作業部会の議論を踏まえて協議。米国の硬直した態度に批判が強く妥協が始まる。
2005 年７月 26 日～８月７日　**第４ラウンド第１セッション**　北京、釣魚台国賓館 **首席代表者**：金桂寛・北朝鮮外務次官、クリストファー・ヒル米国務次官補、武大偉・中国外務次官、宋旻淳・韓国外交通商次官補、アレクサンドル・アレクセーエフ露外務次官、佐々江賢一郎アジア太平洋局長 実質的な交渉が行われた初めての会議。13 日にわたる長丁場。共同声明案の大枠で一致。一部で合意できず休会。米国はウラン濃縮疑惑の扱いで軟化。北朝鮮の原子力平和利用の権利を原則として全員が認めた。
2005 年９月 13 日～ 19 日　**第４ラウンド第２セッション**　北京、釣魚台国賓館 **首席代表者**：第４ラウンド第１セッションと同じ 最終日に初めての共同声明を採択（**9・19 共同声明**）。会議の目標を「平和的な方法による朝鮮半島の検証可能な非核化」として、各国の約束を具体的に列記。「約束対約束、行動対行動」の原則に合意。「適切な時期」に北朝鮮への軽水炉の提供を議論するという文言の解釈が以後の争点となる。

2005年11月9日～11日　**第5ラウンド第1セッション**　北京、釣魚台国賓館 **首席代表者**：第4ラウンドと同じ 「9・19声明」の履行に関し具体案を協議する予定であったが、米国がバンコ・デルタ・アジア（BDA）銀行への金融制裁でBDAにある北朝鮮資金を凍結した問題で北朝鮮が米朝協議を要求。実質協議がないまま休会。
2006年12月18日～22日　**第5ラウンド第2セッション**　北京、釣魚台国賓館 **首席代表者**：金桂寛・北朝鮮外務次官、クリストファー・ヒル米国務次官補、武大偉・中国外務次官、千英宇・韓国外交通商省朝鮮半島平和交渉本部長、セルゲイ・ラゾフ駐中国ロシア大使、佐々江賢一郎アジア太平洋局長 北朝鮮がBDA金融制裁は米国の敵視政策として反発。その解除が先決と実質協議を拒み休会。
2007年2月8日～13日　**第5ラウン第3セッション**　北京、釣魚台国賓館 **首席代表者**：金桂寛・北朝鮮外務次官、クリストファー・ヒル米国務次官補、武大偉・中国外務次官、千英宇・韓国外交通商省朝鮮半島平和交渉本部長、アレクサンドル・ロシュコフ露外務次官、佐々江賢一郎アジア太平洋局長 最終日に9・19共同声明を履行する「初期段階の行動」に合意（2・13合意）。朝鮮半島の非核化、米朝国交正常化、日朝国交正常化、経済・エネルギー支援、北東アジアの平和・安全保障機構の5作業部会を設置。
2007年3月19日～22日　**第6ラウンド第1セッション**　北京、釣魚台国賓館 **首席代表者**：第5ラウンド第3セッションと同じ。 5つの作業部会の進捗状況を報告し意見交換。米国の金融制裁解除の決定は米朝間で合意、発表されたが未履行。北朝鮮は実質議論に入ることを拒否して休会。
2007年7月18日～20日　**第6ラウンド首席代表者会議（第1回）**　北京、釣魚台国賓館 **首席代表者**：第5ラウンド第3セッションと同じ。 北朝鮮の寧辺の核活動の凍結が行われたことを確認。次の段階の行動として合意している北朝鮮核活動の「完全な申告」と寧辺核施設の「無能力化」について協議を開始、作業部会で協議を継続することに合意。
2007年9月27日～10月3日　**第6ラウンド第2セッション**　北京、釣魚台国賓館 **首席代表者**：第5ラウンド第3セッションと同じ。 「9・19共同声明」の履行について「第2段階の行動」に合意（10・3合意）。「無能力化」は具体的だが「完全な申告」は期限を12月31日と明記したものの行動対行動の具体性を欠く。

2008 年 7 月 10 日～ 12 日　**第６ラウンド首席代表者会議（第２回）**　北京、釣魚台国賓館 **首席代表者**：金桂寛・北朝鮮外務次官、クリストファー・ヒル米国務次官補、武大偉・中国外務次官、金塾・韓国外交通商省朝鮮半島平和交渉本部長、アレクセイ・ボロダフキン露外務次官、斎木昭隆アジア太平洋局長 最終日にプレスコミュニケを発表。「朝鮮半島の非核化」作業部会に検証機構を設置し、代表者会議の下に９・19 共同声明全体の履行を監視する監視機構を設置することを合意。北朝鮮の「完全な申告」を妥協した形で受け入れ、第３段階の行動に進むための議論を始める。
2008 年 12 月 8 日～ 11 日　**第６ラウンド首席代表者会議（第３回）**　北京、釣魚台国賓館 **首席代表者**：第６ラウンド首席代表者会議（第２回）と同じ 検証に関して米朝が同意できず。議長声明において、中国は、残っている無能力化の作業と重油供給など経済・エネルギー支援を今後も継続すると要約。形式的には、第２段階の行動が未完了で継続中との総括。

❖ CVID の原則と行動対行動の原則

北朝鮮が第２ラウンド６か国協議への参加に応じるまで予想以上の時間を要した。2003 年 10 月にバンコクで開かれた APEC 首脳会談に出席したブッシュ大統領と盧武鉉（ノムヒョン）韓国大統領との会談が新しい流れのきっかけとなった。ブッシュが北朝鮮に対して「不可侵の保証」あるいは「安全の保証」を文書で与える準備があることを公表したのである。５日後に北朝鮮外務省はそれに対して回答し、「もし米国の発言が DPRK と共存するという意図に基づいて、同時行動の原則にたつ１つのパッケージとなるような解決策を作成することに積極的な役割を果たそうとするものであれば、（ブッシュの）発言を考慮する準備がある」と述べた。北朝鮮の提案している内容は、朝鮮半島の非核化を最終目標としつつ、そのためにステップとなる様々な措置を書き出してパッケージとして作成し、それを１つずつ相互が同時に実行するというものであった。後に「**約束対約束**」「**行動対行動**」と呼ばれる原則である。

北朝鮮が考え方を述べたことで、第２ラウンドの開催の事実上のゴーサインとなった。中国は第２ラウンドにおいて共同声明の採択を目指そうとして事前の調整に力を入れ始めた。しかし、中国の作成した原案を見たチェイニー米副大統領が、声明には北朝鮮の核兵器の「不可逆的な」解体と、解体されたことの「検証」が明記されなければならないと強く主張したことによって前に進むことができなくなった。報道によるとチェイニーは「我々は悪と交渉はしない。悪は打ち倒すもの」と述べたという。

要約するならば、6か国協議の第2ラウンド（2004年2月）と第3ラウンド（2004年6月）は、米国のCVID原則と北朝鮮の行動対行動の原則を巡って議論と駆け引きが行われた。米国の要求は、北朝鮮の非核化をCVID、すなわち「完全で（Complete）、検証可能で（Verifiable）、不可逆的な（Irreversible）解体（Dismantlement）」の原則で行うというものであった。言わば信頼関係のない相手に厳格な最終目標にまず合意を迫るという方針である。

それに対して北朝鮮の要求は、究極的な非核化の目標に向かって「行動対行動」の原則によって相互の行動を積み重ねてゆく、その第一歩として「核計画の凍結に対する補償」を求めるというものであった。やはり信頼できない相手に対して、相手を見極めながら少しずつ実利を得てゆくという手法である。補償の中味について北朝鮮はエネルギー補償などを念頭に置いていた。

中国事情に詳しく、かつ前述した2004年1月の寧辺核施設訪問のための米民間代表団を率いたジョン・ルイースらの論文によると、北朝鮮は当初CVIDを共同声明に書き込むことに否定的ではなかった。しかし、第2ラウンドの協議において金桂寛が「CVIDの原則を受け入れたならば、米国は北朝鮮への敵対政策を止めるのか？」と質したとき、ケリーは質問に正面から明快な答えをすることができなかった。その結果、金桂寛は、CVIDとは米国が相手を屈服させるための要求であると分析し、「CVIDは敗戦国に対する言葉であり、我々は敗戦国ではない。CVIDはDPRKにとって屈辱である」として、以後CVID政策の撤回を求め続けることになったと言う（参考文献8）。

第2、第3ラウンドにおいても、議長国中国の努力にもかかわらず6か国が合意する共同文書を採択することはできなかった。しかし、第2ラウンドで作業部会の設置が決まり協議の運営を効率化することができた。また、共同文書に合意できない主因が米国の政策の硬直さにあるとして、国際的な批判が高まった。その結果、米国の政策に変化の兆しが表れた。ちょうど米国ではブッシュ大統領の再選が問われる大統領選挙の終盤の時期を迎えており、ブッシュ政権には北朝鮮政策が争点になることを避けたい思惑があった。

第３ラウンドを終えた直後、北朝鮮外務省は比較的肯定的な報道官声明を発している（「朝鮮中央通信」2004 年６月 28 日）。

声明は、「以前の会議とは違って、各国がさまざまな提案や方策を提出し、会議の場で誠実な雰囲気で意見を述べ合った。協議が前進する助けになる共通の要素が出てきた。今回、米国は DPRK の『凍結への補償』を求める提案に留意し、真剣に検討すると述べた。『約束対約束』『行動対行動』の原則で同時に行動するとか、『凍結への補償』問題を主要議題にするというような問題について合意があった。これは協議でのプラスの前進であった」と評価している。また、声明の中で北朝鮮は「米国と、会議とは別に２時間半詰めた交渉をした」と述べている。第１ラウンドでは実現しなかった２国間協議が実現し始めた事実も、北朝鮮が６か国協議を肯定的に評価するようになった大きな要因であったであろう。

とはいえ、声明が“凍結への補償”の内容として具体的に重油などによるエネルギー補償を持ち出していることに現れている通り、KEDO 問題を引きずったままの米国との交渉は簡単には済まないことは明らかであった。

❖第２期ブッシュの政策に反発、核兵器保有宣言

2004 年大統領選挙においてブッシュは再選を果たした。北朝鮮は第２期ブッシュ政権の動向を注視した。国際的な批判が高まりネオコン政治は戦術的な軌道修正を迫られながらも、米国の自由のための対テロ戦争という単純化された政治イデオロギーに変更はなかった。ハト派色をもったパウエルに代わって安保問題大統領補佐官であったライスが国務長官に就任した。2005 年１月 18 日に行われた米上院外交委員会における認証公聴会におけるライスの演説も、２日後に行われたブッシュ大統領の第２期就任演説も、「ティラニー」（tyranny）という言葉を用いて「圧制」あるいは「独裁体制」を語り、それを崩壊させることを米国の使命とした。

> 我々の世界にはティラニーの根拠地が存在しており、米国は、キューバ、ビルマ、北朝鮮、イラン、ベラルーシ、そしてジンバブエといった、すべての大陸における抑圧された人々とともに立ち向かう。……我々は、「恐怖の社会」に住むすべての人々が、自由を勝ち取るそのときまで、立ち止まることはできない。（ライス）

合衆国の政治は、世界中のティラニーを終わらせるという究極の目的をもって、あらゆる国家や文化圏における民主主義的な運動や組織の拡大を追求し支援する。……ティラニーや絶望の中で暮らすすべての人々に知って欲しい。合衆国は皆さんの受けている抑圧も皆さんの抑圧者の言い訳も無視することはない。皆さんが自由のために立ち上がるとき、我々は皆さんとともに立ち上がる。（ブッシュ）

共存と対等を前提とする交渉を求めていた北朝鮮は激怒した。北朝鮮外務省は2005年2月10日に声明を発して、米国の北朝鮮敵視政策が第2期ブッシュ政権においても継続するという認識を述べた。

再三にわたって言明してきたように、われわれは米国に「体制転覆」を狙う敵視政策を放棄して朝米平和共存へと政策転換をすることに関する正当な要求を提起し、そうなれば核問題もすべて解決できるという立場を表明し、第2期ブッシュ政権の政策立案過程を忍耐力をもって鋭く見守ってきた。

しかし、第2期ブッシュ政権はわれわれの正当な要求にあくまで背を向け、大統領就任演説と一般教書演説、国務長官の議会指名承認公聴会での発言などを通じ、われわれとは絶対に共存しないということを政策化した。……

彼らはティラニーの終息を最終目標と宣布してわが国も「ティラニーの根拠地」と規定し、必要なら武力使用も排除しないという暴言を公然と吐いた。

そして、彼らは米国式「自由と民主主義の拡大」を通じて世界をもっぱら米国式価値観に従う一つの形につくると誓った。

そして、滅ぼすべき相手と協議するという米国の6か国協議への姿勢は矛盾であり、米国が姿勢を改めない限り、6か国協議への参加を無期限に中断すると述べた。

米国が、核問題解決の根本的障害である敵視政策を撤回せよというわれわれの要求に背を向け、われわれを敵視したあげく「ティラニー」と名指ししながら全面否定した状況で、米国と会談する名分さえなくなり、われわれはこれ以上6か国協議に参加できなくなった。……

米国は現在、愚かにも人民によって選出されたわが政府を否定して人民の側に立っているとしているが、是非とも会談をしたいのなら米国が気に入るという農民市場の商売人や米国がつくったという「脱北者組織」の代表らとすれば良い。……

われわれは６か国協議を望んだが、会談参加の名分が整って会談の結果を期待できる十分な条件と雰囲気がもたらされたと認められる時まで、やむを得ず６か国協議への参加を無期限中断する。

このように述べた後、北朝鮮は米国の核兵器による体制転覆の脅威に備えるために核兵器を製造したと述べ、自衛の核保有を正当化した。そのうえで核問題を解決して朝鮮半島の非核化をする意思は変わらないと述べた。

米国が核のムチでわが体制をあくまでも抹殺する企図を明白にした以上、わが人民が選択した思想と制度、自由と民主主義を守るため、われわれは核兵器庫を補強する対策を取らざるを得ない。

善意には善意で、力には力で対応するのが、先軍政治に忠誠なわれわれの精神である。

われわれはすでに、ブッシュ政権の増大する対朝鮮孤立・圧殺政策に対抗して核不拡散条約（NPT）から断固として脱退し、自衛のために核兵器を製造した。

われわれの核兵器は、あくまでも自衛的核抑止力に留まるものである。……

対話と協商を通じて問題を解決しようとするわれわれの原則的な立場と、朝鮮半島を非核化しようとする最終目標には変わりはない。

❖プルトニウム抽出をテコにする外交

2005年３月２日、北朝鮮外務省は６か国協議に関する長い覚書を発表した。２月10日の基本姿勢を繰り返しながらも、北朝鮮は、米国が信頼に値する誠実な姿勢を示し、６か国協議を再開する条件とその理由を示すならば協議に応じる準備があることを示した。

米朝交渉を一時期主導していたプリチャードは、北朝鮮は２月10日の声明以後も６か国協議への復帰の機会を絶えず窺っていたと分析している。韓国の鄭（チョン）東泳（ドンヨン）統一相が６月16日に平壌で金正日と面会したときのエピソードは有名であるが、このときの金正日が語った内容は、６か国協議への復帰を確約しなくても、北朝鮮がすでに６か国に復帰することを決めているのでなければ語る必要のない内容であったと、プリチャードは分析する（参考文献3）。

鄭が金正日に対して、核兵器を放棄するという戦略的決断をするように訴えたとき、金正日は「体制が保証されるならば、北朝鮮に核兵器を持つ理由はない」「わが国は核兵器を持つべきでないというのが父の遺言であった」「1992年の南北非核化共同宣言は今も生きている」「DPRKはNPTに復帰し、IAEAの査察官を受け入れる用意がある」などと述べたという（参考文献3、9）。これらの発言の中で、金日成の遺言に言及したことに金正日の腹にある意図が表れているというのがプリチャードの説明である。

2005年2月10日の北朝鮮の宣言の直後に、6か国協議を担当する米国務次官補がジェームス・ケリーからクリストファー・ヒルに交代した。北朝鮮の6か国協議への復帰について直接の実際的変化を生み出すのに貢献したのは、この人事交代であったと考えられる。ヒル国務次官補は経験豊富な外交官であり積極的に北朝鮮との接触をはかる努力をした。ニューヨーク・チャンネルの活用を通してヒルと金桂寛の直接の北京会談が7月9日に実現した。中国を介しないで米国の方針を直接聴き感触を得ることで、北朝鮮は「国家主権の尊重と不可侵」の再確認をしたとして6か国協議への復帰を決めた。

第4ラウンドの6か国協議は2005年7月26日に始まったが、過去にない実質的な交渉が行われて13日の長丁場となった。

ブッシュ政権になってからの3か国協議、6か国協議を通じて本格的な交渉が行われた会議は、この第4ランド第1セッションが初めてであった。ヒルはその後の協議の前提となるような原則について共同声明を作ることを目指し、中国が事務局として各国にとっての強調点をその中に盛り込んだ原案を準備した。会議の10日目頃になって、金桂寛が軽水炉の提供を要求した。その時点までは、北朝鮮には核エネルギー平和利用の理論的な権利があるという点までの合意しかなかった。米国の最初の主張は、平和利用、軍事利用を問わず、北朝鮮に一切の核活動の権利はないというものであった。しかし、やがて米国は変化し、北朝鮮が核兵器計画を放棄してNPTに復帰し、IAEAの保障措置に従うならば、平和利用の主権的権利があることを認めるようになった。また、協議中に米国は高濃縮ウラン計画について強硬な主張を行わなかった。それどころか、「高濃縮ウラン計画」という核兵器開発と直結する言葉を使うことを避けて、ウラン濃縮計画という言葉で核兵器計画ではないウラン濃縮計画があったことを北朝鮮が認める逃げ道を作る意図を窺わせるような言葉の使い方をするようになった。いずれにしても、この時期、北朝鮮はウラン濃縮計画は存在しないと否定し続けている。

第４ラウンドの会議は、共同声明案のテキストの４か所で米国と北朝鮮の対立がとけず、８月７日にいったん休会となった。会議の再開（第２セッション）は予定よりもかなり遅れて９月 13 日となった。北朝鮮は、米韓合同軍事演習ウルチ・フォーカス・レンズ（８月 15 日～９月２日）への抗議、ブッシュ大統領が筋金入りのネオコンとして知られるジェイ・レフコウィッツを北朝鮮人権問題特使に任命したことへの抗議などを理由として第２セッションの早期再開に抵抗した。

しかし、プリチャードは北朝鮮が再開を遅らせた理由について別の説明を示唆している。2004 年１月に行われた前述のジョン・ルイースを団長とする訪朝団が、ちょうど６か国協議休会中に２度目の平壌を訪問することになった（2005 年８月 26 日）。今回もそれに加わったプリチャードは、北朝鮮が会議の再開を遅らせた本当の理由は、第２セッションにおける北朝鮮の交渉力を強化するために寧辺におけるプルトニウム抽出を進めることにあったとの確信をもった。１度目の訪朝時に寧辺訪問が許されたのと違って、２度目はプルトニウム抽出処理のため放射能レベルが高く関係者以外は立ち寄れないと説明され、代わりに李弘燮（リ ホンソプ）寧辺原子力センター長が平壌に出てきて代表団に状況説明をした。それによると 2002 年末に凍結していた寧辺の黒鉛炉を運転再開していたが２年余の運転を終えて 2005 年５月に燃料棒を取り出した。その冷却期間を終わったところであり、ちょうどプルトニウム抽出が始まったところだという。これはワシントンがまだ知らなかった情報であり、６か国協議が早期に核計画の凍結に合意しなければならない状況を示していた（参考文献３）。

この状況はしたたかな北朝鮮の外交手法を示すものである。相互に不信感が拭えないなかでは、交渉のテーブルについた当事者が、それぞれが交渉の目的に反する行動をとらないというルールを確立すべきであるが、それが必ずしも容易ではない。北朝鮮に何かの中止を求めるためには、米国にもまた、それに釣り合った何かの中止を求められる。その釣り合いの交渉自身が、本交渉の一部とならざるを得ないのである。以下で述べる「約束対約束、行動対行動」の原則（109 ページ）はまさにそのことを表している。

❖「9・19」6か国共同声明

2005年9月19日、6か国協議の第4ラウンド第2セッションの最終日に初めての合意文書が採択された。その後の交渉の基礎となる原則に合意した重要な成果文書である。2021年以後の朝鮮半島の平和と非核化をめぐる交渉においても参照し活用されるべき文書であろう。全文は（巻末 資料5）に掲げた。

前文に「相互尊重と平等の精神」という記述がある。当然のように見える文言であるが、北朝鮮にとっては対等な主権を主張する重要な文言である。北朝鮮の核問題が置かれるべき大きな文脈が「朝鮮半島及び北東アジア地域全体の平和と安定」と述べられていることも重要である。

声明は6項目の合意を得た。

第1項目は6か国協議の目標を「平和的な方法による、朝鮮半島の検証可能な非核化」と定義したうえで、各国の約束を具体的に列記した。

北朝鮮は「すべての核兵器及び既存の核計画の放棄」と「NPTとIAEA保障措置への早期復帰」を約束した。

米国は「朝鮮半島における核兵器の非保有」と「北朝鮮に対して核兵器のみならず通常兵器によっても攻撃や侵略の意図を持たないこと」を確認した。通常兵器も含めることによって、北朝鮮が6か国協議に求めた不可侵条約の要求に応えたと言える（95ページ）。

韓国は「領域内に核兵器の不存在」を再確認するとともに、「1992年南北非核化共同宣言にしたがった非核の継続」を約束した。

すべての参加国は、北朝鮮の「原子力の平和的利用の権利」の主張を尊重すると述べ、「適当な時期に北朝鮮への軽水炉提供問題について議論」することに合意した。

第2項目は、主権国家の関係を「国連憲章の目的及び原則」などに則ることを改めて約束し、米朝、日朝についてはさらに具体的に次の約束をした。

米朝関係では、「相互の主権尊重」「平和共存」「国交正常化のための措置をとること」をお互いに約束した。

日朝関係では、2002年の「平壌宣言に従った、過去の清算と懸案事項の解決を基礎とした国交正常化のための措置をとること」を相互に約束した。

第3項目は、エネルギーおよび経済協力の分野における合意を述べた。

北朝鮮以外の５か国はエネルギー支援の約束を行った。

韓国は７月に表明していた北朝鮮に対する200万キロワットの電力供給を再確認した。

第４項目は、北東アジア地域の永続的な平和と安定のための努力について約束した。

まず当事者間が協議することを約束するとともに、６か国で地域における安全保障協力を促進する方策について探求することを約束した。

第５項目は、合意事項の今後の実施に当たっての原則と方法について合意した。

６か国は、「約束対約束、行動対行動」の原則にしたがって具体的な合意事項を一つひとつ段階的に実施する方法に合意した。これは、かねがね北朝鮮が主張していた内容である。

第６項目は、次回の開催日について2005年11月初旬と合意した。

９・19共同声明の特徴は、朝鮮半島の非核化という課題を明確に設定しながらも、それを北東アジア地域の平和と安定というより広い文脈の中で捉えて解決してゆく姿勢を示したことであろう。具体的には、まず北朝鮮が核兵器計画を放棄しNPTに復帰するという到達地点を明確に表明したうえで、その目標の達成が単に北朝鮮のみに課せられた課題ではなく、北朝鮮との関係を正常化するために米国、韓国、日本などにも要求される共通の課題があることを示した。

一方、北朝鮮に対する軽水炉提供についての合意の表現があいまいであり、議論する「適切な時期」の解釈について問題を残した。この点について、米国の首席代表ヒルは、会議の最終発言で米国の解釈を説明した。「適切な時期」とは「北朝鮮がすべての核兵器と核兵器計画を早期に廃棄し、それがIAEAなどの信頼できる国際的手段によって検証されること」、そのうえで「北朝鮮がNPTとIAEA保障措置を完全に順守し、協力と透明性について約束を守り続けていることを示し、核技術の拡散に終止符を打つこと」が行われたときである、というのがヒルの主張であった。すなわち、検証可能な非核化が先、軽水炉の話はその後、という主張である。

その翌日、早くも北朝鮮は米国と別の見解を明らかにした。北朝鮮外務省は、「もっとも重要なことは、米国がDPRKの平和目的の核活動を承認することを実質をもって証明するために、できるだけ早期にDPRKに対して軽水炉を供与することである。米国は、信頼醸成への物理的な保証である軽水炉の提供よりも先に、DPRKが核抑止力を解体するなどと夢にも考えてはならない」と述べて、軽水炉提供が非核化よりも先であると主張したのである。実際にはこの主張はトーンダウンした。２日後の９月22日に行われた国連総会演説（ニューヨーク）において、北朝鮮の崔守憲（チェスホン）外務次官は「現段階においてもっとも重要なことは、米国がDPRKの平和目的の核活動の実質を伴う承認の証として、できるだけ早期にDPRKに対して軽水炉を供与することである」と、前半の内容を繰り返したが、後半の非核化は軽水炉提供の後であるという主張は行わなかった。「ロサンゼルスタイムズ」紙（2005年９月23日）によると、記者の質問に対して、崔守憲は「非核化は並行してできる。原子炉を受領するのが先だと主張していない。相手が先に動かないとこちらが動かないというのは理不尽だ。すべて同時行動の原則で解決すべきだ」と述べた。このように北朝鮮の主張は同時行動の原則に戻った。この主張に米国が合意するならば、軽水炉提供までの道程表と北朝鮮の非核化への道程表を出し合って交渉する道が拓けることになる。

3　6か国協議の行き詰まり

❖バンコ・デルタ・アジアの金融制裁

ブッシュ政権内部の強硬派は、軽水炉提供は実行しない、あるいは実行を阻止する意図を持っていた可能性が高い。

「適当な時期」を説明したヒルの声明（参考文献10）には、米国以外の参加国の理解とかけ離れた抽象的な条件が含まれていた。ヒル声明の「北朝鮮がすべての核兵器と核兵器計画を早期に廃棄し、それがIAEAなどの信頼できる国際的手段によって検証されること」という条件は、日本、韓国の首席代表の最終発言にも含まれていた共通の認識であった。しかし後半の「北朝鮮が協力と透明性について約束を守り続けていることを示し、核技術の拡散に終止符を打つこと」という条件は、米国が突然に一方的に持ち出した文言であり、米国が恣意的に合否を判断するほかないような条件であった。プリチャードは、政権内の強硬派がしばしば担当者が知らない所で介入する手法だ、とヒルを庇いながら、自分自身の執務経験から分析している（参考文献３）。

この分析を裏打ちするように、９･19 共同声明の直後に開かれた KEDO の非公式理事会において、米国は KEDO 事業の中心である軽水炉事業の打ち切りを主張した。KEDO の原加盟国であり理事国である韓国は躊躇（ちゅうちょ）したが、日本は米国に足並みをそろえた。将来の軽水炉提供を考えているのであれば、複雑な国際的手続きを経てやっと多くの国の支援を得て維持されてきた KEDO 軽水炉事業を何らかの形で繋いでおくのが、この時点における当然の方針であったはずである。にもかかわらず、米国の意向を受けて KEDO は 2005 年 11 月下旬に **KEDO 軽水炉事業の廃止に基本合意**し、2006 年５月末に正式決定することになった。KEDO は事務局機能だけを維持して事実上終了したのである。

北朝鮮が軽水炉の獲得を９･19 共同声明の目玉の一つとして重視する交渉を行ったことは事実であるが、その北朝鮮自身も平和的核開発の権利を認めさせることが主眼であって、軽水炉の提供を受けることについては、駆け引きの道具と考えていた可能性がある。

KEDO が軽水炉事業の打ち切りに基本合意したことを受けて、12 月 19 日、北朝鮮は米国が「枠組み合意」を破棄した責任を明確に述べて損害賠償を要求する一方で、その後の北朝鮮の原子力発電の計画について方針を述べる報告書を公表した。それによると、KEDO が建設を放棄した２基の軽水炉による電力不足をカバーするために、「枠組み合意」で凍結していた建設工事中の大型黒鉛減速炉（50MWe 炉と 200MWe 炉）の再開発と独自技術による軽水炉の新規開発に取り組むという方針が打ち出された。つまり、９･19 声明の合意によって軽水炉が提供されることを中心に電力不足を克服するという方針ではなくて、あくまでも自主技術を中心に電力需要を賄う方針を打ち出したのである。これによって、６か国協議における「北朝鮮の原子力平和利用の権利」と「適切な時期における軽水炉提供問題」という合意は、その後の交渉カードとして非常に高い価値をもつものになったと言える。

９･19 共同声明とほぼ同時期に、９･19 共同声明の実施にとって大きな障害となる新しい問題を米国が仕掛けた。

米財務省が９月15日、米国の愛国者法（2001年）311条の適用によってマカオの銀行バンコ・デルタ・アジア（BDA）に対して北朝鮮の資金2500万ドルを凍結する金融制裁を課すことを発表したのである。

2002年早くからブッシュ政権の国務省強硬派を中心に北朝鮮が関係する麻薬取引やドル札偽造などの不法活動を調査し阻止する活動を始めていた。やがてそれは「**不法活動イニシャチブ**」（**IAI**）と呼ばれるプロジェクトとなった。国務省関係者によれば、BDAで制裁対象とすべき不法活動が行われている証拠が2005年夏までに固まった。しかし、国務省としては６か国協議への影響を懸念して発表を遅らせる方針でいたが、チェイニー副大統領事務所、財務省、国防総省などが国家安全保障会議（NSC）に訴え、米国をテロから守るために放置できないとして公表に踏み切ったという。10月21日には、米財務省はこれに加えて大量破壊兵器の拡散を防止する大統領令に反したとして北朝鮮の８事業体を特定し在米資産の凍結と米国事業体との取り引き禁止の経済制裁を発表した。北朝鮮は予想通り、とりわけBDA金融制裁を北朝鮮敵視政策の表れだとして反発し、制裁解除なしに６か国協議における正常な協議に戻ることができないと強く主張した。

ただでさえ困難な６か国協議の外交交渉の最中に、それをぶち壊すように金融制裁を公表したブッシュ政権の強硬派の意図は明らかであった。交渉の当事者であったヒル国務次官補は、この強硬派たちのやり方に対して、個人攻撃にならない表現を選びながらも、彼の回顧録『アウトポスト』の中で批判を露わにしている（参考文献11）。

> （バンコ・デルタ・アジアが違法銀行として）指定されたことに私は驚かなかった。しかし、交渉の最中に公表するという決定は、私のチーム・メンバーも含めて多くの人たちに、公表の目的は、私に交渉のテコを追加するためではなく（そうであれば歓迎したであろうが）、交渉を完全に脱線させるためであるという疑念に確信を与えるように思われた。

❖反発１－ミサイル実験の再開

９・19共同声明で、米国は北朝鮮との関係について「相互の主権尊重」「平和共存」「国交正常化」という目標に合意したが、それは政権全体の意思とはほど遠い状態にあった。その裏では北朝鮮の体制を追い詰める企みが同時進行していたのである。

第５ラウンドの６か国協議は、９・19 声明の実施プランを協議するはずの会議であった。声明での合意通り 2005 年 11 月９日に会議は始まったが、北朝鮮は金融制裁問題で米朝会談を要求して譲らず、実質協議がないまま 11 日に中断した。ヒルはこの問題についての説明をするため金桂寛の訪米を受け入れる約束をしたが、国務省の強硬派の反対によって実現できなかった。2006 年３月になって李根・北朝鮮外務省北米問題部長が訪米、ニューヨークで金融・経済制裁について財務省の専門家から技術的な説明を聴いた。しかし、米国は国務省の６か国協議関係者の面会を許さなかった。

金融制裁について交渉が進行している中で、北朝鮮は 2006 年７月５日にテポドン２長距離弾道ミサイルの発射実験、さらには 10 月９日に**初めての地下核実験**を行った。ミサイル実験、核実験についての技術的な問題は第６章に譲り、ここでは政治的文脈についてのみ述べる。

テポドン２の発射実験は７月５日に行われた７発の弾道ミサイル発射の３発目に行われた。他の６発のミサイルはスカッドとノドンであった。テポドン２は発射後 42 秒で爆発し実験は完全な失敗に終わった。テポドン系のロケット発射は 2021 年春までに６回行われているが、２回目に当たるこの回だけが唯一軍事目的の実験発射であった。その他の発射においては、テポドンは人工衛星発射のための衛星発射体（SLV ＝ Satellite Launching Vehicle）として使われた。発射の翌日、北朝鮮外務省は談話を発表し、ミサイル発射は朝鮮人民軍による「自衛のための軍事能力を強化する通常の訓練である」と説明した。実験の必要性については、イラク戦争を引き合いに出して、戦争を起こさないためには「力のバランス」を崩さないための「自衛の抑止力」の強化が必要だと論じている。さらに談話は、ミサイル発射に関する国際合意についての北朝鮮の言い分を列挙した。ここに見られる北朝鮮の姿勢は、国際合意を一方的に無視するのではなく、１つずつその理由を申し立てて筋を通そうとする北朝鮮の性向をよく表している。

言い分は次のようなものであった。

米朝間においては、1999 年９月、「枠組み合意」とペリー調整官による米朝正常化努力の中において「米朝間の協議が続いている間は自主的にミサイル発射を中止する」という自主的モラトリアムの合意があった（第２章 76 ページ）。北朝鮮は7月6日の談話において、ブッシュ政権は2国間協議をすべて壊しているのでモラトリアムの前提はもはや存在しないと説明した。これは2005年3月2日の外務省メモにおいてすでに述べられていた内容である（本章105ページ）。

日朝間においては、2002年9月の平壌宣言（巻末 **資料4**）において「宣言の精神に従い、ミサイル発射のモラトリアムを2003年以降も更に延長していく」という合意があった。しかし、拉致問題を解決し正常化に向かおうとした宣言の意図を悪用して、日本は米国と一緒になって北朝鮮に敵対し続けており、宣言の精神は尊重されていないとして、北朝鮮はモラトリアムを延長する理由は消滅していると主張した。

さらに、6か国協議の9・19共同声明との関係に言及し、実行段階に入った冒頭に金融制裁を行った米国によって声明が阻害されている状況を述べ、北朝鮮自身は合意実施の意図を持続していることを示唆した。ミサイル発射は6か国協議の合意を害するものではないという立場表明である。

❖反発2－初の地下核実験

地下核実験に関しては、実施前の10月3日、北朝鮮は日付を指定しないで核実験を予告する外務省声明を発表した（序章17ページ）。北朝鮮特有の論理的整合性にこだわるやり方である。声明は、北朝鮮の体制転覆をめざすブッシュ政権の意図に変化がなく「DPRKに対する制裁と封鎖を国際的に広げるために躍起になっている」として、「自衛のための戦争抑止力を強化する新しい手段」を講じるとして次の3点の内容を述べた。

1　北朝鮮の科学者たちが、安全が完全に確保される条件下で将来核実験を行う。米政府が米朝「枠組み合意」を放棄して北朝鮮の主権と生存権を著しく脅かしているので北朝鮮はNPTを脱退することを余儀なくされ、核兵器を製造したとすでに公式に表明している。米国からの核戦争の極度の脅威、制裁と圧力の結果、それに対抗する防衛手段として核抑止力を強化するための核実験に踏み切らざるを得ない。

2　北朝鮮は、核兵器を先に使うことはないし核兵器による威嚇や移転を禁止する。信頼できる戦争抑止力を持たない国民は悲劇的な死を遂げ、国家の主権は踏みにじられるのが世界の教訓だ。北朝鮮の核兵器は米国の侵略から国家を守る信頼できる戦争抑止力となる。

3 北朝鮮は朝鮮半島の非核化の実現に最善を尽くし、世界的な核軍縮と究極的な核兵器廃絶に勢いをもたらす。北朝鮮の最終目標は、非核化によって北朝鮮だけが軍縮する結果に終わるのではなく、米朝間の敵対関係を終息させ朝鮮半島や近隣から核の脅威の根源を除去することにある。

10 月９日、北朝鮮は予告した核実験を行った。11 日に出された北朝鮮外務省の声明は、前記の内容の要点を繰り返すとともに、「DPRK の核実験は、核兵器を解体し既存の核計画を放棄することを約束した９･19 共同声明に矛盾しない。むしろそれを履行するための積極的な手段となる」と強調した。すなわち、核実験によって９・19 合意の履行を論じる第５ラウンドの６か国協議の再開を先延ばしできなくなり、そのためには金融制裁問題の解決が迫られるというのが、北朝鮮の論理であった。

これに対して 10 月 14 日、国連安全保障理事会は**安保理決議 1718（2006）**を採択し、国連憲章第Ⅶ章「平和に対する脅威、平和の破壊及び侵略行為に関する行動」の規定に基づく実力行使に踏み切った。「兵力の使用を伴わない措置」を定める第 41 条に基づく経済制裁の措置であり、北朝鮮と安保理との関係は、ここで決定的な新段階に入ったと言える。この後、2017 年まで北朝鮮の核・ミサイル開発に関する安保理の制裁決議は 10 回に及ぶが（**〈表４〉**、第４章 147 ～ 149 ページ）、これがその**第１回目の国連安保理制裁決議**であった。

10 月 14 日、北朝鮮は直ちに安保理決議 1718（2006）を強く非難し拒否する外務省報道官声明を発表した。主張の基本は、核実験は「拡大する米国の核の脅威と制裁と圧力から国の主権と人民の生命と安全を護るための積極的な防衛の対抗措置であり、主権国家として自主的で正当な権利の行使である」とし、これを「国際の平和と安全への脅威であるかのように述べる」のは理不尽である、と述べるものであった。

実は、安保理決議 1718（2006）には、「ミサイル計画の中止」という問題のある要求が含まれているが、このことについては後に論じる（第４章 133 ページ）。

❖初期段階の行動に合意

2006年11月末から12月初めにかけて、日本とロシアを除く4か国の代表者が北京で6か国協議の再開について予備会談を行った。米国は北朝鮮の核実験を踏まえて北朝鮮に対して厳しい前提条件をつけた。北朝鮮はそれに対しては態度を表明せず、バンコ・デルタ・アジア金融制裁の解決問題を6か国協議の議題にするという理解のもとに、第5ラウンド再開に合意した。金桂寛とヒルの会談において金融制裁問題で合意があったというのは、北朝鮮の言い分以外には裏付けのない話であった。

6か国協議第5ラウンド第2セッションは12月18日～22日に開催された。しかし、北朝鮮は9・19声明履行の意思を再確認しながらも、金融問題の解決を優先させる主張を変えず、会議は何の進展もなく再び休会した。並行して米朝金融協議も開催されたが形式的なものに終わった。ヒルは、「北朝鮮は核問題以外の小事を持ち出したり、実現できない無理難題を持ち出したり、感情を傷つけたとして発言にこだわったり、を繰り返している。核問題に真剣に取り組むべきだ」と批判した。

2006年11月の米国の中間選挙で民主党が勝ち、上下両院の多数派を形成した。ラムズフェルド国防長官、ボルトン国連代表、ジョセフ国務次官などブッシュ政権の強硬派は力を失い、前後して引退した。6か国協議枠外での2国間協議を嫌っていたはずの米国で方針転換が起こった。

2007年1月中頃の3日間、ヒル国務次官補はライス国務長官の許しを得て金桂寛とベルリンで会合した。そこでは金融制裁問題と5MWe黒鉛炉の停止とIAEA復帰問題で両者の大枠の合意を見出すことができた。報道によると両者は合意内容の覚書を交わしたとされる。1月30日に北京で米朝金融協議が行われ、金融制裁問題は6か国協議と別枠で解決の道筋が作られることになった。このようにして6か国協議再開の条件は整った。

6か国協議第5ラウンド第3セッションは、2007年2月8日に始まり、2月13日に「共同声明実施のための初期行動」と題する重要な合意文書を採択して終了した。文書の全訳を巻末 資料6 に掲載した。

9・19共同声明を実施する第1段階の具体策を「行動対行動」の原則で合意したものであるが、合意のもっとも重要なポイントは、北朝鮮が核実験を行った事態を受けて、北朝鮮が核兵器を放棄するという誓約への信頼が揺らいでいた中で、それを６か国の合意文書の形で再確認したことであろう。合意文書は「参加国は、平和的な方法によって朝鮮半島の早期の非核化を実現するという共通の目標及び意思を再確認するとともに、共同声明における誓約を真剣に履行することを改めて述べた」と記している。

そのうえで、誓約を行動に変える初期段階について、６か国は次のことに合意した。国別に整理すると次のようになる。

◆北朝鮮

・寧辺の核施設を最終的に放棄することを目的として、停止し封印する。

・監視及び検証を行うために、IAEA 要員を復帰させる。

・初期段階の次の段階において、すべての核計画のリストを提出する。

・初期段階の次の段階において、黒鉛減速炉、再処理工場を含むすべての既存の核施設の無能力化を行う。

◆米国

・懸案事項を解決し、完全な外交関係へ向かうため米朝協議を開始する。（北朝鮮も同じ）

・テロ支援国家指定を解除する作業を開始する。

・対敵通商法の適用を終了する作業を進める。

◆日本

・2002 年日朝平壌宣言にしたがって、不幸な過去の諸問題と懸案事項を解決して、国交正常化を目指す日朝協議を開始する。（北朝鮮も同じ）

◆北朝鮮以外の５か国

・初期段階の緊急エネルギー支援として、５万トンの重油相当の支援を 60 日以内に開始する。

・初期段階の次の段階において、重油 95 万トン相当を上限とする経済、エネルギー及び人道支援を提供する。

初期段階の合意の１つの特徴は、６か国が５つの作業部会の設置に合意したことである。次の５作業部会が設置された。

1．朝鮮半島の非核化（議長：中国）

2．米朝国交正常化（共同議長：米・朝）

3．日朝国交正常化（共同議長：日・朝）

4．経済及びエネルギー協力（議長：韓国）

5．東北アジアの平和及び安全のメカニズム（議長：ロシア）

この作業部会は、あくまでも「初期行動を実施するため、及び、共同声明を完全に実施することを目的として」設置されたものである。したがって、作業部会が6か国協議全体の根幹である「平和的な方法による、朝鮮半島の検証可能な非核化」の足を引っ張ることがないように考慮されている。

合意文書では、すべての作業部会の会合を2007年3月13日までに開くこととした。期限内に開催されたのは米朝、日朝の2つの部会だけであったが、その後、次回の6か国協議までにすべての作業部会が開催された。

❖第2段階の行動：無能力化の成果

「初期行動の合意」文書の通り2007年3月19日に第6ラウンドが始まった。文書に書かれた第6ラウンドの会議の目的は、初期行動に続く「次の段階の行動を協議する」ことであった。

会議の2時間前に米財務次官補がBDA金融制裁解除について北朝鮮と合意に達したことを声明した。「約2500万ドル全額を中国銀行の北朝鮮口座に移し、北朝鮮が人道目的に使う約束を表明する」というのが決着の内容であった。しかし、北朝鮮は送金の完了を見るまでは安心できないとして、次の段階の協議に入ることを拒否した。その結果、5作業部会の報告を中心に意見交換したのみで休会になった。

この間にモハメド・エルバラダイIAEA事務局長はじめIAEA関係者が北朝鮮を数回訪問し準備した後、5核施設、すなわち寧辺の5MWe黒鉛減速炉、プルトニウム抽出（再処理）施設、核燃料加工施設、50MWe黒鉛減速炉（建設中）、及び泰川の200MWe黒鉛減速炉（建設中）について特定査察を行った。その結果、7月17日、IAEAは5核施設すべてが運転停止していることを確認した。金桂寛も同日、北朝鮮は初期行動をすべて履行したと述べた。

その翌日、6か国協議第6ラウンドは、首席代表者のみの会議として3日間の日程で開催された。主要な議題は第2段階の行動として北朝鮮が約束している「すべての核計画についての完全な申告の提出」と「黒鉛減速炉、再処理工場を含むすべての既存の核施設の無能力化」の履行である。首席代表者会議での合意には至らず、作業部会を通じて合意形成を追求することになった。

作業部会を通じて議論された論点には次のようなものがあった。

まず「完全な申告」については、その定義と期限が問題となった。合意文書に書かれた「すべての核計画についての完全な申告」という文言について、「すべて」の範囲、「完全」の具体的な内容についての攻防があった。プルトニウムの申告には量と場所が必要か、核弾頭の申告を含むか、などの問題があった。ウラン濃縮計画はそもそも存在しないと北朝鮮は主張してきた。「無能力化」については、その定義、方法、対象と優先順位、期限などの問題があった。初期行動の合意において、核施設の「解体」ではなく「無能力化」という言葉でしか合意できなかったことを受けて、回復可能な方法が模索された。できるだけ回復が困難な方法を追求する米国・日本と逆の立場の北朝鮮の攻防があった。関係正常化に関しては、米国が「テロ支援国家指定の解除」と「対敵通商法の適用終了」の手続きを進めることに合意しているが、そのタイミングを「行動対行動」の原則でどう設定するのかが重要な交渉テーマであった。この交渉には、米朝正常化だけではなく拉致問題を含む日朝正常化が絡んだ。日本は拉致問題に関する進展を考慮するよう米国に要請し、米国は、日本が「進展」の中身について定義を明らかにするよう日本に迫っていた。経済・エネルギー支援については、北朝鮮に対する重油 100 万トン相当の支援が第２段階の終了までに約束されていたが、北朝鮮は重油の受け入れ能力は月５万トンであると説明し、発電施設の改修、軽水炉の提供など重油に変わる支援を求めていた。

各作業部会の議論を持ち寄って「第２段階の行動」を具体化するため、６か国協議の第６ラウンド第２セッションが、９月 27 日に開催された。作業部会の経過を踏まえて、中国が合意文書案を提出し、意見交換、調整が行われた。９月 30 日、会議は暫定合意に達して２日間の休会に入った。各国政府の承認を得る過程を経たのち、10 月３日に合意文書「共同声明実施のための第２段階の行動」が正式に採択され公表された。合意文書の全文を巻末 **資料７** に掲げる。

合意内容を見ると、「無能力化」のみが具体的に進展したが、他はほとんど前進がなかったことが窺える。無能力化は、寧辺で停止以前に稼働していた５ MWe 黒鉛炉、プルトニウム抽出（再処理）施設、核燃料棒加工施設の３施設について行われ、2007年12月31日までに完了すること、米国が専門家を組織して作業をリードし、費用は米国が分担すること、などが合意された。しかし、「完全な申告」に関しては、北朝鮮が「すべての核計画の完全かつ正確な申告を行うこと」に合意したという原則的な文言が述べられたのみである。「関係正常化」に関しても、米国が北朝鮮に対する「テロ支援国家指定を解除する作業を開始し、……対敵通商法の適用を終了する作業を進める」という初期行動の合意を再確認したのみである。「完全な申告」と「関係正常化」を「行動対行動」の原則に従って段階的に前に進める交渉が困難に直面していることを示唆している。

にもかかわらず、北朝鮮が「完全な申告」を2007年12月31日という期限を切って文書化することに合意していることは、北朝鮮の従来の交渉術からは理解しがたいことである。この背景には文書化できない米朝間の交渉が隠されている。事実、9月初めジュネーブで「米朝国交正常化作業部会」が行われた後に北朝鮮が「テロ支援国家指定の解除」が合意されたと話し、米国が慌てて打ち消す場面があった。米朝間の交渉の隠された部分については次節で述べる。

❖「完全な申告」をめぐる駆け引き

「無能力化」とは施設を再スタートするのに12か月を要するような作業であると定義され、寧辺の3施設について11段階の無能力化措置が設定された。11月5日から米国専門家9人が平壌入りして作業を始めた。2008年1月7日、ヒル国務次官補は75%進んでいると発言した。2008年10月時点の評価では全体として80%の無能力化が達成されたと米国のシンクタンクは評価している。その内容を〈**表3**〉に掲げておこう。

それに反して、「完全な申告」は行き詰まった。期限の2007年12月31日が迫る中で、12月3日、ブッシュ大統領の金正日総書記宛の親書を携えてヒルが平壌を訪問するという異例の外交が行われた。親書の内容は米国の都合のよい片鱗しか明らかにされていない。ジャーナリスト出身の著名な研究者マイク・チノイが多くのインタビューをもとに、ヒルがライス国務長官を説得し、大統領親書を書かせるまでの物語を書いている（参考文献13）。それによれば、親書は、北朝鮮が「完全な申告」をすれば米朝正常化が実現すると金正日を説得する意図をもって書かれた手紙であった。かつて「悪の枢軸」、「ティラニー」と呼んで打倒

〈表３〉 ６か国協議で行われた寧辺における無能力化の段階的措置

	段階的措置	施設	状態
1	8000 本の使用済み燃料棒を使用済み燃料プールへの移動	5MWe 原子炉	2009 年４月時点で 6400 本が完成
2	制御棒駆動装置の撤去	5MWe 原子炉	使用済み燃料の撤去が完了した後に着手
3	原子炉冷却ループ及び冷却塔木製内部構造の撤去	5MWe 原子炉	2008 年６月 26 日に塔の取り壊し
4	未使用燃料棒の無能力化	燃料加工施設	北朝鮮の同意未了。2009 年１月、購入について韓国と協議
5	３基のウラン鉱選鉱溶解タンクの撤去と貯蔵	燃料加工施設	完了
6	７基のウラン転換炉の撤去と貯蔵（耐火煉瓦とモルタルを含む）	燃料加工施設	完了
7	金属鋳込み炉と真空システム、及び８台の機械旋盤の撤去と貯蔵	燃料加工施設	完了
8	受け入れホットセル・ドア付随のケーブル切断と駆動機構の撤去	再処理施設	完了
9	再処理施設に入る４本の蒸気ラインのうち２本の切断	再処理施設	完了
10	クラッド用シアリングとスリット機械の駆動機構の撤去	再処理施設	完了
11	使用済み燃料棒を再処理施設に入れるクレーンとドアの作動装置の撤去	再処理施設	完了

出典：参考文献 12

を公言した相手に親書を送り国交の正常化を訴えたのであるから、米国がいかに切羽詰って北朝鮮非核化の成果を求めていたのかを知ることができる。そのときブッシュ政権は任期最後の年を迎えようとしており、2008 年は米国の政治のすべてが大統領選挙を意識して設計されるような状況にあった。

「親書外交」はマイナスではなかったが成功しなかった。2007 年内を期限とする約束について、西側のメディア情報では北朝鮮による申告不履行ばかりが目立って報じられる状況のなかで、2008 年１月早々、北朝鮮外務省は談話を発表して反論した。

「DPRK の核施設の無能力化以外の合意事項がいまだ履行されていないことは

遺憾である」「他の参加国の誓約事項であるDPRKに対する重油とエネルギー関連設備および資材の輸送は50%も行われていない」「核申告問題に関しても、DPRKはやるべきことをすべてやった。DPRKは昨年11月に報告書を作成しており、その内容を米国側に知らせた。DPRKは、報告書の内容についてさらに協議したいという米国側の要請を受けて、米国側と十分な協議も行った」(「朝鮮中央通信」2008年1月4日)。

北朝鮮の言い分の中で「完全な申告」以外の部分は概ね北朝鮮の主張の通りであろう。「完全な申告」に関しては別に書くとして、第2段階の行動の実施の背後で米朝間、とりわけ米国の政権内部で進行していた力学を先に書いておく必要がある。

ヒルが友人に漏らした次のような愚痴をチノイが著書の中で紹介している(参考文献13)。「チェイニー副大統領事務所や政権内の他の場所で強硬派を相手に交渉するのと比べると、北朝鮮との交渉は、たいていもっと気が楽だ。」ヒルは、ライス、ブッシュとは良好な関係を保って全権を託されていたが、北朝鮮との妥協を毛嫌いする強硬派はヒルの妥協案を潰すために、政権内で与えられている権力を振るった。「完全な申告」問題で、ウラン濃縮問題の他に、強硬派は北朝鮮のシリアへの原子炉技術援助問題を重視していた。2007年9月6日にイスラエルが自国のスパイ情報を根拠にシリアを空爆して建設中の建物を破壊した事件以来のことである。ブッシュ政権強硬派は、このシリアの核開発問題への北朝鮮の関与も「完全な申告」に含まれなければならないと主張した。シリア問題は6か国協議において公の議題になっていないが、米朝協議においては米国から申告に含めるよう要請されていた。

北朝鮮がウラン濃縮問題で否定を続け、**シリア支援問題**は作り話として一蹴している一方で、ブッシュ政権内の強硬派はこれらを含まないような「完全な申告」はあり得ないと主張していた。強硬派の要求を貫けば米朝協議は行き詰まる可能性があった。

ヒルは、寧辺で無能力化が成功している果実を一旦収穫するか、すべてについて決裂を覚悟するかという選択に迫られた。本書の筆者は、米国は政権の交代期を越えた問題解決の方法を構想すべきであると考えるが、その主張はここでは脇に置く。過去を洗いざらい表面に出せないのは、無条件降伏をした敗戦国ならともかく、一つの主権国家にとってはむしろ当然のことであろう。北朝鮮が面子にこだわっているという次元の問題ではなく、基本的には米国との間にそれだけの信頼関係がまだないというのが現実である。双方が納得できる「完全な申告」には、十分な時間が必要だということである。チノイは「**自白外交**（コンフェッション・ディプロマシィ）」という言葉を使っているが、一定の信頼関係があれば、過去を自白することによって将来の関係が開けるという見通しを立てることができる。しかし、2002年、北朝鮮は日朝関係のために拉致を認めるという決断をして正常化を期待したが、結果はむしろ関係改善の障害を大きくしたという経験をもっている。米朝関係において、北朝鮮の「自白？」が米国世論の爆発を招いて状況がいっそう困難になることを北朝鮮が予想しても不思議ではない。

ヒルは妥協案を提案して北朝鮮との合意点を探った。2008年３月中旬にジュネーブで、４月上旬にシンガポールで、ヒル・金桂寛の米朝協議が行われ、申告問題の妥協案に合意した。

この案に反発したブッシュ政権強硬派は、４月24日、CIAの情報を駆使して、北朝鮮のシリアへの秘密裏の核技術輸出問題を初めて議会とメディアに映像入りで公表した。米政権が政権全体として一致した北朝鮮政策をとれていないことを、北朝鮮自身にもはっきりと見えたことであろう。

❖冷却塔爆破、テロ支援国家指定解除

「完全な申告」についての米朝の妥協案は、プルトニウム計画についてのみ北朝鮮は「完全な申告」を提出し、ウラン濃縮計画とシリア問題を含む核技術拡散問題については、別文書において米国の主張を認知する、というものであった。水面下で行われるこの妥協について、６か国協議の構成国の中でもさまざまな異論が出たが、結果的には米国の方針に従った。

この了解のもとに2008年５月８日、北朝鮮は18000ページに及ぶ５MWe黒鉛炉の稼動記録を米国に提出した。米国務省は「1986年までさかのぼったこの稼動記録は、すでに有益なデータを生んでいるが今後も北朝鮮の申告を検証するのに貢献するだろう」と評価した。次いで６月26日、米朝は華々しく同時行動を行った。北朝鮮は申告書を議長国中国に提出した。見返りとして米国は、北朝鮮に対する対敵通商法の適用を解除し、テロ支援国家の指定の解除を議会に通告

し45日後に実行できるための手続きをとった。このために、ブッシュ大統領は大統領府のローズガーデンで早朝スピーチを行った。翌日には北朝鮮と米国務省関係者が立ち会い、報道陣を招いて5MWe黒鉛減速炉の冷却塔を爆破するショウを行って無能力化の進展を世界に印象づけた。申告書によると北朝鮮が分離したプルトニウムは約30kgであり、うち約2kgを2006年の核実験に使ったという。

2008年7月10日〜12日に6か国協議第6ラウンドにおける2回目となる首席代表者会議が開催された。目的は、北朝鮮の「完全な申告」が提出されたことを受けて、第2段階の行動の現状を整理し、積み残した課題の実施計画と第2段階から第3段階への移行について協議することであった。米国が主導した「完全な申告」に関する妥協は不問に付され、プルトニウム関係施設の申告内容の検証や合意内容の履行の監視などが主要に議論された。米国は、検証過程でプルトニウム以外のすべての核活動の検証がもう一度議論される、と考えていたであろう。7月12日に首席代表者会議はプレスコミュニケを発表して合意事項を公表した。プレスコミュニケの全訳を巻末 資料8 に掲げる。

6か国協議は、「朝鮮半島の非核化に関する作業部会」（中国が幹事国）の下に**検証機構**を設置すると合意した。その目的は「2005年9・19共同声明にしたがい、朝鮮半島の非核化を検証する」と広く定義される。当然、北朝鮮の申告を検証することが手始めの仕事となるであろうが、北朝鮮はすでに7月4日に談話を出して検証は朝鮮半島全体に及ぶものと主張した。将来的には韓国の米軍基地の査察も視野に入れていることを示唆している。検証の範囲、手段や方法については詰められていない。

監視機構の設置にも合意した。首席代表者で構成し、代表者会議の下に置かれる。その目的は、6か国協議において各国が行った約束の履行を監視することである。非核化以外の合意の履行がこの機構によって監視されることになる。

第2段階の終了については次の目標が掲げられた。北朝鮮は、約半分が残っている黒鉛炉内の使用済み燃料の抜き取りを完結させることを含め寧辺施設の無能力化を2008年10月末までに完了する。米国とロシアは重油などの支援の残り分を10月末までに供給し終える。中国と韓国は、重油以外の形の支援について法的拘束力のある合意を北朝鮮との間で8月末までに署名する。すなわち10月末が区切りの目標とされた。

会議が終了して数日後には、検証の在り方について米朝の不一致が顕在化した。米国はすでに６月 26 日のブッシュ演説で**検証議定書**を作ることを唐突に国民に告げていたが、米国は議定書の草案を作成して北朝鮮に示した。それは、申告していない施設も含む、要求されたすべての施設を対象とする検証を求めるものであり、そのために取りうる技術手段をリストアップしている内容であった。明らかに北朝鮮が簡単に合意できる内容ではなかった。次の第３段階のテーマとして掲げ、新しく行動対行動を築くのが常識的な手法であっただろう。

しかし、政権末期のために結果を急ぐ米国は、議会通告から 45 日が経過してテロ支援国家の指定解除が可能になった８月 11 日になっても、検証問題が未解決であるとして解除を実行しなかった。北朝鮮は反発し、「無能力化」を停止して寧辺を再開する行動に出た。IAEA は北朝鮮の要求によって再処理施設の封印シールの除去を強いられた。10 月初め、ヒルは平壌に飛んで検証問題で詰めた議論を行った。

10 月 11 日、米国務省は北朝鮮との間で検証問題に関する合意に達したとして声明を発表し、「ファクトシート」によって合意内容を説明した。そして、同日、最終的なテロ支援国家の指定の解除を実行した。

❖検証で米、ゴールポストを動かす

ヒルが平壌でとりつけたという合意の状況は、はっきりしない。ライス国務長官は回想録において、テロ支援国家指定の解除がブッシュ政権にとって困難な決定であったことを詳述している（参考文献６）。チェイニー副大統領は最後まで反対したが、大統領がライスの方針を採用した。検証については、北朝鮮がプルトニウム生産に関係して申告した施設以外の査察も双方の合意があれば可能であること、査察においては科学捜査の手法（環境に残っている、過去に存在した微量の物質の検出が可能）を適用することも許す、などの合意があったとライスは回想録に書いているが、これらは 10 月 11 日の国務省ファクトシートの記述にある以上のものではない。

ライスは「我々の最善の努力にもかかわらず、北朝鮮は動かず、口頭で双方が合意した了解事項を（続く６か国協議のなかで）文書化しようとしなかった」と回想録に記している。これは米国が国内向けに形式を整えるためにどうしても必要

であった急ぎの外交が、実を結ばなかったと理解するのが妥当であろう。

米国が10月11日に一方的に公表した合意内容について、北朝鮮側からは対応する説明は何も行われなかった。のみならず、10月13日、北朝鮮外務省報道官は「無能力化した施設を対象とする検証に協力する」と、米国務省とは全く異なる検証への見解を述べている。

2008年後半におけるこのような米国の検証問題に関する動きは、拙速という印象を拭い得ない。2007年10月3日の「第2段階における行動」の合意内容を超えて、ブッシュ政権は検証問題における結論を一方的に出そうとした。ライス国務長官は2008年6月18日にヘリテージ財団の講演において、検証議定書を要求する米国の政策について次のように述べている（参考文献14）。

「我々がやったことは、ある意味では、検証とか原子炉へのアクセスとか、第3段階で取り上げるはずであった問題を第2段階にもって来ることでした。」

これはつまり、ゲームの基本ルールであるべきゴールポスト（目標）を動かして勝利を得ようとしていることを、米政権が自覚していたことを示唆している。タフな交渉者である北朝鮮を相手に、このやり方は失敗を運命づけられていると言っても過言ではないであろう。

2008年11月4日、米国大統領選挙において民主党のバラク・オバマが当選をした。

12月8日、6か国協議第6ラウンドの3回目となる主席代表者会議が開かれた。米国での政権交代がはっきりしたなかで、第2段階の行動のけじめをつけることが求められた。検証問題が第3段階以後に積み残すにしても、そうであれば無能力化やエネルギー支援も未完のままにするか否かについても意見が一致しなかった。北朝鮮は経済・エネルギー支援が約束通り行われないならば、無能力化も中断すると主張し、米国は検証に合意できなければ重油供給はできないと主張した。議長国である中国は、決裂を避けるために「寧辺核施設の無能力化と経済・エネルギー支援を並行して履行することに合意した」と議長声明に書き込んだ。議長のまとめが意味するところは、2007年10月3日の「第2段階の行動」合意文書の履行が完了しておらず、6か国はまだその履行の過程にある、ということになる。

実際には、2008年12月11日を最後にして、6か国協議は開かれていない。

米国務省は、主席代表者会議の翌日、検証問題で合意に達するまで、重油供給を中断すると発表した。北朝鮮は 2009 年４月 14 日、人工衛星発射に対して国連安保理が非難の議長声明を発したことに反発して、「６か国協議にもはや参加しない」「もはや合意に拘束されない」と声明した。

《第４章》
並進路線と戦争抑止力
（2009 年～ 2017 年）

❖オバマ政権との不幸な出会い

オバマ大統領は６か国協議の遺産を引き継ぎ、北朝鮮との対話を発展させるつもりであった。その方針は、差別されてきたアフリカ系市民出身の初めての米大統領として、北朝鮮問題に限らず対話を尊重する彼の政治思想に根差すものであった。

選挙キャンペーン中において、オバマは次のように語っている。「（イランや北朝鮮の）国民に向かって語り掛けないことによって罰するというやり方はうまく行っていない。イランでうまく行っていない。北朝鮮でうまく行っていない。どちらの場合にも孤立させようとした米国の努力は核兵器を作ろうとする彼らの努力を加速させた。私が大統領になったときにはそうはしない……。」（2008 年９月 26 日、テレビ討論会）

ブッシュ政権で６か国協議米次席代表を務めたビクター・チャが著書『あり得ない国家』で指摘しているように、オバマは就任してからも、ブッシュのように前政権の遺産を党派的に否定するような偏見はなかった（参考文献１）。６か国協議の９・19 声明を実施するために２国間協議であれ、多国間協議であれ北朝鮮に関与する政策に積極的であった。その端的な現れとして就任後１か月でヒラリー・クリントン国務長官はスティーブン・ボズワースを北朝鮮政策特別代表に任命した。のみならず、12 月にはボズワースはオバマ大統領の金正日宛親書を携えて訪朝し、姜錫柱第１外務次官、金桂寛外務次官らとハイレベル会合をもった（参考文献１）。クリントンもブッシュも政権末期に合意実現の切り札として親書外交を行ったが、オバマの親書外交は就任早々に行われた。親書の内容が公表されていないが、新聞報道によれば、米国には交渉の用意があり、６か国協議に戻れば北朝鮮にとって利益が多い、と呼びかける内容であった。また、ブッシュ政権は最後まで米朝２国間協議を異端視しており、頑なに６か国協議の枠内で２国間協議を位置づけていた。それに比べるとオバマ政権は積極的にあらゆる形の接触をしようとしていた。

過去の交渉の歴史を踏まえたとき、オバマ政権が示したこれらの変化は、北朝鮮にとってオバマ政権が交渉に値する政権であることを示したはずである。しかし、北朝鮮はこの機会を活かさなかった。それについては３つの歴史的な出会いの不運を考えることができる。

①オバマのメッセージのもつレトリックの北朝鮮との親和性

②宇宙開発の国家戦略が国際社会において否定されたこと

③韓国に 10 年ぶりの反共・保守政権が誕生したこと

第１と第２については以下に詳述するので、第３の点を先に簡単に述べておく。

韓国では 2007 年 12 月の大統領選挙で李明博（イミョンバク）政権が誕生し、金大中、盧武鉉と 10 年間続いた太陽政策の終焉を告げていた。李明博は北朝鮮に対して見返りのない投資や関与政策を行わないとする路線をとり、盧武鉉が金正日と交わした多額のインフラ投資の約束を人権問題（捕虜、拉致被害者、拘束漁民の返還など）と核問題の解決を条件とする交渉に変更した。これによって南北関係は悪化し、オバマ政権の発足時には北朝鮮の政策もまた強硬路線に転じつつあった。強い米韓同盟が存続する現状においては、北朝鮮は米国と韓国の両方と対峙する外交姿勢に転じる必要があった。この点は、運の悪い歴史の巡り合わせという他ない。この状況は２期にわたるオバマ政権の間続いた。2013 年、韓国では李明博政権に続いて、やはり 1970 年代に北朝鮮の宿敵であった朴正熙（パクチョンヒ）大統領の娘の朴槿恵（クネ）政権が誕生したからである。

❖オバマ・レトリックの誤爆

第１の点については、オバマ政権が発するメッセージが、しばしば高みに立つ者の恩恵的ニュアンスを帯びていることを指摘することができる。オバマ政権は、北朝鮮がもっている敏感なプライド意識、対等な主権国家の関係に強くこだわる意識への配慮を欠いていた。このような配慮があれば、オバマがイランへの言及と北朝鮮への言及を無造作に同列に扱うことはなかったであろう。しかし、オバマはイランと北朝鮮を並列しながら、第一義的にはイランを対象にしたメッセージを多く発している。

たとえば就任演説で、「腐敗や謀略や反対勢力に沈黙を強いるやり方で権力にしがみつく者たちは、歴史の誤った側にいることを知るべきだ。握ったこぶしを開く意思があれば、私たちは手を差し伸べることを知るべきだ」とオバマは述べた（参考文献２）。この文章は、大部分はテロとの関連において一部のイスラム社会には意味をもったかも知れない。しかし、文脈的には間違いなく北朝鮮にも向けられていた。このメッセージは、反対派が顕在しない一枚岩の国家体制にあり、「米国の体制転覆の脅威に曝され続けている」と主張し、現に米国や英国によって転覆されたイラクやリビアの実例を見たばかりの北朝鮮にとっては、素直に受け入れがたいものであった。

２か月半後に行われた有名なプラハ演説においても次のような論理が語られた（参考文献３）。

> 本日、私ははっきりと、信念を持って、アメリカは核兵器のない世界の平和と安全を追求することを誓約したい。私はナイーブな人間ではない。この目標は直ちに達成できるものではない、おそらく私の生きている間には。忍耐と粘り強さが必要である。しかし我々は今、世界は変わらないと我々にささやく声に惑わされてはならない。我々は主張し続けなければならない、「そう、我々にはできる」と。

ここで忍耐と粘り強さが必要なのは、実は米国自身も矛盾を抱えているからであり、自国民を説得するためにも忍耐と粘り強さが必要であったはずである。ところが、演説のこの文節のすぐ後には次の文章が続いた。

「誤解のないよう言っておきたいが、核兵器が存在する限り、米国はいかなる敵をも抑止できる安全、安心で効果的な核兵器保有を継続する。」

それどころか、演説のさらにその後には、北朝鮮とイランがルールを破る国として名指しされる。

「長距離ミサイルに使用可能なロケット実験によって北朝鮮が再びルールを

破ったのである。」「北朝鮮は、威嚇や違法な兵器では安全や尊敬を得ることはできないこと知るべきだ。」「はっきりさせよう。イランの核ならびに弾道ミサイル活動の脅威は実在している。それは米国に対する脅威のみならず、イランの近隣国及び我々の同盟国に対する脅威である。」「イランの脅威が続く限り、我々は費用対効果にすぐれかつ有効性が実証されたミサイル防衛システムに向かって進むつもりである。」

本書で見てきたように、米朝「枠組み合意」を破ったのは米国自身である。６か国協議における合意事項の履行に関しても、控え目に言っても双方に反省点があるはずである。

オバマの名誉のために言うならば、自省する姿勢や謙虚であれとする美徳は、オバマの発言の各所に見受けられる。しかし、米朝関係においてはそれを読み取ることは困難である。

❖北朝鮮の宇宙開発、安保理決議の過ち

第２の不幸は、北朝鮮の国家建設における国策的な技術の発展の節目にオバマ政権が出くわしたことである。それはとりわけ宇宙開発技術において見られる。

北朝鮮は 1998 年のいわゆるテポドン発射のときから、人工衛星打ち上げに力を注いできた。第３章３（113 ページ）で述べた 2006 年７月の「テポドン２」発射に見られるように、北朝鮮が人工衛星の発射体（衛星発射体 SLV）を長距離弾道ミサイルにも使うことを意図していたことは否定できない。しかし、一方において、2006 年７月の例外を別として、テポドン系の発射は一貫して人工衛星打ち上げのためであったと考えるのが技術的に無理のない評価であろう。詳しい議論は第６章（207 ページ）に譲るが、米国の多くの専門家もこのことを認めている。

オバマ政権発足の冒頭において、北朝鮮は他の先進国と同じように人工衛星発射を予告して行う新しい段階に踏み出した。1998 年８月の第１回目の打ち上げから 10 年余りの年月を経て迎えた転機であった。2009 年２月 24 日、朝鮮宇宙技術委員会は、宇宙開発長期計画の第１段階として実験通信衛星・光明星（クァンミョンソン）２号を発射ロケット（SLV）銀河（ウナ）２号によって打ち上げる予定であると発表した。発射予定地は舞水端里にある東海（トンヘ）衛星発射基地であった。３月５日には、1967 年発効の「月その他の天体を含む宇宙空間の探査及び利用における国家活動を律

する原則に関する条約」（宇宙条約）への加盟書を寄託国の１つであるロシアに寄託して宇宙条約加盟国となった。次いで３月 10 日には 1976 年発効の「宇宙空間に打ち上げられた物体の登録に関する条約」（宇宙物体登録条約）に加盟した。翌３月 11 日には、国際海事機関（IMO）及び国際民間航空機関（ICAO）に対して４月４日～８日のいずれかの日に人工衛星を発射することを通知するとともに、予想される危険海域と空域を指定した。

このように人工衛星発射に必要な国際ルール順守を周到に準備したうえ、４月４日には「まもなく打ち上げ」という直前通告を行い、４月５日に打ち上げを実行した。北朝鮮は打ち上げが成功し、軌道に乗った衛星から音楽など信号が送られていると報じた。しかし、10cm 以上の物体を識別する能力がある北米航空宇宙防衛司令部（NORAD）やロシアの宇宙物体観測システムを含めて外部機関によっては軌道上に物体を確認できず、電波信号も北朝鮮以外のどの国においても受信されなかった。衛星投入は失敗であったというのが国際的な一致した評価であった。

しかし、４月５日の朝鮮中央通信の発表で注目すべき記述がある。それは、この打ち上げが３年後の 2012 年４月の金日成生誕 100 年に向かって国を挙げて「強盛大国の大門を開く」活動の一環として記述されていることである。実際、2012 年４月には光明星３号が打ち上げられた。ここには人工衛星打ち上げによって示される宇宙技術の成果を国家的な祝賀行事として国民に顕示する一貫した計画を読み取ることができる。このことは、打ち上げが単なるミサイル発射実験ではなく人工衛星打ち上げという国威発揚の祝賀行事であることを裏付けている。

周到に準備した 2009 年の通信衛星発射実験も国連安保理には非難の対象にしかならなかった。制裁決議には至らなかったが、４月 13 日、安保理は議長声明（S/PRST/2009/7）を発した。声明は、北朝鮮が何を発射したのかを特定しない表現で「2009 年４月５日行われた発射を非難する」と述べ、「これは、安全保障理事会決議 1718（2006）に違反する」という奇妙なものとなった。決議 1718 は北朝鮮の第１回核実験に対する非難決議であるが、そこには主文第２項に「北朝鮮がこれ以上のいかなる核実験あるいは弾道ミサイルの発射も行わないよう要求する」という内容が含まれている。したがって、北朝鮮が発射したものが「弾道ミサイル」と断定されるのであれば、非難の議長声明は決議 1718 にしたがって出さざるを得ないものであろう。しかし、議長声明はその判断ができないまま、非難を強行した。当時日本は非常任理事国として安保理のメンバーであり、議長声明ではなくより強力な安保理決議を出すことを要求する急先鋒に立った。米国も中国も日本をなだめつつ、この矛盾の多い声明を出すことに落ち着いた経緯がある。

遡るが**決議 1718（2006）そのものの問題点**も指摘しておく必要がある。北朝鮮の核実験は国際社会が非難すべき暴挙であることはもちろんである。核兵器廃絶は国際的な合意のある人類の共通目標であり、その目標に向かって締結されたCTBT は、発効していないとはいえ国際的な合意のある条約であり、21 世紀において核実験を強行したのは北朝鮮だけである。北朝鮮の核実験を非難し禁止する安保理決議は正統性があると言える。

しかし、このとき決議主文２は核実験と同列に「弾道ミサイル実験」も禁止する決議を行った。国連憲章第Ⅶ章に基づく安保理決議は、やがては経済制裁さらに武力行使による強制にまで至る経過を形成しうるものであり、歪んだ決議はその後の国際政治を歪める。この決議を通したときの議長国は日本であった。米国もロシアも公然と核兵器運搬手段の弾道ミサイル実験を毎年のように行っているなかで、北朝鮮の弾道ミサイル実験のみを禁止するのは公正さを欠いている。筆者はすべての国のミサイル実験に反対であるが、このように強国が公正を欠いた法（安保理決議は強制力のある国際法を形成する）によって国際社会を牛耳るやり方は許されるべきではない。

当然ながら議長声明に北朝鮮は猛烈に反発した。決議の翌日に外務省声明（**4・14 外務省声明**）を発して次のように述べた（**参考文献４**）。

> その歴史を振り返れば、安全保障理事会が衛星発射を問題にしたことはない。
>
> 他の国々よりも多くの衛星を打ち上げてきた常任理事国を持つ安全保障理事会が、我が国が国際法に則った手続きを経て、正当に行った衛星打ち上げを論難した。これは、朝鮮人民に対する耐え難い侮辱であり、この上なく忌まわしい犯罪である。
>
> 敵対勢力は、我が国の衛星発射が結果的に長距離ミサイル能力の改善につながると主張しているが、これは問題の本質ではない。
>
> 衛星であれ長距離ミサイルであれ、それらを誰が発射したかによって安全

保障理事会の行動の指針となる規準が変わることこそが重大な問題である。

オバマ政権の北朝鮮政策は、このような厳しい諸問題に取り囲まれるなかで模索されることになる。

❖チュチェ原子力政策と２回目の核実験

北朝鮮は人工衛星発射に対して北朝鮮を孤立させようとした国際社会に対して、もはや６か国協議に参加しないことを宣言する機会として、この４･14 外務省声明を利用した。

６か国協議の９･19 共同声明は「６か国は、相互尊重及び平等の精神の下」において協議すると述べていることを引用し、６か国協議の当事者たちが北朝鮮の主権を尊重しない中では、「６か国協議には決して参加しない」「同協議のいかなる合意にも拘束されない」と、北朝鮮は主張した。北朝鮮籍船舶の入港全面禁止などの経済制裁をさらに１年延長するなど、日本が北朝鮮の人工衛星発射に対して独自制裁を行ったことも、同じ議論の中で６か国協議否定の論拠とされた。

４月 14 日の北朝鮮外務省声明は、「我が国は、主体(チュチェ)思想に基づく原子力産業構築を完成するため、発電用軽水炉の建設を積極的に検討するであろう」と述べて、**チュチェ原子力産業**の中において軽水炉を建設する意図を初めて明確に表明した（参考文献４）。この意図は単なる言葉に留まらず直ちに実行に移されたことを、私たちは１年半後に知ることになる。2010 年 11 月に寧辺を訪問したジークフリート・ヘッカー博士らが、まさに 2009 年４月 15 日に、ウラン濃縮施設と小型軽水炉の建設が始まったと聞かされたのである（参考文献５、６）。ヘッカー博士らの目撃した内容は第６章１（184 ページ）に詳述する。

ここで、今回の原子力発電計画の発表に至るまでの北朝鮮の原子力発電開発の経過を要約しておく。

第１章に述べたように（39 ～ 43 ページ）、北朝鮮は産業発展のための電力源として原子力発電所の建設を目指し、60 年代から 70 年代にかけて、ソ連や東ヨーロッパからの支援を得るために奔走した。しかし、政治路線の違いから冷たく扱われ、ソ連との協力協定がやっと結ばれたのは 1985 年 12 月であった。ソ連はやがて崩壊しソ連の援助による原子力発電は結局実現しなかった。その傍らで北朝鮮は、1979 年に５MWe 出力の黒鉛減速実験炉を自力で建設を開始し 1986 年に運転を開始した。その後、50MWe 及び 200MWe の黒鉛減速型発電炉に着工したがいずれも未完成のまま核計画放棄の交渉に入った。米朝「枠組み合意」によって黒鉛炉を放棄する見返りとして発電用軽水炉２基を KEDO から提供を受ける約束であった。しかし、琴湖に建設中であった軽水炉は提供されないまま「枠組み合意」は破綻した。2003 年に北朝鮮は NPT を脱退し原子炉建設の再開を宣言した。ところが、それも束の間であり、６か国協議によって黒鉛炉を凍結、解体する約束をして、「適切な時期」に軽水炉の提供を受けるというすっきりしない状況に戻った。

その６か国協議も 2008 年末に行き詰まった。北朝鮮における発電炉建設事業は、寧辺の黒鉛試験炉から約 30 年間、公の活動は足踏みしていることになる。

その間、公然化できない制約の中で技術的な準備や部品の開発を進めていたであろう。核兵器問題とは別のエネルギー問題として、北朝鮮が公然と原子力発電炉建設に乗り出すのは自然の流れであるし、早晩に表面化する問題であったと言える。国際社会から見て、北朝鮮がそれを追求する国家政策をとる以上、それを頭から否定することはできず、安全性と核不拡散の観点から国際的に関与してゆく他ないのが世界の現実である。実際、米朝「枠組み合意」も６か国協議も、そのような考え方に立った国際的関与の政策であった。

しかし、国連安保理が人工衛星発射を否定するという誤った論理に立ってしまったことによって、北朝鮮への関与政策は、それ以前よりも選択の幅の狭いものになっていった。北朝鮮は４･14 外相声明において、原子力発電炉の独自開発を公然と宣言したのみならず、北朝鮮を孤立させる国際的包囲網に対抗して「自衛の核抑止力」の強化を宣言した。

> 我が国はあらゆる方法で、自衛のための核抑止力を強化するであろう。
>
> 平和目的の衛星すら迎撃するという意志を示した敵対勢力の軍事的威嚇の増大は、我が国に核抑止力の強化を強いるものである。

この声明の約 40 日後の５月 25 日、北朝鮮は２回目の地下核実験を行った。

国連安保理は６月 12 日、**安保理決議 1874（2009）**を採択して北朝鮮への制裁を強化した（〈**表４**〉参照、147 〜 149 ページ）。この決議は、前述した安保理決議 1718（2006）の制裁をすべての兵器へと拡大するものであった。また、４月の銀河２号の発射に対して制裁決議をあげることができなかった日本は巻き返しを図り、安保理決議1874においては、北朝鮮に対して核実験のみならず「**弾道ミサイル技術を用いたすべての発射**」を禁止するという主文を勝ち取った。これによって、北朝鮮の人工衛星発射も違法化された。しかし、この無理が、やがていかに些細な短距離ミサイルであっても、北朝鮮が発射したものは安保理で制裁を論じなければならないという硬直した安保理の運営を引きずることになる。

❖南北の軍事衝突と米中の外交努力

北朝鮮政策特別代表のボズワースらの訪朝を受けて、北朝鮮は2010年1月18日、外務省報道官声明を出し前向きなメッセージを発した（参考文献７）。米朝枠組み合意や６か国協議の合意を否定するのではなく、これらの合意による非核化目標を肯定した上で、北朝鮮は相互信頼の欠如によって目標が未達成で頓挫した、と述べた。そして、信頼醸成のために、まず朝鮮戦争の停戦協定を平和協定に転換する話し合いから始めることを提案した。話し合いの枠組みは、６か国協議の枠組みであってもよいとの意向も示した。前述した４･14外務大臣声明から１年が経たない時点において、対外政策の変更を示唆したことになる。

しかし、2010年は南北関係の悪化によって、朝鮮半島情勢は緊張を増し不安定な状況に置かれた。３月に、韓国の哨戒艦天安（チョナン）が黄海（西海（ソヘ））において機雷あるいは魚雷によって撃沈する「**天安」沈没事件**が発生し、11月には、黄海にある韓国の大延坪島（テヨンピョンド）が北朝鮮の砲撃を受け住民を含む死傷者が出る**大延坪島砲撃事件**が発生した。2008年の韓国国会の公聴会で、韓国軍統幕議長候補として「北の核基地を精密ミサイルで先制攻撃する」と述べた前歴のある韓国の金泰栄（テヨン）国防相が、2010年１月に「北の核の脅威に対抗するために必要であれば先制攻撃をかける」と述べたことが一連の事件の重要な契機であった。南北の軍人の間にある積年の敵対的感情が導火線となる危険は常に存在している。2010年はそれが現実となった悲しむべき年となった。

2010年３月26日夜、黄海において韓国の哨戒艦「天安」が爆発物によって破壊され沈没した。場所は国連軍・韓国が南北境界線と位置づけている北方限界線付近の白翎島（ペンニョンド）に近い南西部海域であるが、北朝鮮が主張する軍事境界線から考えると北朝鮮側の海域であったと思われる（**〈図３〉**参照）。乗組員104名のうち46名が死亡・行方不明となった。原因究明のために韓国政府は国際的な軍民

〈図３〉黄海（西海）における南北の境界

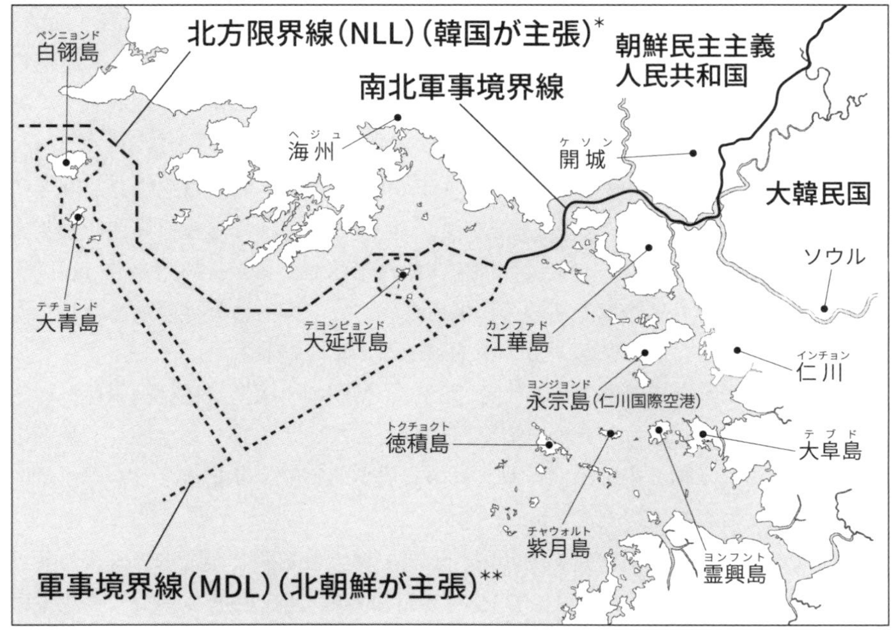

出典：Jon M. Van Dykea, Mark J. Valenciab, and Jenny Miller Garmendia, "The North/South Korea Boundary Dispute in the Yellow (West) Sea," Marine Policy Vol. 27, 2003, pp143–158
作図はウィキメディア・コモンズを参考にした。
https://commons.wikimedia.org/wiki/File:Map_of_Korean_maritime_border.svg#filehistory
＊　1953年に朝鮮国連軍が一方的に設定
＊＊ 1999年に北朝鮮が主張

調査団を組織し、調査団は５月に北朝鮮の魚雷攻撃による沈没であると断定した。北朝鮮はそれを謀略であると否定したが、その後、国際調査団の結論への専門家によるさまざまな反論が出された。国連安保理は７月９日に議長声明（S/PRST/2010/13）を出し、北朝鮮の攻撃とする調査団の結論を述べて憂慮を表明したものの、北朝鮮が無関係であるという主張にも触れ、北朝鮮を名指しして非難はしなかった。結果として、事件の真相を巡って南北の緊張状態は続いたが、それ以上の軍事的なエスカレーションには至らなかった。

そんな中で、11 月 23 日、黄海にある韓国の大延坪島を北朝鮮が砲撃するという由々しい事態が発生した。大延坪島は韓国海兵隊員 500 人が駐屯する前線基地であったが、民間人千数百人が住む島でもあった。その日の早朝から韓国軍は大延坪島周辺海域で演習を行っていたが、北朝鮮は島周辺の自国領海（〈図３〉参照）への砲撃演習中止を求める通知文を FAX で送った。韓国軍がそれを無視して砲撃演習を開始したところ北朝鮮は砲撃基地であった大延坪島に対して実弾砲撃を行った。1953 年の朝鮮戦争停戦協定以来初めてとなる陸地攻撃であった。射程 10 ～ 30km の海岸砲や多連装ロケット弾が使われ、最初の砲撃で 150 発中 60 発が陸地に着弾した。韓国軍も応戦し、相互に二波にわたる砲撃戦を繰り広げ、双方に死傷者が出た。北朝鮮の被害実態は不明であるが、韓国側では民間人２人を含む４人の死者のほか多数の負傷者を出した。双方は厳戒態勢を維持しながらも、それ以上に事態をエスカレートさせないよう抑制した。

相次ぐこのような軍事衝突の事件をうけて、韓国の李明博政権は両事件への謝罪が北朝鮮からない限り、６か国協議再開はできないと主張した。厳しい状況の中であったが、米国と中国は、それぞれの立場で北朝鮮の非核化と６か国協議の再開をめざす努力を続けた。

米国はボズワース特別代表を中心に、米国主導で日米韓３か国への説得と意見調整を行った。３か国は、2010 年 12 月６日の外相会談（ワシントン）で協議再開のための５項目の条件に合意した。５項目は次のような内容であった。

①ウラン濃縮活動の即時停止

② IAEA の監視要員の受け入れ

③ 2005 年９・19 共同声明遵守の再確認

④弾道ミサイル発射の一時停止

⑤朝鮮半島休戦協定の遵守

一方、中国は韓国、北朝鮮との間で調整し、2011 年４月 26 日、ソウルを訪問した武大偉・朝鮮半島問題特別代表は、魏聖洛（ウィソンナク）朝鮮半島平和交渉本部長と協議した後、次のような３段階を経て６か国協議を再開することで南北の合意をとりつけたことを明らかにした。

第１段階　南北の６か国協議首席代表者の会談

第２段階　米朝協議による意見調整

第３段階　６か国協議の再開

第１段階の南北の首席代表者会議は、2011 年７月 22 日、ASEAN 地域フォーラム（ARF）の機会を利用してバリ島ヌサドゥアにおいて行われた。南北首席代表が面会するのは、最後の６か国首席代表者会議以来２年７か月ぶりであった。韓国は魏聖洛、北朝鮮は李容浩・外務次官が代表であった。会議において両者は６か国協議再開に向けて努力することで合意した。これを受けて第２段階の米朝協議が開始された。

❖米朝の 2012 年「うるう日合意」

ボズワースの訪朝以来、１年７か月振りとなる核問題に関する米朝高官協議の第１回は 2011 年７月 28 日～ 29 日、ニューヨークにおいてボズワース北朝鮮政策特別代表と金桂寛・第１外務次官を代表として行われた。米国は日米韓３か国で合意した５項目条件をもって交渉に臨んだ。第２回は同年 10 月 24 ～ 25 日（ジュネーブ）に開催された。米側はボズワースの他に、後任に決まったグリン・ディビース氏らが同席した。この段階で、北朝鮮は食糧支援と交換にウラン濃縮の一時停止に応じる姿勢を示すとともに、寧辺に限定した IAEA 監視要員の受け入れに同意した。事務レベルでさらに協議は進展し、北朝鮮は 11 月 30 日に外務省報道官談話を発表し「同時行動の原則に立って９・19 共同声明を段階的に履行する用意がある」と述べた。

この段階で、北朝鮮に重大事件が発生した。

2011 年 12 月 17 日、金正日総書記が心筋梗塞で突然に死亡したのである。後継者となるべき人物は、三男の金正恩であることは、すでに国際的に知られていたが、その人物像に関しては、正確な年令さえ知られていなかった。実際のところ、死亡した金正日自身も、2009 年４月の最高人民会議において憲法が改正され、国防委員会委員長が「国家の最高領導者」であると規定されることによって、はじめて国家のトップの地位が明確になったばかりであった。そして、急ごしらえの後継者の準備が始まった。2010 年９月の朝鮮労働党代表者会において、金正恩は役職の無い党中央委員に任命され、２人いる党中央軍事委員会副委員長の１人に選出された。しかし、金正日が急逝したとき、金正恩には最高権力者の地位を継承する肩書は何一つなかった。その後、金正恩は 12 月 30 日に朝鮮人民軍最高司令官、2012 年４月 11 日に朝鮮労働党第１書記、４月 13 日に国防委員会第１委員長と矢継ぎ早にトップの地位に就任した。

北朝鮮の新しい権力体制がこのように急速に動くなかで、６か国協議再開の準備となる第３回の米朝高官協議は、2012年２月23日〜24日、グリン・ディビース米北朝鮮政策特別代表及び金桂寛第１外務次官を団長として北京の米朝両国大使館で開催された。その結果、４年ごとの「うるう日」である２月29日、米朝両国は３回の会議の合意事項を発表した。これが2012年「うるう日合意」と呼ばれるものである。

しかし、米朝が合意した共同文書は存在せず、両国が別々に合意内容を発表したに過ぎない（参考文献８、９）。巻末の 資料９ 、資料10 に米朝それぞれの発表全文を掲載した。合意されたのは概ね以下の内容である。

① 2005年９月19日の６か国共同声明における誓約を再確認する。

② 1953年の休戦協定が朝鮮半島の平和と安定の礎石であるとの認識を共有する。

③北朝鮮は、長距離ミサイル発射、核実験及びウラン濃縮を含む寧辺（ヨンビョン）での核活動を一時中止する。

④北朝鮮は、核活動中止を監視・検証するIAEA要員を受け入れる。

⑤米国は24万トンの栄養補助食品を支援する。

①〜④は、前述した2010年12月６日の日米韓３国が合意した「６か国協議再開の５条件」と重なる。しかし、米朝の発表には少なからぬ食い違いがある。

北朝鮮が③、④について「生産的な対話が継続している間」という条件をつけているのに対して、米国の発表はその条件を付していない。また北朝鮮が「６か国協議が再開されれば、制裁解除、及び軽水炉の提供に関する問題の議論が優先される」としているが、米国は６か国協議そのものに言及していない。また②について、北朝鮮は「平和条約の締結までの間」と条件を付け、休戦協定の平和条約への転換が必要であるとの見解を前提とした。一方、米国は、IAEA要員の監視任務に「５メガワット原子炉及び関連施設の無能力化」を含めたが、北朝鮮発表には含まれていない。

ともかく、この合意によって「６か国協議再開」に必要な一つの段階はクリアされた。しかし「うるう日合意」は短命であった。2012年３月16日、朝鮮中央通信は、故金日成主席の生誕100周年にあわせ、４月12日から16日の間に、地球観測衛星・光明星（クァンミョンソン）３号を打ち上げると報じた。日米韓はこれを国連安保理決議（1718、1874）違反であると主張し、米国はさらに出来たばかりの「うるう日合意」に反すると非難した。３月 28 日には、米国務省は食料支援の中止を発表した。

「うるう日合意」は、長距離ミサイル実験の中止に合意しているが、人工衛星発射を禁止する合意は含まれていない。本章で詳述したように（132 ページ）、北朝鮮が金日成生誕 100 周年に合わせて人工衛星を発射する国家的プロジェクトに取り組んでいることは、2009 年から予想することができた。2011 ～ 12 年の米朝高官協議において、米国はこの問題をなぜ解決できなかったのか不可解である。衛星打ち上げを国際的な監視の下で行う取り決めを追求し、それを通して、北朝鮮のロケット事業の透明性を高める外交を進めていたならば、その後の米朝外交ははるかに好転していたであろう。

結果的に、北朝鮮は 2012 年４月 13 日に光明星３号を打ち上げたが、直後に爆発して失敗した。そして 12 月 12 日に修正した光明星３号２型を打ち上げ、成功した。打ち上げには、国際海事機関（IMO）や国際民間航空機関（ICAO）への事前通告が行われた。いずれの打ち上げに対しても国連安保理は議長声明を発して打ち上げを非難したが、北朝鮮はルールに則った衛星打ち上げに対する非難は国連憲章違反であるとして反発した。

４月 16 日の安保理議長声明（S/PRST/2012/13）を受けて、北朝鮮は４月 17 日に「うるう日合意」の破棄を発表した。

❖金正恩の「並進路線」とオバマの「戦略的忍耐」

2012 年から 2016 年にかけての第２期オバマ政権の期間は、金正恩政権が小型水素爆弾と中長距離弾道ミサイルの技術確立に一直線に邁進する期間となった。うるう日合意が破綻したのちのオバマ政権は、北朝鮮との交渉に極めて慎重になり、いわゆる「戦略的忍耐」と呼ばれる外交姿勢に転じた。オバマ政権自身が「戦略的忍耐」と言ったわけではない。

北朝鮮は 2013 年２月 12 日に３回目の地下核実験を行い、３月 31 日の朝鮮労働党中央委員会で「経済建設と核戦力建設を同時に実行する」新戦略路線（「並進路線」と呼ばれる。次節で詳しく論じる。144 ページ）を打ち出し、翌４月１日には最高人民会議を開催して「自衛のための**核兵器国地位確立法**」を制定した。さらに翌４月２日には原子力総省（当時）が、６か国協議によって無能力化の過程にあった寧辺の核施設を並進路線に従って再稼働に着手すると発表した。

核兵器地位確立法においては、北朝鮮の核兵器は「米国の敵視政策と核の脅威に対抗するために止むを得ず保有せざるをえない防衛手段」と定義した。米国のみに対する兵器という位置づけは極めて特徴的である。そのうえで、現行の中国の政策よりも弱く、米国などの政策に近い「(北朝鮮への攻撃に加担しない限り)非核兵器国に対して核兵器による攻撃や威嚇をしない」という非保有国への「消極的安全保証」政策なども、法律に書き込んだ。朝鮮中央通信に掲載されたこの法律の訳文を巻末の **資料 11** に収録する。

2013 年 4 月 2 日に寧辺核施設の再稼働が宣言されて以来、8 月には衛星写真に 5 MWe 黒鉛炉の蒸気タービンから白煙が観察されるなど原子炉の運転が確認されていたが、2015 年 9 月には北朝鮮の原子力研究所長がウラン濃縮工場、黒鉛炉など寧辺のすべての核施設が正常運転を始めたと表明した。

その後、本書が脱稿する 2021 年春まで黒鉛炉の運転は断続的に継続している。停止中に燃料棒を取り出して、核兵器に使用されるプルトニウムの抽出が続いているとの推測がある。一方で、炉の運転目的に水素爆弾に使用するトリチウムの生産も含まれているとの推測もあり、そうなると北朝鮮の核兵器用プルトニウムの保有量を炉の運転時間から推定するときの誤差幅がますます大きくなるであろう。

金正恩が新しい「並進路線」を打ち出して以来、核兵器の運搬手段の開発についても顕著な変化を見せた。春のキー・リゾルブ、フォール・イーグル、夏のウルチ（乙支）・フリードム・ガーディアンなど、例年の大型米韓合同演習が続いており、それにともなってノドンやスカッドの短距離、準中距離ミサイルの発射が報じられたが、それらとは異質の動きである。それは明らかに核兵器運搬手段の開発と理解された。2015 年 4 月以来潜水発射実験が繰り返されるようになった潜水艦発射弾道ミサイル・プッククソン（北極星）や、2016 年に集中的に移動式垂直発射台からの発射実験が行われた中距離弾道ミサイル・ムスダンの開発である。これらは 2017 年にピークを見せる活動となるが、技術的な詳細は第 6 章に委ねたい。

並進路線のなかで強い意志をもって核兵器開発を続けながら、北朝鮮はオバマ政権に対して緊張緩和と関係改善の交渉を模索し続けていた側面も記録しておかなければならない。

2015 年１月９日、北朝鮮は「今年の韓国及びその近辺における共同軍事演習を一時停止すれば、米国が懸念している核実験を一時停止してそれに応える用意がある」と述べるとともに「この問題で対話が必要であれば、いつでも話し合う用意がある」と米国に呼びかけた。しかし、米国は「不釣合いな要求である」としてこれに応じなかった。

オバマ大統領は 10 日余り後、ユーチューブ・インタビューで「北朝鮮は残忍な独裁国家であり、米国にそれを変える手立てはほとんどないが、海外からの情報の浸透でこのような体制はやがて崩壊する」と述べた。これが政権の本音であったであろう。北朝鮮は翌日この発言に強く反発した。

2016 年７月６日、北朝鮮は「まず、北朝鮮の非核化を」というオバマ政権や韓国の朴槿恵（パククネ）政権の立場に反論しながら、北朝鮮が求めているのは「朝鮮半島の非核化」であるとして以下の**５項目の「朝鮮半島非核化の条件」**を掲げた。そして、その履行について米国と韓国に対話を呼びかけた。以下の５項目は「朝鮮中央通信」（英語版／ 2016 年７月６日）**（参考文献 10）**から抜粋した正確な訳文である。

①まず、米国が韓国に持ち込んだ後、認めも否定もしてこなかった、すべての核兵器を公表しなければならない。

②すべての核兵器と核兵器基地が解体され世界公衆の眼で検証されなければならない。

③米国は、これまでしばしば朝鮮半島と近隣に配備してきた核攻撃手段を、今後ふたたび韓国に持ち込まないと保証しなければならない。

④米国は、いかなる場合も、核兵器や核戦争行為によって北朝鮮を脅迫しないこと、また北朝鮮に対して核兵器を使用しないことを誓約しなければならない。

⑤核兵器使用権限のある米軍部隊の韓国からの撤退が宣言されなければならない。

朝鮮半島の非核化の意味をこのように明確にしたうえで、北朝鮮は「このような安全の保証が実現すれば、北朝鮮はそれに対応した措置をとり、朝鮮半島の非核化の実現は決定的に前進するであろう」と述べた。

❖並進の新しい姿と核戦力確保の論理

2013年から2017年にかけた北朝鮮の核兵器・弾道ミサイル開発の動向を理解するためには、2013年3月に打ち出された北朝鮮の新しい「並進路線」の意味を正しく把握する必要がある。また、2016年、北朝鮮は「並進路線」のニュアンスについて変化させていることにも注意が必要だ。

誤解されがちだが、「並進路線」そのものは北朝鮮にとって初めての概念ではない。この路線を最初に提起した2013年3月31日の朝鮮労働党中央委員会総会において、金正恩は次のように述べている（参考文献11）。

> 総会は、現下の情勢において、また発展する革命の正統な要求に応えるために、経済建設と核戦力建設を同時に遂行することに関する新しい戦略路線を提起した。この路線は、偉大な大元帥さま達によって打ち出され具現されてきた経済と国防を同時に発展させる元々の路線の、新しい高い段階への輝かしい継承と発展である。

ここに述べられているように、金正恩はもともとあった「経済と国防の並進路線」を継承するものとして、「経済と核開発の並進路線」を新しく打ち出した。したがって、この路線は金正日の先軍政治からの転換を意味するものではなく、その継承を強調した「新」路線であった。2014年、2015年の金正恩の年頭の辞においても、この姿勢はほぼ継続された。2015年「年頭の辞」は「敵が我が社会主義システムの息の根を止める動きを続ける限り、我々は先軍政治と2つの前線を同時に促進する路線を一貫して固守するであろう」と述べている。

そんな中で、2016年5月6日の**第7回朝鮮労働党大会**が「並進路線」における経済の重みを強くする変化のきっかけとなった。

この大会は1980年以来36年ぶりに開催された労働党大会であった。そして、大会において2016年～2020年を「**国家経済発展5か年戦略**」の期間と設定したのである。金正恩は長文の統括報告を読み上げたが、その中で「我が国は政治軍事強国の地位に堂々と登場しましたが、経済部門はまだ相応する高さに至っていません」と経済建設の遅れを自認した（参考文献12）。そして「並進路線」を「核戦力を中心とする国の防衛力を鉄壁に固めながら、経済建設にさらに拍車をかけて繁栄する社会主義強国を一日も早く建設するためのもっとも正当で革命的な路線です」と主張した。経済建設を早めるために核戦力を鉄壁に固めるという考え方の真意は、統括報告の中からだけでは汲み取ることはできない。しかし、それ以後の経過からこの主張の真意には、経済開発注力への前提条件として核・ミサイル開発の完成を目指すという論理があったと考えることができる。

現実問題として、核戦力の強化は試行錯誤を伴う核・ミサイルの開発速度によって左右される。その後の経過をみると、一定水準までの核戦力の達成によって戦争抑止力を獲得し、その後経済建設に集中的に注力するというのが、この段階における「並進路線」の考え方であったと理解するのが妥当であろう。2017 年の年頭の辞において、金正恩は「大陸間弾道弾（ICBM）発射テストの準備が最終段階に入った」と述べ、2018 年の年頭の辞においは「国家核戦力の完成という歴史的な大義を達成」したと宣言し、2018 年４月 20 日の朝鮮労働党第７期中央委員会第３回総会における注目の演説においては、並進路線の勝利を宣言し、「党務と国務の全体を社会主義経済建設に振り向け、すべての努力をそれに注ぐ」と述べるまでに至った。その後の経過は第５章で論じることになるが（152 ページ）、現在につながる大きな変化を生むことになる。

❖トランプの「炎と怒り」「完全に破壊」発言

この北朝鮮の核・ミサイルの中間的到達点（おどり場）に至る最終段階ともいうべき 2017 年は、国際的に極めて高い軍事的緊張を生み出した。この時期は、米国のオバマ政権からトランプ政権への移行期に当たったが、とりわけトランプ政権の初期においては、米朝間に激しい言葉の応酬があり、言葉の戦争が武力戦争へとエスカレートする瀬戸際の危機が生まれた。

トランプ政権は 2017 年４月に北朝鮮政策の検討結果を発表したが、それは「最大限の圧力」と「関与」の方針と説明されたが、議会での説明においては経済制裁の強化による圧力を強調した。ティラーソン国務長官は安保理議長として、2017 年４月 28 日、冒頭発言において「違法な核兵器計画が生み出している脅威を減らせる具体的行動」を北朝鮮に要求した。

後述するように、この時期、北朝鮮はミサイル発射実験を頻繁に行った。そして８月には、トランプ大統領の「炎と怒り」発言と北朝鮮戦略軍司令官の「グアム包囲攻撃」発言という威嚇の応酬が起こった（第６章 205 ページ）。９月 19 日には、国連総会においてトランプ大統領は金正恩委員長を「ロケットマン」（のちには「チビのロケットマン」ともツィート）と呼び、「米国あるいは同盟国の防衛でやむを得ない場合は、北朝鮮を完全に破壊せざるを得ない」と発言した（参考文献 13）。後者の発言は主権国家の破壊による紛争の武力解決の意図を述べたものであり、国連憲章に反する言論として国連総会の場で述べられてはならないものであった（参考文献 14）。これに対して、金正恩委員長は直ちに党中央委員会庁舎から自ら反論し、トランプ大統領を「政治の素人」「火遊びが好きなごろつき」と呼び、「トランプが歴史上もっとも凶暴な宣戦布告を行った以上、我々は歴史上もっとも強硬な対抗措置を検討する」と演説した（参考文献 15）。国連総会に出席中の李容浩・外務大臣は、対抗措置の中味について「歴史上最大級の地上水爆実験を太平洋で行う可能性」を述べた。

このような状況下で、米国は戦略爆撃機Ｂ１Ｂを 21 世紀になってもっとも北朝鮮に接近して飛行させ（米国防総省ホワイト首席報道官、参考文献 16）、北朝鮮は米国が宣戦布告した以上、北朝鮮は爆撃機を領域外でも撃ち落とす権利があると発言するなど、米朝関係は先鋭化の一路をたどった。

2016 年から 2017 年にかけて北朝鮮は４回目（2016 年１月６日）、５回目（同９月９日）、６回目（2017 年９月３日）と、３回の地下核実験を矢継ぎ早に行った（〈表６〉187 ページ）。６回目の実験の爆発威力は 200 キロトン以上と推定され、核分裂による第１次爆発を引き金として核融合による第２次爆発を起こす２段式の水素爆弾の実験が行われたと信じられている（第６章 188 ページ）。

弾道ミサイルの発射実験に関しても、極めて多種なミサイルについての実験が、多様な様態で行われた。

第６章で詳述するように 2015 年に始まった潜水艦発射弾道ミサイル実験は、最初は潜水バージからの射出実験が行われていたが、2016 年には固体燃料化と潜水艦からの射出・点火・飛行の実験に成功した。また、2017 年には中距離弾道弾ファソン 12 の発射実験が日本の上空（宇宙）を通過した２回を含めて３回行われるとともに、グアムを包囲する発射をするとの威嚇も行われた。さらに２種類の大陸間弾道弾、ファソン 14 とファソン 15 の発射実験がロフテッド軌道と呼ばれる高角度での発射により行われた。2017 年 11 月 29 日に行われたファソン 15 の実験が、2021 年春の時点における最後の中長距離ミサイルの発射実験となっている。ファソン 15 の射程は 13000km と推定され、米本土のほぼ全域を射程内に収める。

核実験と弾道ミサイル実験が繰り返されるなかで、北朝鮮に対する安保理制裁決議は 2016 年、2017 年の２年だけで６回を数えた。2019 年秋に決議された、2021 年春までの時点で最後となる決議 2397（2017）は、国連による史上最強の制裁と言われる。第３章に説明した決議 1718（2006）（115 ページ）から 10 回を数える制裁決議を表にまとめておく（**〈表４〉**）。

核兵器と弾道ミサイルの技術的な詳細は第６章に委ねる。

〈表４〉国連安保理による DPRK への制裁決議

① 2006 年 10 月 14 日　決議 1718（2006） 10 月９日の初の核実験を非難。 要求：さらなる核実験、弾道ミサイル発射を禁止。NPT 脱退声明の撤回と条約への復帰。核兵器と核兵器計画の完全で検証可能で不可逆的な廃棄。弾道ミサイル計画の中止。 制裁：第Ⅶ章 41 条に基づき大型の軍事装備や部品の供給、売却、移転の禁止。
② 2009 年６月 13 日　決議 1874（2009） ５月 25 日の２回目の核実験をもっとも強い言葉で非難。 要求：さらなる核実験、「弾道ミサイル技術を用いたいかなる発射」（初めてこの表現）も禁止。核兵器と核兵器計画の完全で検証可能で不可逆的な廃棄。 制裁：第Ⅶ章 41 条に基づき、資産凍結、金融禁止などの追加措置。
③ 2013 年１月 22 日　決議 2087（2013） 2012 年 12 月 12 日のミサイル発射を非難（北朝鮮は人工衛星光明星３号２型の打ち上げと主張）。 要求：さらなる「弾道ミサイル技術を用いたいかなる発射」も禁止。核兵器と核兵器計画の完全で検証可能で不可逆的な廃棄。 制裁：個人、組織を特定した資産凍結、金融禁止などの追加措置。
④ 2013 年３月７日　決議 2094（2013） ２月 12 日の３回目の核実験をもっとも強い言葉で非難。 要求：さらなる核実験、「弾道ミサイル技術を用いたいかなる発射」を禁止。核兵器と核兵器計画の完全で検証可能で不可逆的な廃棄。すべての大量破壊兵器計画と弾道ミサイル計画を廃棄（初めてこの表現）。 制裁：個人への資産凍結の追加と渡航禁止の追加など。

⑤ 2016年3月2日　決議2270（2016）

１月６日の４回目の核実験をもっとも強い言葉で非難。２月７日のミサイル発射を非難（北朝鮮は人工衛星光明星４号の打ち上げと主張）。

要求：さらなる核実験、「弾道ミサイル技術を用いたいかなる発射」を禁止。核兵器と核兵器計画の完全で検証可能で不可逆的な廃棄。すべての大量破壊兵器計画と弾道ミサイル計画を廃棄。

制裁：北朝鮮への航空燃料の輸出禁止。北朝鮮からの石炭、鉱物資源の輸入禁止。決議違反が疑われる船舶の寄港禁止など追加。

⑥ 2016年11月30日　決議2321（2016）

９月９日の５回目の核実験をもっとも強い言葉で非難。

要求：さらなる核実験、「弾道ミサイル技術を用いたいかなる発射」を禁止。核兵器と核兵器計画の完全で検証可能で不可逆的な廃棄。すべての大量破壊兵器計画と弾道ミサイル計画を廃棄。

制裁：石炭輸出の上限設定により外貨収入封じを狙う。北朝鮮船舶の登録抹消、保険付与の禁止など追加。

⑦ 2017年6月2日　決議2356（2017）

９月９日以後の弾道ミサイル発射など、核兵器および弾道ミサイル計画の諸活動をもっとも強い言葉で非難。

要求：さらなる核実験、「弾道ミサイル技術を用いたいかなる発射」を禁止。核兵器と核兵器計画の完全で検証可能で不可逆的な廃棄。すべての大量破壊兵器計画と弾道ミサイル計画を廃棄。

制裁：資産凍結、渡航禁止の対象の個人、組織を拡大。

⑧ 2017年8月5日　決議2371（2017）

７月３日、７月23日の北朝鮮が自認するICBM発射をもっとも強い言葉で非難。

要求：さらなる核実験、「弾道ミサイル技術を用いたいかなる発射」を禁止。核兵器と核兵器計画の完全で検証可能で不可逆的な廃棄。すべての大量破壊兵器計画と弾道ミサイル計画を廃棄。

制裁：石炭、鉄・鉄鉱石、海産物の全面輸出禁止などを追加。

⑨ 2017年9月11日　決議2375（2017）

９月２日の６回目の核実験をもっとも強い言葉で非難。

要求：さらなる核実験、「弾道ミサイル技術を用いたいかなる発射」を禁止。核兵器と核兵器計画の完全で検証可能で不可逆的な廃棄。すべての大量破壊兵器計画と弾道ミサイル計画を廃棄。

制裁：北朝鮮への原油、石油精製品の年間輸入量に上限設定など追加制裁。全面禁止案は見送り。

⑩ 2017 年 12 月 22 日　決議 2397（2017）

11 月 28 日の弾道ミサイル発射（北朝鮮は 11 月 29 日 02:48 に ICBM ファソン 15 を発射と発表）をもっとも強い言葉で非難。

要求：さらなる核実験、「弾道ミサイル技術を用いたいかなる発射」を禁止。核兵器と核兵器計画の完全で検証可能で不可逆的な廃棄。すべての大量破壊兵器計画と弾道ミサイル計画を廃棄。

制裁：北朝鮮への原油、石油精製品の年間輸入量の制限を飛躍的に強化（石油精製品は 2016 年の 9 割減）など追加措置。

《第５章》
希望と期待
（2018 年〜）

1　２つの歴史的首脳会談

❖ろうそく革命と北の核計画の転機

2018 年、朝鮮半島情勢は大きく変化した。それは希望への変化であった。

２つの首脳レベルの宣言がそれを生み出した。2018 年４月 27 日に出された韓国・文在寅（ムンジェイン）大統領と金正恩・北朝鮮国務委員長とによる「板門店宣言」と、６月 12 日に出されたドナルド・J・トランプ米大統領と金正恩委員長とによる歴史上初めて実現した米朝首脳会談（シンガポール）における共同声明である。南北首脳宣言は過去にも例があるが、それとタイアップして米朝首脳宣言が出された点が、かつてはない発展の可能性を国際社会に抱かせた。

1948 年に朝鮮半島に分断国家が生まれてちょうど 70 年の年に、ようやく敵対から共存へと転換する大きな国際的な政治・外交空間が作り出されたのである。この政治空間は、その後の３年間で相当に狭くなってしまってはいるが、2021 年春の今においてもまだ閉じられてはいない。

第４章に詳述したように、トランプの「北朝鮮を完全に破壊」という国連総会演説に金正恩が「歴史上もっとも凶暴な宣戦布告」と応えたことに象徴されるように、2017 年の米朝関係は戦争瀬戸際まで悪化した。開戦が現実的なシナリオとなり、韓国在住の米国市民の退避が必要となる局面を想定せざるをえなかったときを振り返って、当時の在韓米軍司令官ビンセント・ブルックスは次のように語っている。軍人がしばしば開戦に慎重であるが、これもその一例である。

「我々は（戦争に）非常に近い状況にあった。どちらも望んでいなくても、読み違えによって容易に戦争に至る可能性があり、熟考して行動する必要があった。」（2020 年１月 19 日「朝日新聞」）

この時期、南北の状況に歴史的な幸運と言えるある種の巡り合わせがあった。すなわち、韓国におけるローソク革命による新政権の誕生と北朝鮮における並進路線（核開発と経済発展を並行して追求する政治路線。141 ページ）の一区切りとの巡り合わせである。

韓国では、2017 年３月、政府の腐敗に怒る市民の「ろうそく革命」によって朴槿恵（パククネ）大統領が弾劾・罷免され、５月の大統領選挙によって、文在寅政権が発足した。

文大統領は南北の緊張緩和と対話を強く訴えた。金大中大統領がいわゆる太陽政策が打ち出した「ベルリン宣言」（2000 年３月）にならって、７月、文大統領はベルリンにおいて包括的な南北外交方針を打ち出す演説を行った。演説において、文在寅は、①南北離散家族の再会行事の提案、②平昌（ピョンチャン）冬季オリンピックへの北朝鮮の参加要請、③朝鮮戦争停戦記念日（７月 27 日）を境にした相互の敵対行動の中止、④南北対話再開と首脳会談の提案、の４項目を強調した（参考文献１）。

2017 年９月の国連総会演説においても、文大統領は朝鮮半島の緊張緩和と核問題の平和解決を同様な論調で訴えた。同じ総会で、トランプ米大統領は前述したような宣戦布告まがいの演説をし、安倍首相が「北朝鮮にとって対話とは欺瞞の手段であり時間稼ぎに過ぎない」「必要なのは対話ではなく圧力である」と敵意をむき出しにした演説をした。しかし、文在寅は、自身が朝鮮戦争の離散家族の子として生まれた歴史を語り、朝鮮戦争が真に終結する道へと北朝鮮も選択することを求めた。国連安保理の一致した取り組みを謝しつつ、北朝鮮の核問題の平和解決を強く訴え、「朝鮮半島こそ国連憲章の精神を最も必要としている場所である」と述べた。北朝鮮に対しては、「体制の崩壊を望んでいない」「吸収統一や人為的な統一を求めない」と述べつつ、最後に「北朝鮮の平昌・冬季オリンピックへの参加が実現するように IOC と協力して最後まで努力する」と誓った（参考文献２）。

同じ時期に、北朝鮮においては、核・ミサイル戦力の研究・開発計画の進捗において情勢転換の区切りとなる事態が進んでいた。

金正恩委員長の2017年の「年頭の辞」は「ICBM発射実験準備の最終段階に入った」と述べ、2017年が「実験準備の最終段階」になるという位置づけをした（参考文献３）。その後、９月６日の水爆実験の祝宴における金正恩スピーチを報じた「朝鮮中央通信」（９月10日）は、「国家核戦力を完成する最終段階の研究開発運動を終結することによって党と革命を防衛する……」と「研究開発運動の最終段階」が完成に近いことを示した（参考文献４）。その後９月15日の中距離弾道ミサイル・ファソン（ファソンは火星の意）のその年３度目となる発射実験成功を踏まえて（第６章204ページ）、９月23日、李容浩外務大臣は国連総会演説で「経済と核戦力の同時開発路線にしたがって、国家核戦力完成の最終段階に入った」と現状認識を前進させた（参考文献５）。そして、11月29日、ICBMファソン15の発射成功を確認した金正恩委員長は、「国家核戦力の完成という偉大な歴史的大義をついに実現した」と宣言した（参考文献６）。これを踏まえて2018年の同委員長の「年頭の辞」は、「昨年、党、国家、人民が勝ち取った特筆すべき成果は、国家核戦力の完成という偉大な歴史的大義を成就したことであった」と総括した（参考文献７）。

このようなレトリックの推移は、北朝鮮が2017年を核戦力の完成の区切りの年とする計画を持っていたことを示している。正確には、これは技術的完成というよりは、一定の技術的裏付けを持った政治的完成と理解すべきものであろう。技術的には、さまざまな不十分性を指摘することができる。しかし、前述した北朝鮮の核保有の一貫した目的からすれば、一つの区切りを設定することは可能であり、想定できることである。

❖北朝鮮の路線転換と板門店宣言

朝鮮半島における根本的な変化は米朝関係の変化抜きには完成しない。その意味で、文在寅政権の南北融和路線は、それが米朝関係改善の対話につながるかどうかが核心的問題であった。トランプ政権は北朝鮮との対決姿勢を際立たせながらも、北朝鮮に明確な非核化意志があるか否かを条件として対話に道を開いていた。

前節に述べた南北の情勢のマッチングが、平昌オリンピックをまたとない機会として活用することを可能にした。

北朝鮮は「核戦力の完成」によって米国の侵攻に対する効果的な報復抑止力を確保し、米国の敵視政策の撤回と安全の保証を要求して対等な交渉を行うことができると判断した。そして、2018 年２月９日、金正恩の実妹である金与正（キムヨジョン）・党中央委員会第１副部長と当時の北朝鮮ナンバー２である金永南（キムヨンナム）最高人民会議常任幹部会議長ら特使団が平昌オリンピック開会式に出席した。その翌日、特使団は文在寅大統領と会談し、金与正が金正恩の親書を手渡すとともに大統領の訪朝を要請した。韓国は返礼として鄭義溶（チョンウィヨン）・国家安全保障室長、徐薫（ソフン）国家情報院長ら大統領特使団を平壌に送った。

金正恩の非核化の意志は、2018 年３月５日、この大統領特使団との会談において表明された。この意志の対外的な伝達は、２つの公式ルートによって行われた。まず韓国政府の発表（３月６日）として、「北は、朝鮮半島の非核化に向けた意志を明らかにし、北に対する軍事的脅威が解消され、北の体制の安全が保証されるなら、核を保有する理由がないという点を明確にした」と伝えられた（参考文献８）。次いで鄭義溶は、３月８日、ワシントンにおいてトランプ大統領と会談し、北朝鮮の非核化の意志を伝えるとともに、米朝首脳会談を求める金委員長の要請をトランプ大統領に伝達した。トランプ大統領は即座に要請を受け入れ、５月中に首脳会談を行うと表明した。

北朝鮮の変化は、まず 2018 年３月 25 日～ 28 日における金正恩の突然の訪中、習近平との首脳会談によって対外的に印象づけた。金正恩が国外に出て行う最初の外交デビューであった。

外交に転じた北朝鮮の変化を知るうえで、４月 20 日に開催された**朝鮮労働党第７期中央委員会第３回総会の決定**が極めて重要な意味をもっている。会議において、金正恩は実質的な核・戦略ミサイルの開発の現状凍結と経済集中路線への転換を決定した。

「朝鮮中央通信」によると、会議の決定には「完全な非核化」という文言は登場していない（巻末 資料 12 ）。この文言は１週間後に南北首脳によって合意された「板門店宣言」において国際的な公約として登場する。会議での決定内容は、以下に述べるような具体的なものであり、綜合すると、核戦略兵器を「これ以上の開発を進めない」、いわば「現状凍結」の決定である。

その主要な内容は以下のようなものであった。

①4月21日以後、核実験と大陸間弾道ミサイルの発射実験を中止する。

②透明性をもって核実験中止を証明するため北部の核実験場を解体する。

③国際的な核実験全面禁止の努力に参加する。

④北朝鮮に対する核の威嚇や核挑発がない限り、いかなる状況下においても核兵器を使用しないし、核兵器や技術を移転しない。

核実験場の解体に関しては、主要国のジャーナリストを招いて5月24日に実行された（詳しくは第6章186ページ）。

中央委員会のもう一つの重要な決定は、核・ミサイル開発から経済建設へと国家努力の優先順位を転換することを明確にしたことである。これは、いわゆる「並進路線」において核開発が完成したことを踏まえての新方針となる。巻末 資料12 に掲げたように、決定には「わが国の人的・物的資源を総動員して強力な社会主義経済をうち建てて人民の生活水準を画期的に高めるための闘いに全力を集中する」「党・国家の業務全般を社会主義経済建設に向かって方向づけ、それに全力を集中する」などの文言がある。これは「並進路線」というより、金正日の「先軍政治」にならえば「先経済政治」ともいうべき新しい方針である。

第4章に詳述した通り（144ページ）、この方針転換の決定は2年前の2016年5月6日の第7回朝鮮労働党大会において採択された方針から導かれる結論として理解することができる。第7回大会において「並進路線」が採択されたとき、経済発展に専念するために核戦力の早期完成を急ぐという論理が述べられていた。

4月27日、板門店の韓国側にある「平和の家」において、韓国の文在寅大統領と北朝鮮の金正恩国務委員長による南北首脳会談が開催され、首脳宣言「板門店宣言」が出された（巻末 資料13 ）。宣言の骨格は、南北統一、緊張緩和、恒久的平和体制の3本柱で構成された。南北首脳宣言は、過去にも金大中・金正日の6・15共同宣言（2000年）、盧武鉉・金正日の10・4共同宣言（2007年）につぐ3度目の宣言になるが、今回の宣言は実行すべき内容の具体性において、過去の宣言にはない特徴をもっていた。スポーツ大会への共同参加、軍事境界線での拡声器放送、ビラ散布などの敵対的行動の中止、2018年内の朝鮮戦争終結宣言（筆者注：実現しなかった）などである。また、前述したように、両首脳が米朝関係の好転の可能性を計算しつつ宣言したという意味においても、板門店宣言は過去に先例のない南北首脳宣言になっている。

朝鮮半島の非核化については、３つ目の恒久的平和構築の柱において、「南と北は完全な非核化を通じて、核のない朝鮮半島を実現するという共通の目標を確認した。南と北は北側の主導的な措置が朝鮮半島の非核化のために、非常に意義があり、重大なものであるという認識をともにし、今後、それぞれ自らの責任と役割を全て果たす」と合意した。この文言が、金正恩体制が**「朝鮮半島の完全な非核化」に公式に合意した最初のもの**である。

❖史上初の米朝首脳会談とシンガポール共同声明

朝鮮半島の非核化は、南北の努力だけでは進まない。北朝鮮の核武装は一貫して米国に対する自衛の抑止力と位置づけられており、米朝交渉の場こそが変化を作りうる唯一の場と言っても過言ではない。

2018 年６月 12 日、シンガポール・セントーサ島カペラ・ホテルで開催されたドナルド・トランプ米大統領と金正恩・DPRK 国務委員長との首脳会談は画期的な意味をもっている。そもそもそれは両国の歴史上初めての首脳会談であった。1953 年の朝鮮戦争の停戦協定以来、65 年経過して和解へのトップ会談が開かれたのである。

会談の開催については、３月８日、韓国の鄭義溶・安保室長の訪米時に基本合意されていたが、実際の開催までには曲折があった。米国のボルトン大統領顧問やペンス副大統領による即時全面核放棄の**リビア・モデル**の主張、それに対する北朝鮮外務次官・崔善姫（チェソン ヒ）のペンス副大統領への「愚か者」発言や会談延期への言及などが行き交った。そして５月 24 日、トランプ大統領は会談の中止を述べる書簡を金正恩に送った。それに対して翌日、第１外務次官・金桂寛が直ちに再考を求める「権限のある談話」を発表した。さらにその翌日、５月 26 日、金正恩が申し出て、急遽、板門店北側の統一閣において、文在寅との２度目の南北首脳会談が行なわれた。５月 22 日に文在寅がワシントン DC でトランプと会談し、板門店での南北首脳会談の報告をしたが、そのときの米側の態度に関する情報を得るためであったと思われる。

６月 12 日のシンガポールの米朝首脳会談は、両首脳が午前９時に初対面の握手を交わしてから、午後１時 40 分に共同声明に署名するまで、約４時間 40 分の会談であった。冒頭に通訳のみが同席するトップ会談が40分ほど開かれた。拡大会議には、米側からはポンペオ国務長官、ジョン・ケリー大統領首席補佐官、ボルトン大統領補佐官の３人が加わり、北朝鮮側からは金英哲党副委員長、李洙墉党副委員長、李容浩外務大臣の３人が加わった。金正恩は共同声明に署名後まもなくカペラ・ホテルを出たが、トランプは居残り、夕方１時間余りの記者会見を行った。

共同声明の全文を巻末に掲載する（巻末 資料14）。共同声明に関する欧米や日本のメディアの報道はおおむね否定的であった。「あいまいな合意」「具体的でない」「期限に触れていない」「トランプの軽率な譲歩」などの言葉が並んだ。しかし、北朝鮮の建国以来、実質的に今も戦争状態にある２国間の最初の合意として、声明は基本となるべき重要な要点を押さえ、かつ極めてバランスの取れた共同声明として評価できる。

共同声明は両国が外してはならない２つの大目標に合意した。「米朝関係の正常化」と「朝鮮半島における平和体制の確立」である。共同宣言の文言は次のようになっている。

―「米朝両国は、双方の国民の平和と繁栄を希求する意思に基づき、新しい米朝関係を構築することを約束する。」

―「米朝両国は、朝鮮半島の永続的かつ安定的な平和体制の構築に共同で尽力する。」

非核化問題は、これらの合意を両国が実行するための鍵となる懸案の課題である。これに関して、共同声明は、前文の中で次のように合意した。

―「トランプ大統領はDPRKに安全の保証を与えることを約束し、金正恩委員長は朝鮮半島の完全な非核化に向けた確固とした揺るぎない責務を再確認した。」

「安全の保証」と「完全な非核化」は、会談に至る両国間のやりとりの経過から考えて、双方が要求してきたキーワードであり、その２つをバランスよく同意したとみるべきであろう。

一般的な合意に過ぎず、具体性がないという批判は、米国と北朝鮮の両方に向けられる批判としては、その通りであろう。具体性の全てがそれ以後の交渉に託されたということである。しかし、日本や西側諸国の多くの報道は北朝鮮の非核化のプロセスにのみ具体性や検証可能性や期限を要求し、米国の安全の保証のプロセスについて同様な要求を語らないという偏りがあり、しかもその偏りに無自覚である。

「安全の保証」も「非核化」も、ともに漠然とした概念であって、それを実現する方法論に立ち入ると多くの複雑な問題に遭遇する。

「非核化」には、まず北朝鮮自身による核兵器、兵器用核物質、それらの施設についての申告や各国インテリジェンスに基づく現状把握が必要である。現状把握ができた後には、現状凍結を確実にするため、施設などの無能力化が必要になる。無能力化ができた後に、兵器や施設の解体に取り掛かることになる。これらのすべての過程に細かい段階が設けられ、各段階が検証を伴いながら実行されて初めて、不可逆的な完全な非核化、すなわち米国や日本が要求する CVID（第３章 102 ページ）が実現する。

一方、「安全の保証」に関しては、これまで北朝鮮は政治、安全保障、経済の３分野にわたって「安全の保証」を主張してきた。政治的には、米国が北朝鮮を対等な主権国家として承認し、正式な外交関係を結ぶことが求められる。安全保障上は、まず朝鮮戦争の戦争状態の終結宣言、そして平和条約の締結が必要となる。その結果、あるいは過程において在韓米軍の在り方に関する協議と合意が必要である。その内容においては北朝鮮が 2016 年７月６日に示した５条件（第４章 143 ページ）が参考になる。経済の分野では、非正常な関係の下で課せられてきた貿易の制限その他の経済制裁の解除が段階的であるにせよ行われなければならない。これら３分野が実行されることが「安全の保証」の中身となるであろう。

❖「シンガポール合意」の無視を貫く米国

このように考えるならば、「非核化」と「安全の保証」について、内容に踏み込んだ合意を形成するには相当な期間が必要であろう。したがって、まず、原則的な合意を達成するというシンガポールでのアプローチは常識的なものである。拙速という批判は当たらない。共同声明は、この将来の交渉に関して「相互の信頼醸成が朝鮮半島の非核化を促進する」と相互信頼の必要性を確認したうえで、「マイク・ポンペオ米国務長官と然るべき DPRK 高官による今後の追加交渉をできる限り早く開く」と述べている。

結果として、シンガポール合意は、合意内容の文言においても、それに至る経過においても、米国と北朝鮮の両国に義務を課しているのは自明であり、その後の交渉は、相互の義務の履行を段階的に積み上げる場と考えるのが当然であった。しかし、米国はこの当然を理解しようとしていない。むしろ、合意を意図的に無視し、北にのみ履行を迫る姿勢を貫く方針をとっているように見える。

共同声明で謳われた追加交渉の第1回は、2018年7月6～7日、ポンペオ国務長官と金英哲副委員長の間で平壌において行われたが、この方針の違いがたちまち露呈した。

会談後に「朝鮮中央通信」は、北朝鮮側が期待を膨らませて具体的な提案を準備していたにもかかわらず、米国は「CVID、申告、そして検証と、一方的でギャングのような要求をするだけ」であり、シンガポールで合意した相互信頼を築くという精神を元の木阿弥にしかねないと、強い危機感を述べた。北朝鮮側が準備した具体的提案とは、朝鮮戦争停戦協定65周年記念日（2018年7月25日）における終戦宣言、ICBM製造中止の第1段階としての高推力ロケット・エンジンテスト場の破壊、遺骨収集のための高位の作業会議の早期開始などであった。

追加交渉の失敗は、その後のハノイ会談の失敗を予感させる。そこには、米国の大国主義のごり押しの外交姿勢、過去の米朝交渉の経過への無知が際立っていることを指摘せざるをえない。

韓国の文在寅政権は、米朝交渉の在り方について直接的には口をはさめない立場であった。しかし、シンガポール合意の履行は段階的な方法で進む必要があると考えていたと判断できる。

2018年9月18日に3度目の文在寅・金正恩首脳会談が平壌で開かれ、2018年「9月平壌宣言」が発せられた（巻末 資料15）。そこでは、朝鮮半島の非核化について「実質的進展を速やかに遂げなければならない」と南北で確認しつつ、次の段階について具体的な示唆を行っている。

①北側はまず、東倉里（トンチャンリ）エンジン試験場とロケット発射台を関係国専門家の参観の下で永久に廃棄することにした。

②北側は米国が6・12米朝共同声明の精神に従って相応の措置をとれば寧辺核施設の永久的廃棄のような追加的措置を引き続き講じていく用意があることを表明した。

この第2点は、米朝交渉を促進するための重要な手掛かりとして、国際社会に注目された。その後、ハノイ会議に向かう数か月の期間、ここに述べられている、米国がとるべき「相応の措置」とは何かが、国際的な関心における主要テーマになった。

米国では、2018 年８月、北朝鮮政策特別代表にスチーブン・ビーガンが就任するなど実務協議への体制を強化する姿勢が見られたが、具体的な提案は行われなかった。実務レベルでの進展がないことで、11 月、「朝鮮中央通信」は、「米国が応えなければ１㎜も動かない」「再び並進路線という言葉が現れ、路線変更が再考される可能性がある」（11 月２日）と外務省米国研究所長・権ジョングンの論文をのせた。つまり、４月に決定した、私が「先経済政治」とすら呼べると述べた経済優先路線を転換し、並進路線へと復帰することをほのめかせて警告したのである。

一方で、金正恩は、２回目の米朝首脳会談を追求し、首脳間の良好な関係を堅持する姿勢を示した。ワシントンポスト紙の記者ウッドワードは、その著書『怒り』において、金正恩が親書（2018 年 12 月 25 日）において「閣下の手をしっかりと握りしめた歴史的瞬間を、今でも私は忘れることができません」と書き、トランプが「それができるリーダーは、貴方と私の２人だけです」（同年 12 月 28 日）と返事した、と当時の両首脳の親書交換を紹介している（参考文献９）。同じ頃、トランプはウェストバージニア州の選挙集会で「私と金正恩は恋に落ちた」（同年９月 29 日）と発言したことで、世界中のメディアを賑わせた（参考文献 10）。

❖ボルトンのハノイ会談を潰す企み

前述したように、常識的な考察からは、シンガポール共同声明の履行は、相互的、段階的な履行という以外に履行の方法は考えられない。長い相互不信の歴史をもった両国関係を考えればなおさらであった。しかし、米国外交当局者の主流は超タカ派のボルトン大統領補佐官に代表されるリビア方式的な方法論に引きずられつつ、それに近い妥協点を見出そうとした。トランプ大統領は、「ビッグ・ディール」という言葉で、世論受けする大きな成果を追求しつつも、いつも即興的なアプローチを示す可能性があった。

２回目の首脳会談をめぐる米朝の水面下の交渉の本質は、この、段階的かビッグ・ディールかの２つのアプローチを巡る攻防であった。

2019年の「年頭の辞」において、金正恩は、「われわれはすでに、これ以上核兵器の製造、実験、使用、拡散などをしないということを内外に宣布し、さまざまな実践的措置を講じてきました。……われわれは、いまわしい（米朝間の）過去史をひきつづき固執し抱えていく意思はなく、一日も早く過去にけりをつけ、両国人民の志向と時代の発展の要求に即して新しい関係樹立に向けて進む用意があります」と、さらなる米朝交渉への意欲を示した。同時に、変化のない米国の態度に対しては、「アメリカが…約束を守らず、朝鮮人民の忍耐力を見誤り、何かを一方的に強要しようとして依然として共和国に対する制裁と圧迫を続けるならば、われわれとしてもやむをえず国の自主権と国家の最高利益を守り、朝鮮半島の平和と安定を実現するための新しい道を模索せざるを得なくなる」と警告した（参考文献11）。

2019年1月末、米国務省のビーガン北朝鮮政策特別代表のスタンフォード大学における講演が、米国の政策に変化があるかも知れないという期待を抱かせた。ビーガンは次のように述べた（参考文献12）。

> 我々は、同時に、また並行して、昨夏、シンガポールの共同声明において両首脳が行った約束の全てを追求する準備があることを、北朝鮮の相手に知らせた。
>
> ……
>
> 金委員長は、米国が相応の措置をとればプルトニウム施設やウラン濃縮施設に関する次の手段をとると述べた。これらの措置が何であるかは、これからの北朝鮮担当者との協議事項になる予定だ。我々としては、2国間の信頼醸成の助けになり、かつ両国関係の転換、朝鮮半島の恒久平和体制の確立、そして完全な非核化といったシンガポール・サミットの目的が並行して前進する助けになるような、さまざまな行動について協議する準備がある。

ここに示されたメッセージは、米国が、北朝鮮が求めてきた同時的、並行的な段階的措置をとる準備があることを示していた。講演の中で、米国の強い要求として話題に上っていた「北朝鮮の核計画の包括的リストの要求」について、ビーガンは「ある時点において必要な要求」と後退させた。また、北朝鮮が求めていた「朝鮮戦争の終結」について、トランプ大統領が熱心であると述べ、中間的措置として検討されていることを示した。

しかし、ビーガンの講演から生まれたこのような期待は裏切られた。ボルトンの回顧録によると、同じ頃、大統領補佐官としてより近くで影響力を行使できたボルトンは、ビーガンと正反対の方向に大統領を誘導する「国務省対ホワイトハウス」のバトルを起こした。とりわけ、ビーガンのスタンフォード講演に現れた「行動対行動」路線は「危険な結果」をもたらす、とボルトンは考え、潰しにかかった。

ボルトンは、もともとシンガポールでの米朝首脳会談が潰れることを願っていた。苦々しくもハノイ会談（2019 年２月 27 日～ 28 日）が不可避となったとき、ボルトンはハノイでの交渉妥結を追求する国務省に対して、交渉の決裂が最善であることを大統領に信じ込ませるために精力を注いだ。

ホワイトハウス・シットルーム（状況分析室）で開かれたハノイ会談に向けた一度目の準備会議で、ボルトンは、カーター、クリントン、ブッシュ、オバマの歴代大統領すべてが、北朝鮮との取引で偉大な成功を収めたと語っている映像をトランプ大統領に見せた。その後、シンガポール首脳会談後の北朝鮮の行動の映像を具体的に示しながら、北朝鮮が騙し続けていると説得した。そして、最後に 1986 年のレーガン・ゴルバチョフのレイキャビック首脳会談の映像を流し「屈するよりも主張を貫くことによって、よりよい交渉結果が得られる」というレーガンの教訓で締めくくった。ボルトンによると、トランプは「交渉のテコが分かった」「急ぐことはない」「席を立つのもありだ」と語ったという（『ボルトン回顧録』、参考文献 13）。

３日後に２度目の準備会議がもたれた。そこでは、ボルトンはトランプが安易な妥協をしないように念を押した。「完全な非核化」には、すべての核計画の申告が不可欠であることをトランプに強調し、米国の情報機関が得ている核・ミサイル設備のリストを見せた。トランプは一枚の紙にまとめるよう指示し、それはやがて、ハノイで金正恩に手渡されることになった。２度目の会議について、ボルトンは『回顧録』に「２度目のブリーフィングも上首尾であった。ハノイでは安売りをしないという正しい思考の枠にトランプを閉じ込めるのに、できそうなことが全部できた」と書いて、トランプの説得に自信を示した。

2　問われる日本

❖ハノイ首脳会談の失敗

米国務省の北朝鮮政策代表ビーガンは、2019年1月に北朝鮮側の実務担当者となった金赫哲（ヒョクチョル）や崔善姫外務次官と、1月19日にストックホルムで実務者協議をもつなど、ハノイ会談に向けた準備の協議を行った。ビーガンが協議の結果書き上げた米朝合意の草案は、ボルトンによって潰される運命にあったが、トランプが救い上げる可能性が無いとは言えなかった。草案はハノイに向かうエアフォース・ワン（大統領専用機）の機内でトランプに説明された。会談が物別れになった後の記者会見（後述）で、トランプが「合意案は手元にあったが提案しなかった」と言及した合意案は、おそらくこれであっただろう。

2月27日早朝、すなわち2回目の米朝首脳会談の当日の朝、ホテルにおける会議において、トランプは草案に反対した（『ボルトン回顧録』、参考文献13）。この時点で、会談においてビッグ・ディールができなければ「席を立つ」という可能性が、ほとんど確実になった。

実は、トランプは、同じ時刻にワシントンで進行していた、元顧問弁護士マイケル・コーエンのトランプのロシア疑惑についての議会証言の影響を最小化するために、ハノイ会談がどのように作用するかという計算で頭が一杯であった。ボルトンは回顧録で「個人的な問題で出血した血が国家安全保障のなかに流れ込んでいる」と表現している（参考文献13）。

金正恩は、特別列車で2月23日午後5時ころ北朝鮮を出発し、中国を経由して、ベトナムのドンダンで下車、その後乗用車でハノイのホテルに着いたのは2月26日午後1時ころであった。実に3日近くを費やす移動である。特別列車には、金英哲党副委員長、李洙墉党副委員長（国際部長）、李容浩外相、金与正（金正恩の実妹）などが同乗した。

会談は2月27日の夕食会から始まったが、翌28日9時から始まった午前の会議で行き詰まった。昼食会とその後予定されていた合意文書への署名式は取りやめとなった。金正恩は、翌日（3月1日）、ベトナム政府との公式行事のみをこなして3月2日には、帰国の途についた。長旅を費やして臨んだハノイ会談の失敗は、北朝鮮国内に長引く後遺症を残したことは想像に難くない。

会談が不調に終わった 28 日の午後、トランプ大統領はポンペオ国務長官を陪席させて記者会見を行った。すると深夜（３月１日未明）になって、その内容に反論する形で、北朝鮮の李容浩外相と崔善姫外務次官が駐在外国人記者を招集して緊急会見を行った。さらにそれを受けて、ポンペオとともにハノイからマニラに同行していた国務省の上級高官（会話からビーガンと推察できる）が、同行記者の質問に答えながら見解を表明した。さらに北朝鮮においては、少し時間をおいて３月 15 日に崔善姫外務次官が平壌在住の外交官を集めてハノイ会談の経過を説明した。崔善姫の発言と質疑応答の一部が韓国のインターネットメディアに流れた。

これらの記者会見や報道で双方が述べた内容とその後に明らかになった情報を加味すると、ハノイ会談には今後の米朝協議にとって貴重な多くのヒントが含まれている。

まず、トランプが記者会見で「……今日何かに署名することは 100% できた。実際、署名するための文書はできていた。しかし、署名するのは適当ではなかった…」と述べたが（参考文献 14）、ここでいう文書は前述したビーガンらが実務レベルで積み上げた合意文書を指すと考えてよい。つまり、シンガポール合意を履行するための初期段階の措置に関する実務レベルの合意――「**幻のハノイ合意**」――が存在したのである。この事実そのものが記憶すべき重要な事実である。

しかし、「幻の合意」の内容については、残念ながら推測するための材料は少ない。北朝鮮側が合意できる初期段階の措置については、北朝鮮の記者会見などの発言からある程度推測できる。しかし、それが「幻の合意」文書にどのように書かれていたのかは、米国が講じる措置とのバランスを考えることによってのみ合理的な推測ができる。米国側が北朝鮮に対して講じる措置について、米国から具体的説明が極めて少ない以上、書かれていた合意内容の推察は困難にならざるを得ない。

北朝鮮側が講じうる措置の内容に関しては、３月１日未明の記者会見で李容浩外相が「寧辺地区のプルトニウムとウランを含むすべての核物質の生産設備を、米国専門家の立会いのもとで、両国技術者の共同作業として永久に、完全に廃棄する」という提案をしたと述べた。さらに、米国の心配を払しょくするため、「核実験と長距離ロケット発射実験を永久に中止するという確約も文書の形で与える用意がある」と表明したとも述べた。また、その見返りに国連安保理の「制裁決議第2270（2016）、2321（2016）、2375（2017）、2397（2017）の中で民需分野と人民生活に支障をきたす項目を除外する」（決議に関しては**〈表4〉**（147～149ページ）を参照）ことを求めた、と説明した。また、重要なことであるが、北朝鮮はこれらの提案を、両国の間の信頼関係がまだ十分でない状況における最大限の内容であると述べた（参考文献15）。

これに対して、米国側は安全の保証のために何を北朝鮮に提案したのかを、ほとんど説明していない。ハノイからマニラに向かう機上においてポンペオ国務長官の随行記者が、ハノイ会談の前にメディアで取り沙汰されていた「相互の連絡事務所の設置や平和宣言の可能性に合意しなかったのか」という趣旨の質問をしたが、これに対してもポンペオの明確な答えはなかった（参考文献16）。米国のとるべき安全の保証に関する情報が少ない理由には、とりまく記者たちが北朝鮮の核放棄提案や経済制裁緩和の要求ばかりに関心を注いでいたという、記者たちの関心の偏りに大きな原因がある。

米国の提案が不明である一方、米国が会議において北朝鮮に対して何を要求したのかに関しては情報がある。米国は、前述したようにトランプ大統領が情報機関に用意させた北朝鮮の核関連リストを見せて、寧辺だけではなくすべての「大量破壊兵器計画の完全な放棄」を求めた。たとえば、もう１つのウラン濃縮施設として疑惑の強い降仙（カンソン）（10ページ地図）の施設に関して、記者が「２つ目のウラン濃縮施設に言及したか」と固有名詞を名指しせずに質問したのに対して、トランプは記者会見において「その通り。我々はもっともっと多くを持ち出した」と応えた（参考文献14）。追加施設に関しては、李容浩も記者会見において、「米国は（寧辺以外に）さらにもう１つの追加」にこだわったと言及している（参考文献15）。

降仙に限らず、米国は北朝鮮の核計画を一気に丸裸にして廃棄を迫る姿勢で交渉に臨んだのであろう。その様子は、マニラのホテルでの米国務省高官（ビーガンと推察される）の記者会見における言葉に現れている（参考文献17）。高官は、「合意に関する協議の中で我々は、寧辺核複合施設の定義は何かといった問題など、シンガポール共同声明以来、我々には届かなかったレベルの詳細に立ち入った。これは、我々は北朝鮮の大量破壊兵器計画の全ての解体を目指すのだから、極めて重要なことなのだ」と説明した。

北朝鮮の求めた制裁緩和に関して米国はゼロ回答を与えた。北朝鮮が民生に関わる制裁に限定して緩和を要求したと強調する制裁部分は、米国にとっては、北朝鮮を譲歩に追い詰めるのにもっとも効果的と考える部分であり、米国が「実質的にすべての緩和を要求した」と記者に説明したのは、決して誇張ではなくて本心であろう。交渉の中で、トランプ自身は制裁について宥和的な姿勢を見せたと思われる。崔善姫の３月 15 日の記者会見によると、トランプは「核活動を再開したときには、制裁を復活させる」という条件付きで制裁解除をすることに前向きであったが、ポンペオやボルトンがそれを邪魔したという（参考文献 18）。トランプは首脳会談後の記者会見でも「制裁を強める話はしたくない」と拒否反応を示し、「北朝鮮にも生きなければならない多くの国民がいる」と述べた（参考文献 14）。おそらく金正恩との個別会談において窮状の訴えがあったのであろう。それは制裁が現状で十分効果的であると知ることでもあった。後述するように、ハノイ会談以後、北朝鮮が短距離ミサイルの発射を繰り返したとき、国連安保理のヨーロッパ諸国が追加制裁を要求するに対して、トランプ政権は一貫して反対し続けた。

以上の状況を要約すると、米国が「ビッグ・ディール」の格好をつけて国内世論への繕いをするだけに終わり、次につなげる中間的な成果を何一つあげることができなかったという意味において、ハノイ会談は米国外交の失敗であった。北朝鮮がその段階で提案した核開発を制約する措置は、たとえ部分的な措置であっても、検証を伴う措置として合意することは、その後の完全な非核化協議への重要な一歩になったはずである。本書が述べてきた過去の失敗――94 年米朝枠組み合意・KEDO プロセス（第３章 81 ～ 83 ページ）や 2005 年６か国協議（第３章 125 ～ 127 ページ）――から学ばなかったことから繰り返した、米国のもう１つの失敗と言える。

❖金正恩の「戦略的忍耐」

充分に策を練って臨んだハノイ会談の失敗は、金正恩の北朝鮮に対しても深刻な影響を与えた。

2019年4月12日に金正恩は第14期最高人民会議第1回会議において施政方針演説を行った。ハノイ会談後初の本格的演説である（参考文献19）。

演説の基調は経済建設を最優先する2018年4月の路線転換を踏襲するものであり、板門店宣言、9月平壌宣言、シンガポール米朝共同声明を肯定的に高く評価した。しかし、ハノイ会談によって、米国の意図に警戒心が生まれ、自分たちの戦略的決断が正しかった否かに疑問が生まれた、と述べた。そして、米国から経済制裁の解除について期待することは止めて、年末まで、米国が敵視政策を止めて新提案をすることを待つ、という方針を明確にした。金正恩流の戦略的忍耐とも言える表明である。

> 米朝間に根深い敵対感情が存在している現状では、6・12共同声明の履行のためには双方が一方的な要求条件を取り下げ、それぞれが相手の利益に合致する建設的な解決策を探るべきです。
>
> そのためには、まず米国が現在の計算法を捨てて**新しい計算法**をもって我々に近づくべきです。……
>
> 米国が正しい姿勢で我々と共有できる方法論を見出したうえで第3回首脳会談を開催する提案を行うならば、我々は喜んでもう一度首脳会談をやってみるつもりです。
>
> しかし、いま考えてみると制裁緩和を渇望して米国とのサミットに執着する必要は私にはないように思います。
>
> ともかくも、米国が勇気のある決定をするかどうか、**忍耐強く年末まで待つ**ことにしましょう。とはいえ、どう考えても前回のような良い機会が得られるのは困難でしょう（2019年4月12日、最高人民会議における金正恩施政演説、強調は梅林。参考文献19）。

しかし、期限の2019年末まで、北朝鮮が敵視政策を撤回した「新しい計算法」と呼んだものについて、米国が何かの提案をすることはなかった。

その間に、トランプ大統領が大阪でのG20サミットの後、2019年6月30日、電撃的に板門店を訪問し金正恩委員長と約1時間の**第3回首脳会談**をもった。その時、トランプ大統領が南から北へと停戦ラインを超えて北朝鮮の土を踏むという米大統領として初めてのパフォーマンスを演出した。また、首脳会談では、停滞していた実務者会談を再開することに合意した。実務者会談は、約束よりも３か月以上遅れて10月５日、ストックホルムにおいて行われたが、何ら合意することなく決裂した。

2019年10月５日のストックホルム米朝実務者会談は、米国のビーガン北朝鮮担当特別代表と９月20日に初登場した北朝鮮の実務者会議首席代表・金明吉（キムミョンギル）巡回大使との間で８時間半にわたって行われた。しかし、会談直後に金明吉大使は「米国は手ぶらでやってきた」と述べ、会議に新提案はなく失望したと述べた。翌日の外務省の談話も、米国は会談を国内政治のために利用するだけで、問題解決に取り組む意思がないと断じ、「協議の運命は年末が期限だ」と述べて年末期限を繰り返した（参考文献20）。

注目された2019年末、北朝鮮は異例に長い４日間にわたる朝鮮労働党中央委員会（第７期中央委員会第５回総会）を開催した。金正恩はこの会議で改めて、北朝鮮が不当と信じる経済制裁への屈服を拒否し、国際的制裁がそのまま継続することを前提にして経済再建を目指す「**正面突破戦**」への号令をかけた。米国の意図を「アメリカの本心は対話と協商の看板を掲げて、のらりくらりして自分の政治外交的利益をはかると同時に、制裁を引き続き維持して、われわれの力を次第に消耗、弱化させることである」とし、「あらゆる難関を正面突破戦によって切り抜けてゆこう」と呼びかけるとともに「正面突破戦において基本戦線は経済部門である」と明確にした（参考文献21）。

言葉のニュアンスで誤解されがちであるが、「正面突破戦」はこの場合、経済戦略中心の言葉である。しかし、国防戦略が軽視されたわけではない。金正恩は、米国の敵視政策が継続しているという前提に触れつつ、経済建設に集中するためには敵対勢力が武力侵攻に手を出すことができないための戦略兵器の維持と強化を続けなければならないという考えを繰り返して表明した。「アメリカの対朝鮮敵視が撤回され、朝鮮半島に恒久的で、かつ揺るぎない平和体制が構築されるまで、国家の安全のための必須的かつ先決的な戦略兵器の開発を中断することなく引き続き力強く進める」と述べるとともに、「世界は遠からずDPRKが保有することになる新しい戦略兵器を目撃することになるだろう」とも述べた。

日本を含め、西側のメディアの多くは、この「新しい戦略兵器」という文言を好んで取り上げたが、中央委員会での「正面突破戦」の中心的関心は軍事面ではないことを再確認しておこう。軍事面ばかりを強調するのは世論の偏向を助長することになる。

❖米朝交渉の行き詰まりと「正面突破戦」

「正面突破戦」による自力更生の経済建設路線は、2020年の北朝鮮の動向全体を特徴づけるものとなった。それと同時に、核兵器によって得られる米国に対する戦争抑止力の確保が、経済建設に集中するために必須の前提であるという、2018年の政策転換の姿勢も維持されている。

このことは、金星（キムソン）・国連大使の国連総会演説（2020年9月29日）にうかがうことが出来る。金星は新型コロナウィルス（COVID-19）への徹底した予防対策を強調しながら、社会主義経済建設のための自力更生による正面突破の考え方を説明した。「公然と行われているあらゆる種類の敵対的な行為と共に、北朝鮮に対する核の脅威は衰えることなく続いている」と、軍事的脅威が継続していることを指摘しつつ、次のように述べた（参考文献22）。

> 強さに基づく横暴がはびこる現在の世界では、真の平和は戦争を防ぐ絶対的な強さを保有している時にだけ守ることができます。
>
> 我々は財布の紐を締めることによって、自衛のための信頼できる効果的な戦争抑止力を獲得したので、朝鮮半島と地域の平和と安全は、今はしっかりと守られています。
>
> 議長。
>
> 国家と人民の安全を守るための信頼できる保証に基づいて、北朝鮮は安心して全ての努力を経済建設に注いでいます。
>
> 我々が経済建設に有利な外部環境を強く必要としていることは紛れもない事実です。しかし、輝く転換への希望だけのために我々の尊厳――我々の尊い命と同じように守ってきた尊厳――を売り渡すことはできません。

要約すると、苦しくても経済制裁解除を懇願せずに、核抑止力を維持しながら自力更生の経済建設に専念するという演説である。

しかし、2020年、経済制裁の重圧に加えて、新型コロナウィルスCOVID-19の世界的蔓延による国境の封鎖、８月から９月の台風、集中豪雨による自然災害という３重苦が北朝鮮を襲うことになった。正面突破戦は苦戦を強いられた。コロナウィルス防疫のための中国との国境封鎖は 2020 年１月末に行われ、2020 年 10 月末までの中国との貿易量は 75% も落ち込んだ。これらの結果、2020 年は、第７回党大会（2016 年５月）で決定した「国家経済発展５か年戦略」（第４章 144 ページ）の最終年であるにもかかわらず、所期の目標が未達成になることは明らかであった。

2020 年 10 月 10 日、北朝鮮は朝鮮労働党 75 周年を祝う軍事パレードを行った。世界ではパレードに登場した数々のミサイルに焦点を当てたが、パレードにおける金正恩の演説は、軍事力を誇示する祝賀のパレードにふさわしい演説にはならなかった。時に涙ぐみ声を詰まらせる異例の場面を見せながら、人民への感謝を繰り返し、経済建設の失敗を認め、謝罪する演説となった。失敗と謝罪に関しては次のように述べた（参考文献 23）。

> 我が人民は、天のように高く、海のように深く私に信頼を寄せてくれたが、私は一度も充分にそれに応えることが出来ませんでした。本当に申し訳なく思います。
>
> 私は、全人民の信頼を得て偉大な金日成同志、金正日同士の大義を掲げこの国を導く重責を担っていますが、私の努力と真心が足りず、我が人民は生活の困難から脱することが出来ないでいます。

金正恩は演説の中で、核戦力を含む国家防衛戦略について、軍事的脅威に対処するに十分な抑止力を持つに至ったと述べるとともに、その能力は質、量ともに必要なスピードで変化しているとも述べた。これらのメッセージに、取り立てて強調すべき新しい内容はない。12 月初めに、ミレイ米統合参謀会議議長が「北朝鮮が核兵器やミサイル発射能力を高めていることは確かだが、韓国の抑止力のみならず日本、最重要な米国と合同した抑止力は、それに十二分に対応できる」（参考文献 24）と述べているように、現状においては双方に軍事力強化が進んでいるのである。私たちには、この愚かしく悲しむべき悪循環を断つことが求められている。

演説で注目すべきことは、むしろ、米国との関係についてはまったく言及しなかったことであろう。このときは米大統領選挙の前であったが、以後においても 2021 年１月の労働党大会まで、この状況は変わらなかった。

❖第８回労働党大会と米バイデン政権の登場

2021 年に入って、米朝関係は新しい段階に入った。北朝鮮では、国家の体制と政策に決定的な影響を持つ第８回朝鮮労働党大会が１月５日から 12 日までの８日間にわたって開催された。米国ではトランプ大統領に代わって民主党のジョー・バイデン大統領が１月 20 日に新大統領に就任した。

2016 年の第７回朝鮮労働党大会が実に 36 年ぶりに開催されたことの意義は、第４章で述べたとおりである（144 ページ）。その大会では「核戦力を完成させることによって経済建設に集中」という目標が掲げられた。この路線に沿って、2017 年に前者を達成したとして、2018 年以来の外交攻勢が始まった。核兵器の放棄を条件に米国との関係改善と戦争脅威の除去を図り、経済制裁の緩和を勝ち取ろうと計画したが失敗をした。その結果、2020 年、前節に述べたように、経済制裁の緩和を条件闘争にする考えを放棄し、自力更生による経済建設という「正面突破戦」の方針を明確にしたのである。

第８回大会によって打ち出された方針は、この 2020 年の方針を基本的に継承するものであった。米国と韓国の軍事力が強化されるのに見合った核戦力の強化を打ち出すことによって戦争抑止力の確保を担保しながら、自力更生と経済の管理強化によって経済建設に集中するという路線である。

人民の生活を豊かにする経済の建設が至上目標に据えられたことが、労働党大会の公式報道の随所において読み取ることが出来る。

大会の開会演説で、金正恩は「国家経済発展５か年戦略の履行期間が昨年末に終了したが、ほとんど全ての部門において、掲げられた目標が大きく未達成に終わった」と経済の失敗を述べ、この大会において「この期間にあった経験と教訓と過ちを全面的に深く分析し評価する」と述べた（参考文献 25）。そして最終日の金正恩の大会結語においては、「党事業と党活動において、過去の古いもの、今の現実に合わないものを是正するための決定的な対策を講じた」と述べるとともに、「新たな国家経済発展５か年計画を必ず遂行する」とし、経済問題が優先であることを次のように理由づけた。「直面する現在の困難を打開し、人民の生活水準を一日も早く安定させ改善し、自力繁栄の確固たる保証を与えるためには、一番難題となっている経済問題を早急に解決しなければならない。」（参考文献 26）

会議の中心となった９時間にわたる報告では、金正恩はさらに踏み込んで経済重視の戦略的な方向づけを行った（参考文献 27)。「現段階において、経済戦略は整備戦略、補強戦略である」と述べ、何か意欲的な目玉政策を打ち出すというのではなく、基本的な経済発展の土台を固めるという方針を打ち出した。「国家経済発展５か年計画の総体的方向は、経済発展のキーポイントに力を集中して人民経済の全般を活性化し、人民の生活を向上させうる強固な土台を築くことである。」内向きであるが、ある意味で堅実な自力更生路線の表現と受け取ることが出来る。バラ色の社会主義的未来像を語るには、余りにも厳しい人民生活の困難に直面していることの表れと見ることもできる。

いずれにしても、第８回労働党大会の中心的関心は経済の土台を作り直すことにあり、日本を含む外国メディアが好んで取り上げた軍事的な側面ではない。このことは、金正恩の大会結語の日本語テキスト 165 行中、国防について触れたのはわずか６行であったことに象徴的に現れている。

経済の失敗は核兵器開発によって国際社会から孤立し経済制裁を招いたからである、という反省につながるはずだと考える者がいるとすれば、それは北朝鮮の一貫した論理についての無知からくる推論だと言わなければければならないだろう。実際には、北朝鮮のこれまでの論理に従えば、経済の失敗の是正のためにも、対米戦争抑止力としての核戦力の維持・向上を図り、武力介入の憂いなく経済の自力回復の前提を確保しなければならない、と考えるであろう。事実、それが第８回大会において述べられた方針である。

第８回労働党大会における金正恩の報告が、異例ともいえる細部にわたる核兵器を含む軍事力強化計画に言及したことはこのことと関係している。

金正恩は多弾頭個別誘導弾頭（MIRV）開発が最終段階にあること、核大国の間で競争が始まっている極超音速滑空飛行弾頭の研究が進行していること、韓国の無人機グローバルホーク導入に対抗する無人攻撃機、無人偵察機の研究と試作、原子力潜水艦の設計の最終審査などへの取り組みの実績を列挙した。さらに、今後の研究開発について、金正恩は、朝鮮半島の地域的脅威は必然的に核兵器の脅威に連動するという認識を述べて、戦術核兵器の開発によって地域戦争を抑止するという考えを打ち出した。そして大陸間弾道弾の増産や精度の向上とともに、戦術使用しうる小型・軽量化兵器の必要性を訴えた。同時にすでに始まっている極超音速滑空弾頭の研究・開発、固体燃料による地上発射および水中発射ICBMの開発、原子力潜水艦の開発の継続を宣言した。核兵器に限らず、世界的趨勢となっている偵察衛星や無人偵察機を活用した軍隊のハイテク化にも言及した。

このように詳細を列記した軍事力強化のメッセージには、二つの側面がある。一つには、前述したように、絶対的な戦争抑止力を持つことによって経済建設に専念することができるという論理的帰結の側面である。米国、韓国、日本などの軍事力がたゆまず高度化しているなかで、それらに見合った抑止力の強化を目指すこと無しに政策の一貫性を保つことが出来ないであろう。もう一つは米国への示威と関与の必要性を示すという外交的側面である。放置すれば北朝鮮の脅威がますます増大することが示されることによって、米国は北朝鮮との交渉を必要とするであろう。そして、それによって米朝関係の正常化を通しての脅威の除去の道が開かれるという読みである。

第8回労働党大会において、北朝鮮は対米交渉の方針を変えたのであろうか？より具体的には、北朝鮮は2018年のシンガポール共同声明の上にたって対米交渉を継続しようとしているのだろうか？

国際社会の最大の関心事であるこの問いに対して、金正恩は直接の回答は示していない。しかし、交渉は否定されてはいない。むしろ、米国の出方を待っていると推察できる。大きく言えば、「金正恩流の戦略的忍耐」が続いているとも言えるであろう。

先ず注目すべきは、軍事力は外交の道具であるという大会報告の次の一文である。「強力な国防力は外交を排除するものではなく、外交を正しい方向に推進し成功させる手段である。」（参考文献27）つまり、絶えず外交による成果という狙いが金正恩の念頭にある。

金正恩は長時間の報告演説の中で、米国を「朝鮮革命発展の基本的障害であり、主敵である」と規定した。それは客観的に見てほとんど異論のない評価であろう。また、「誰が政権の座についても、米国の実体と対朝鮮政策の真意は変わらない」とも述べた。これらの言葉を取り上げて米国に対する強い敵対路線をとった2017年に逆戻りしたと指摘するのは正しくない。ここでは、トランプ大統領と比較して取り立ててバイデン政権に対して強い警戒心を抱いているシグナルも発していない。このような認識を述べたうえで、金正恩は米国に対する方針を次のように打ち出している。

「新しい朝米関係を確立するための鍵となるのは、米国が DPRK に対する敵視政策を撤回することであり、労働党の立場は将来とも、力には力、善意には善意で応える原則にたって米国に対する方針であることを明確にする。」

ここで「新しい朝米関係の確立」という言葉は、正確にシンガポール合意で使われている文言であることを想起しておきたい。北朝鮮はシンガポール合意を放棄していないと理解すべきであろう。実際、米国の敵視政策の撤回という要求内容は、トランプ政権に対してシンガポール合意の履行を迫るために打ち出された 2019 年４月以来の要求（参考資料 19）と同じものである。

米国のバイデン政権の対北朝鮮政策はまだ打ち出されていない。

米国務省は、韓国、日本との協議を重視しつつ、北朝鮮に対する政策の全面的見直しをしていることを繰り返し表明している。今後の米朝関係は、米国が過去の米朝交渉の教訓を正しく活かせるかどうかにかかっている。

❖日本こそ、北東アジア非核兵器地帯

2018 年以来、朝鮮半島で始まっている国際関係の流動は、日本にとってもかつてない大きな外交の機会を生み出している。にもかかわらず、しばしば蚊帳の外に置かれていると評されるのは、日本の日米安保一辺倒の外交、とりわけ主体的なアジア外交ビジョンの欠如に起因している。

2018 年の南北「板門店宣言」とシンガポール「米朝首脳共同声明」によって実現される朝鮮半島はどのような姿をしているであろうか？

２つの首脳合意が実行されれば、朝鮮戦争が終結し、平和条約が結ばれ、朝鮮半島全体が非核化される。この姿を描くのに**非核兵器地帯**という概念を活用するのが適切である。

なぜならば、地理的に限定された地域を非核化する試みは、すでに半世紀以上前から実行されており、非核兵器地帯条約という国際法によって確立されてきたからである。地球上には、すでに５つの国際条約によって規定された非核兵器地帯が存在している。年代順に掲げると次のようになる（詳しくは拙著『非核兵器地帯――核なき世界への道筋』、参考文献 28 を参照）。これらの条約はそれぞれの地域

の政治状況に合わせた多様な内容をもっている。

ラテンアメリカおよびカリブ地域における核兵器禁止条約（トラテロルコ条約／1967年署名）

南太平洋非核地帯条約（ラロトンガ条約／1985年署名）

東南アジア非核兵器地帯条約（バンコク条約／1995年署名）

アフリカ非核兵器地帯条約（ペリンダバ条約／1996年署名）

中央アジア非核兵器地帯条約（セミパラチンスク条約／2006年署名）

ここで、これらすべての非核兵器地帯条約に含まれており、国連総会決議においても定式化されている「非核兵器地帯には核攻撃や核攻撃の脅しを加えてはならない」という考え方――「**消極的安全保証**」と呼ぶ――に注意を喚起しておきたい（序章参照31ページ）。国際法の下で核の丸腰になった地域には核攻撃をされない権利がある、という当然の考え方だ。既存の５つの非核兵器地帯条約においては、核保有国に法的拘束力をもってこの保証を約束させるために、議定書をつくって核兵器国に批准を求めている。

「板門店宣言」（2018年、巻末 資料13 ）の英訳について興味深い事実がある。南北朝鮮の共同宣言の原文は当然のことながら朝鮮語（韓国語）であり、韓国とDPRKがそれぞれ宣言の公式の英訳をしている。その英訳を日本語にすると、韓国政府の訳が「南と北は、完全な非核化を通じて核のない朝鮮半島を実現する」である文章に対して、DPRK政府の訳は「北と南は、完全な非核化を通じて、朝鮮半島を非核地帯に転換する」となっている。朝鮮語原文との関係は、韓国の訳はほぼ原文に忠実であるが、北朝鮮はこれを意訳して「非核地帯」という言葉を使ったのである。北朝鮮の意図はよく分からないが、北朝鮮が、「安全の保証」を伴った「完全な非核化」という状況を表す言葉として非核地帯という言葉を使ったとすれば、それはまさに国際的な「非核兵器地帯」概念と一致して朝鮮半島の非核化をとらえていることになる。付け加えるならば、朝鮮語では「非核兵器地帯」という言葉は流布しておらず、通常「非核地帯」と呼んでいる。

しかし、実際には「朝鮮半島非核兵器地帯」は南北と米朝の合意だけでは実現しない。

第１に、韓国の立場からすると、これまで米国の拡大核抑止力（核の傘）に頼ってきたのは、北朝鮮の核の脅威のためだけではない。むしろ、歴史的には中国やロシアの核の脅威に対する対応策であった。したがって、「朝鮮半島非核兵器地帯」にするためには、韓国は、朝鮮半島への核攻撃・威嚇をしないという保証をロシアと中国からも取りつけなければならないだろう。つまり「朝鮮半島非核兵器地帯」条約は、少なくとも南北朝鮮、米国に中ロを加えた５か国条約にならざるを得ない。これは６か国協議から日本だけが外れた形であり、朝鮮半島と日本列島の数千年にわたる緊密な歴史的関係からすると、いかにもいびつな地域的機構の姿である。

第２に、北朝鮮が在韓米軍や韓国に寄港・飛来する米軍の艦船・航空機の非核化を求めるとき、日本を拠点にする在日米軍の艦船・航空機や日本に寄港・飛来する米軍の艦船・航空機の非核化を度外視できるだろうか？在韓米軍が米国の拡大核抑止力の維持のために必要としていた任務と役割が、形を変えて在日米軍の任務と役割として保持されるとすれば、「朝鮮半島の非核化」による北朝鮮への「安全の保証」は空文に等しくなる。事実、核戦争リハーサルと言われたかつての米韓合同軍事演習チームスピリットには在日米軍も投入されるのが常であった。また、すでに述べたように、2016 年７月に北朝鮮が「朝鮮半島の非核化」の条件として米国に要求した５項目には「韓国にあるすべての核兵器及び核基地を検証可能な形で撤去すること」「朝鮮半島及びその近傍に核兵器を配備しないこと」などが含まれていた（第４章 143 ページ）。すなわち朝鮮半島の非核化には日本も加わった非核化の枠組みが必要になる。

第３に、６か国協議で合意した９･19 共同声明（2005 年）（巻末 **資料５** ）に「６か国は、エネルギー、貿易及び投資の分野における経済面の協力を、２国間又は多数国間で推進する」と書いているように、過去の朝鮮半島の非核化交渉にはエネルギー、貿易などの分野も含んだ協議となった。また、2018 年以後の南北合意においては、民族経済の発展が強調されている。このような北東アジアの地域経済もからむ協力が必然的に話題になる枠組みにおいて、重要な経済的プレイヤーである日本を含まない非核兵器地帯設立の協議は極めて不十分であると言わざるを得ないであろう。

このように、「朝鮮半島非核兵器地帯」が安定的に設立されるためには、日本の参加が不可欠となる。日本の核武装への懸念が加わるとすれば、なおさらである。

日本の参加によって「朝鮮半島非核兵器地帯」は「北東アジア非核兵器地帯」

へと発展する。つまり、南北朝鮮と日本を含めた３か国が非核国となり、米国、中国、ロシアの３核兵器国がこれら非核国に対して「安全の保証」を供与するという**３＋３（スリー・プラス・スリー）の「北東アジア非核兵器地帯」**の姿ができあがる。核兵器国自身も核兵器を放棄する「核兵器のない世界」が実現する以前の姿ではあるが、まずはこれが安定した将来の地域像となりうる。実際には、「核兵器のない世界」が実現した後においても、違反を監視し、疑惑を検証するための、地域事情に合致した制度として、非核兵器地帯条約は有効であり続けるであろう。

ここでは詳論しないが、これを実現するために日本がリーダーシップを発揮する努力は、被爆国でありながら米国の「核の傘」に依存しているゆえに核兵器禁止条約に参加できない日本の安全保障政策のジレンマを解決する道でもある。

詳しく経過を述べてきたように、2018年以降新しい可能性を秘めて進められてきた朝鮮半島の非核化交渉は、いま行き詰まりを打開して新しい道を模索している。この状況において、日本が「北東アジア非核兵器地帯」へのイニシャチブを発揮することは、状況を好い方向に動かすことに大きく貢献するであろう。これは外交の「**日本カード**」と言っても過言ではない。日本がかかえる歴史的懸案を解決しつつ北東アジアにおける新しい国際秩序形成に向かって日本がリーダーシップを発揮することのできる「日本カード」である。

❖発展を続ける包括的アプローチ

北東アジア非核兵器地帯設立の主張は、少なからぬ数の米国、韓国をはじめとする関係国の研究者や元政府高官を含めて提起され、議論が続けられてきた。

筆者（梅林）が３＋３構想を最初に提案したのは1996年にさかのぼるが（参考文献29)、この構想に基づくモデル条約が2005年に日本語と英語で作成されている（参考文献30)。その後、2011年に実現のための戦略的構想として「包括的アプローチ」という大きな進展があった。

2011年、米国の元大統領特別補佐官である国際政治学者モートン・ハルペリンが、北東アジア非核兵器地帯設立の重要性を主張し、その実現のためには包括的アプローチが必要であるとの提案を行った。米国のシンクタンクであるノーチラス研究所の委託を受けての提案であった（参考文献31）。ハルペリンは、北朝鮮の核武装を既成事実として国際社会が受け入れることは、韓国、日本に根強くある核保有を主張する保守勢力への強いマイナス影響があるとし、「北朝鮮の非核化が明白に不可能であると断定できない限り、その非核化に努力を傾注すべきである」と強く主張した。この言葉は、現在もなおそのまま通用する名言である。さらに彼は、北朝鮮の非核化には、米国が最低限、北朝鮮を核攻撃しないと約束すること、日本を含む非核兵器地帯を設立すること、などが北朝鮮への誘因となると述べた。これらを含め、ハルペリンは、北朝鮮に関して懸案となってきた諸問題を同時に交渉のテーブルにのせる包括的アプローチの外交戦略を提案したのである。

ハルペリンの包括的アプローチの提案は、直後に創設された長崎大学核兵器廃絶研究センター（RECNA。初代センター長：梅林）の主要な研究プロジェクトとなり、ハルペリンやノーチラス研究所長ピーター・ヘイズなどの研究者たちとともに詳細に検討された。2015年にそのまとめが報告書「提言：北東アジア非核兵器地帯設立への包括的アプローチ」として公表された（参考文献32）。

報告書は、３＋３の６か国など関係国が「**北東アジア非核化への包括的枠組み協定**」を結ぶのが現実的であると提案した。その場合、首脳レベルで先ず大きな枠組みに合意、発効させ、合意の中に、その後の実務交渉によって確定し発効させるべき内容を明記しておくという構想を述べている。米朝、南北の首脳合意から始まっている現在の朝鮮半島非核化の動きは、部分的ではあるがこの首脳レベルの合意で枠組みを作るというアプローチが進行していると言えるであろう。

「包括的枠組み協定」は次の４項目で構成されている。４項目には、宣言型の合意と実務型の合意が含まれている。実務型の合意においても詳細は以後の交渉に委ねることが想定されている。

1　朝鮮戦争の戦争状態の終結を宣言し、「枠組み協定」締約国の相互不可侵・友好・主権平等などを規定する。国交のない国は国交正常化について約束する。朝鮮戦争の当事者による平和協定の詳細の交渉を促す。（宣言型）

2　核を含むすべての形態のエネルギーにアクセスする平等の権利を謳う。また、北東アジアの安定と朝鮮半島の平和的統一に資する「北東アジア

における エネルギー協力委員会」を設置する。委員会は広く賛同国に開かれる。(宣言型、詳細を委員会に委任)

3 北東アジア非核兵器地帯を設置するための条約に合意する。NPT 加盟など非核兵器地帯条約が備えるべき内容をすべて規定する。条約違反に対して、加盟国が単独の制裁を課すことを制限し、違反していない加盟国全体が合意して経済制裁を行う条項を設ける。(実務型)

4 常設の北東アジア安全保障協議会を設置する。「包括的枠組み協定」の確実な履行を確認するとともに、その他の北東アジアの安全保障上の諸問題を協議する場として機能する。将来、より包括的な安全保障協議の場となることを目指す。非核兵器地帯の検証メカニズムをこの協議会の中に位置づけることも可能である。(実務型)

北朝鮮がすでに相当数の核弾頭を保有している現状を踏まえたとき、その核兵器の放棄の過程についての条項を含む非核兵器地帯条約を構想することが必要である。

このような北東アジアの特異性も含め、北東アジア非核兵器地帯条約が考慮すべき諸問題について、2015 年以後も長崎大学 RECNA を中心に検討が継続されている。検討の多くは、RECNA に事務局を置く「北東アジアの平和と安全保障に関するパネル (PSNA)」によって行われている。これらの活動の記録は、RECNA のウェブサイトに掲載されている(参考文献 33)。

今日までのこれら研究活動の中で、北東アジア非核兵器地帯に関して次のような地域特有の留意点が指摘され、それを解決するためのアイデアが報告されている。

①北朝鮮が検証可能な形で核弾頭や核兵器製造施設をすべて解体するまでに、一定の段階的期間を定める必要がある。その期間の長さは、北朝鮮に対する、とりわけ米国による安全の保証の進展との関係で定める必要がある。

②北東アジア非核兵器地帯における消極的安全保証は、核兵器のみならず通常兵器による攻撃にたいしても行われる可能性がある。6か国協議の9・19共同声明(巻末 資料5)では、米国が北朝鮮に対してこれを約束している。

③条約の発効要件について工夫が必要である。たとえば、中国やロシアによる日本と韓国に対する安全の保証が発効する要件や、米国の北朝鮮に対する安

全保証の発効要件など、発効要件を一律ではなく工夫することによって、関係国の条約参加への関心を高めたり、参加へのハードルを低くすることができる。

④核燃料に関する地域的な国際管理など、日本、韓国、北朝鮮におけるウラン濃縮、プルトニウム抽出に関する現状の違いを克服する工夫が議論されなければならない。

⑤核兵器搭載可能なミサイルの禁止と同時に、宇宙条約（1967年）によって許されている宇宙開発の権利が平等に存在していることを確認する必要がある。北朝鮮は宇宙開発の権利を強く主張してきた。

⑥化学兵器禁止条約への加盟を義務づける。北朝鮮が化学兵器禁止条約に参加していない現状を改善することが必要となる。

北東アジア非核兵器地帯を現実離れした構想であると主張する理由はどこにもない。予想される困難に対して、すでにさまざまな創意が発揮されてきたし、今後もそれは続くであろう。切望されるのは政治・外交的リーダーシップの誕生である。

《第6章》 核・ミサイル技術の現状

1　核兵器と核物質

❖原子炉

よく知られているように、核兵器の中心となる原材料はウラン235（ウランの同位元素の１つ）とプルトニウム239（プルトニウムの同位元素の１つ）という核分裂性物質である。プルトニウムは自然には極めて微量にしか存在しない元素であり、原子炉の運転によってウランから作られる。炉内で中性子を受けたウランから、プルトニウム239やその他のプルトニウム同位元素が人工的に生産される。ウランは天然に存在する元素であるが、天然ウランの大部分はウラン238であり、ウラン235は約0.7％しか含まれていない。したがって、ウラン濃縮という比較的高度な技術によって、天然ウランからウラン235の濃度が核兵器に適する濃度（たとえば80％以上）まで濃縮する必要がある。

北朝鮮は第１章に述べたように、豊かなウラン産出国である（42ページ）。原子力技術をソ連から学んで最初に導入したのは、ソ連の研究用のIRT2000炉（軽水炉の一種）であり、寧辺に建設された。1967年に運転を開始したが、この炉は濃縮ウランを燃料としており、まだウラン濃縮技術のなかった北朝鮮は、燃料供給をソ連に頼らざるを得なかった。第１章で述べたように、その束縛から脱するために北朝鮮は天然ウランを燃料に使える黒鉛減速炉を、自主技術で、やはり寧辺に建設する事業に乗り出した。その結果、電気出力５MWeの黒鉛炉が1986

年に運転を開始した。これが、現在も核兵器のためのプルトニウム生産炉として用いられている原子炉である。

この IRT2000 炉と５MWe 黒鉛炉の２つの炉が、現在も、北朝鮮が運転している唯２つの原子炉であろう。2003 年に NPT から脱退した時点で、北朝鮮は IRT 炉用の濃縮ウランをロシアから供給される道が閉ざされたはずである。北朝鮮がウラン濃縮技術を確立するまで IRT 炉がどのように運転されていたのかは確かではないが、現在は自前の濃縮ウランで運転していると考えられる。いずれにしても、北朝鮮は極めて小さな原子力国である。運転している２つの原子炉の技術的な指標を**〈表５〉**に示した。

この他に、寧辺には建設中の小型の実験用軽水炉がある。2009 年４月に北朝鮮は「チュチェ原子力産業」を完成させると明言して、自力での実験用軽水炉の建設に着手した（第４章 134 ページ）。約１年半後の 2010 年 11 月 12 日、米国の核兵器研究の中心であるロスアラモス研究所の元所長ジークフリート・ヘッカー博士らが、北朝鮮に招待されて建設現場を目撃した（**参考文献１**）。北朝鮮は、実験炉は熱出力 100MWth で設計されていると説明し、ヘッカーは電気出力 25 ～ 30MWe と推定している。実験炉ではあるが２基の発電タービンが設置され地域の電力需要に応える計画である。ヘッカーは軍事目的に新しい炉を建設するのであれば、実績のある黒鉛炉の大型炉を建設するのが合理的であり、説明通りの原子力発電計画であろうという見解を述べている。工事責任者は炉の運転開始予定は 2012 年だと説明したが、2021 年の現在も未完成である。2012 年は金日成生誕 100 年の年であり、国家プロジェクトの多くはその年を目標にしていたので、それ以上の意味はなかったであろう。

北朝鮮には建設の途中で放棄された原子炉が４基もあることも想起しておきたい。建設途中で凍結され廃墟となっている 50MWe 黒鉛炉（寧辺にある）と 200MWe 黒鉛炉（泰川（テチョン）にある）、KEDO によって着工した２基の 1000MWe 発電用の軽水炉（琴湖（クモ）にある）である（10 ページ地図）。

❖プルトニウムと濃縮ウラン

北朝鮮の核兵器用プルトニウムの大部分は５MWe 黒鉛炉の使用済み核燃料の化学的処理によって製造されてきた。製造場所は寧辺にある放射化学研究所であ

〈表5〉北朝鮮の運転中原子炉（2021年現在）

	IRT2000	5MWe 黒鉛炉
所在 *	寧辺	寧辺
炉技術	旧ソ連製	国産
型式	研究用軽水炉	マグノックス炉（コールダーホール型炉）、小型発電炉
ウラン235濃縮度	濃縮ウラン（10%、36%、80%濃縮）	天然ウラン
ウラン燃料形態	酸化ウラン - アルミニウムのサーメット **	ウラン -0.5%アルミニウム合金
中性子減速材	水	黒鉛
冷却材	水	炭酸ガス
熱出力	2MWth（10% 濃縮ウラン） 4MWth（36% 濃縮ウラン） 8MWth（80% 濃縮ウラン）	20MWth
電気出力	0	5MWe
運転開始	1967年（2MWth） 1974年（4MWth） 1986年（8MWth）	1986年1月
現在の使用目的（推定）	兵器用トリチウム生産、研究用・実用のアイソトープ生産など	兵器用プルトニウム生産 兵器用トリチウム生産

*　寧辺における原子炉の位置は**〈図4〉**（183ページ）参照
**　サーメット＝セラミックと金属の複合材料

る（**〈図4〉**に寧辺における核施設の配置図を示した）。プルトニウム抽出のための再処理が始まったのはいつであるかは明確ではない。北朝鮮が初めてプルトニウム抽出の物的証拠を見せたのは、ヘッカー博士ら訪朝団に対してであった。それは前述の2010年の訪朝ではなく、2004年1月にヘッカーらが初めて招待されて寧辺を訪問したときである（第3章97ページ）。北朝鮮が米国の核兵器科学研究の権威者を、その原子力研究の中心地である寧辺核科学研究センターに招待したのは、北朝鮮の科学重視の姿勢の1つの表れと言ってよいであろう。寧辺核科学研究センターは、寧辺に集中するさまざまな原子力関係施設全体を統括する組織であり、当時の所長は現在の北朝鮮の核兵器開発の中心人物である李弘燮（リ ホンソプ）博士であった。

〈図４〉寧辺核施設の配置図

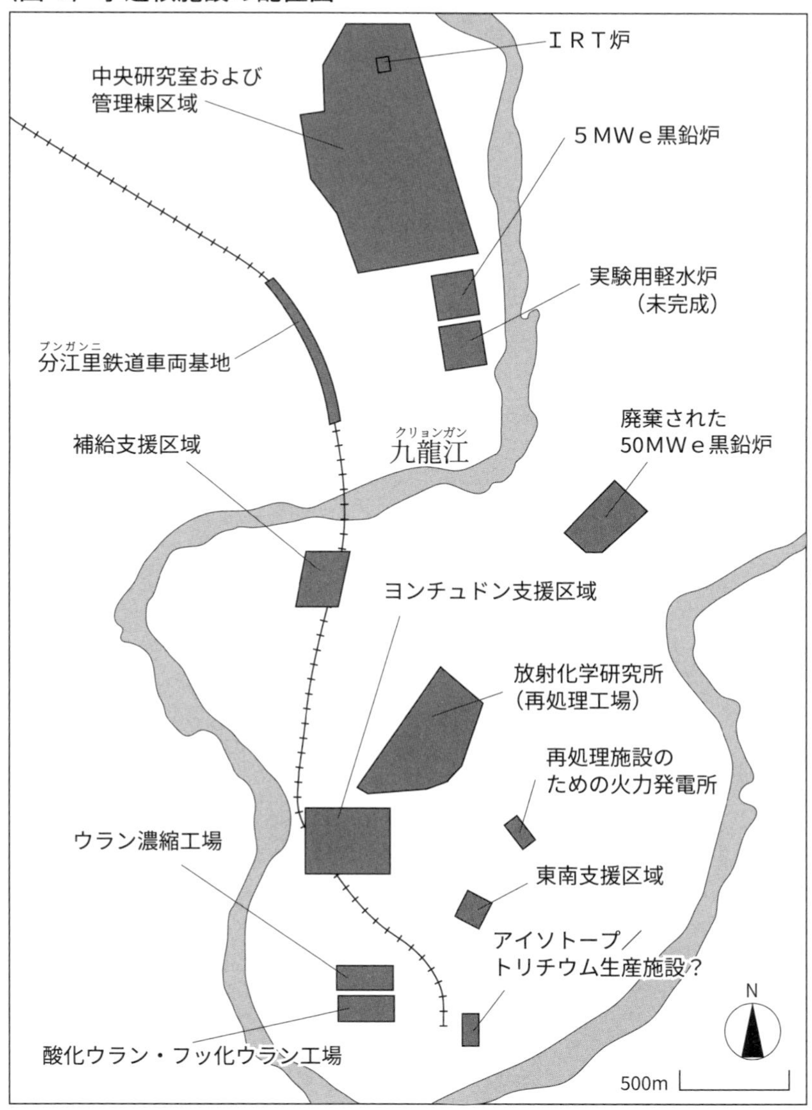

そのとき、北朝鮮はガラス瓶にいれたシュウ酸プルトニウムの粉末150gと金属プルトニウム200gをヘッカーらに見せた。このときの様子をヘッカーは2004年1月21日、米上院の公聴会で詳細に陳述している（参考文献2）。試料の色、温度、重さ感覚、ガラス瓶越しの放射能の強さなどから、ヘッカーはプルトニウムが本物であろうと推察した。彼らまた、放射化学研究所には工業規模の再処理施設があることを確認したと述べている。そのときの北朝鮮の説明によれば、研究所は1986年に建設を開始し、1990年に主要部分を完成した。そして、その時のホットテストに80本の燃料棒と天然ウラン棒を使って60gの燃料棒を抽出したという。この説明は、NPT加盟時の初期申告における説明と大枠で一致している（第2章53ページ参照）。

北朝鮮のウラン濃縮の歴史の真相はプルトニウム抽出よりも謎に包まれている。米国ブッシュ政権の情報機関が北朝鮮のウラン濃縮を示唆する情報を掴んだとき、ブッシュ政権を支えたネオコン指導者たちが、その情報をこの時とばかりにKEDOと「枠組み合意」を壊すために使った経緯についてはすでに第3章で説明した（88～90ページ）。

とはいえ、2002年段階での北朝鮮のウラン濃縮計画は初歩的な研究段階であったであろう。もし、当時の米国がネオコン政治の支配下になくて、ウラン濃縮問題をKEDOの枠内で交渉のテーブルに載せる方針をとっていたら、その後の歴史は大きく違ったものになっていたであろう。

北朝鮮が公式にウラン濃縮を認めたのは2009年6月13日であった。そのとき、北朝鮮はチュチェ原子力産業の確立を宣言した論理の延長において、実験用軽水炉の燃料供給のためにウラン濃縮を始めると表明した。そして、2010年11月12日の寧辺訪問時に、ヘッカーらは、驚くほど近代的なウラン濃縮設備を見せられることになった（参考文献1）。

ヘッカーが驚いたことに、かつて、5MWe黒鉛減速炉の核燃料加工工場が改築されて、清潔で超近代的なガス遠心分離器2000本が6個のカスケードに組まれて120mの長さの部屋に立ち並ぶ工業規模のウラン濃縮工場が誕生していた〈図4〉。ヘッカーは、せいぜい数本の遠心分離機のカスケードが北朝鮮にはあるかも知れないと想像していたが、それを遥かに超える規模と精度をもった施設が眼前に広がっていた、と述べている。ヘッカーの話によると、案内した技術長は冒頭に「自分たちは、あなた方に施設を見せたくなかったのだが、上司が見せるように命じたのだ」と述べ、自分からは一切説明しようとせずに質問にだけ答えながら、追い払うように速足で案内したという。質問に応える形で、2009年に建設が始まり、数日前に運転を開始した、パキスタン設計のもの（P-1と言われる）ではない、すべて国産だがアルメロ（オランダ）や六か所村のものをモデルにした、2.2%～４％濃縮を目指している、注入気体は６フッ化ウランである、などの説明があった。

北朝鮮のウラン濃縮施設に関しては、寧辺のものが１年余で大規模施設の運転が始まるという開発速度への疑問、寧辺の低濃縮ウランとは別に核兵器用の高濃縮ウラン施設が存在する可能性など、多くの疑問が存在している。最近では、平壌に近い降仙（カンソン）に秘密のウラン濃縮施設があるとの情報がある（10ページ地図）。2019年のハノイ米朝会談において、米国は降仙の疑惑を指摘したが北朝鮮は否定した（第５章164ページ）。

最後に、現在北朝鮮が保有している濃縮ウランと分離プルトニウムの保有量の推定値をまとめておく。濃縮ウランに関しては定量的な情報がほとんど存在していない。これまで、ウラン濃縮施設に国際原子力機関（IAEA）などの国際的な査察が行われたことが一度もない。しかし、濃縮ウランが生産されていることは明白であり、後述のように核実験に使用されている可能性も高い。ヘッカーは、極めて粗い推定と断りながら、2021年４月現在の北朝鮮の高濃縮ウラン保有量を600～950kgと推定している（参考文献３）。

分離プルトニウムについては、生産に使われている５MWe黒鉛炉や使用済み燃料の再処理施設に、IAEAが何度か査察に入ったことがある。また、黒鉛炉の装填核燃料の量と運転時間の推定から、誤差を伴うが一定の定量的推定を行うことができる。それによると2021年４月現在、北朝鮮は分離プルトニウムを25～48kg保有していると、ヘッカーは推定している（参考文献３）。

❖核実験と核弾頭の開発

〈表６〉に記されているように、2006年10月の第１回実験以来、北朝鮮は６回の地下核実験を行った。核実験はいずれも北東部の咸鏡北道（ハムギョンプットト）にある豊渓里（プンゲリ）核実験場（10ページ地図）で行われた。豊渓里には４か所の核実験用のトンネルの入り口が確認されているが、第１回のみが東トンネルで行われ、それ以後の５回は北トンネルを使って行われた。

６回の核実験によって６個の爆発装置の実験を行った北朝鮮の実績は、後発核保有国のなかで、十分な回数である。たとえば、インドは３回の核実験で６個の爆発装置の実験を行い、パキスタンは２回（３回かも知れない）の核実験で２〜７個の装置の実験を行っている。その意味では、北朝鮮はインド、パキスタンと同等の核弾頭の設計技術をもっていると考えておかしくない。周知のようにインド、パキスタンは現在すでに百数十弾頭をもつ核保有国であり、現在も核弾頭を増やし続けている。

第５章で述べたように（153 ページ）、2018 年４月 20 日、朝鮮労働党中央委員会は、米国に非核化意思を伝えるメッセージとして、核実験場の閉鎖と解体を決定し、同年５月 24 日に外国記者を招待して核実験場の３トンネル（北トンネルと、未使用とされる西トンネルと南トンネル）と付属施設を爆破した。外国人記者は韓国、米国、中国、英国、ロシアから招かれ、CNN は詳しいドキュメンタリー報道を行った（参考文献７）。爆破についての専門家の検証が無いことについて、金正恩は 2018 年 10 月７日に平壌を訪問したポンペオ米国務長官に対して「検証のために専門家を豊渓里に招待したい」と提案したが（参考文献８）、その後の米朝交渉の行き詰まりによって実現していない。この核実験場は、2017 年６月の最後の水爆実験で、大きな損傷を受けていたと考えられている。韓国の気象局（KMA）の発表によると、最後の核実験以来、2017 年中に７回、2018 年に３回、2019 年に２回、2020 年１月までに１回と、合計 13 回のマグニチュード 2.5 〜 3.2 の誘発地震が豊渓里付近で発生している。2021 年現在、北朝鮮には知られている核実験場は存在しない。

現在までの最期の地下核実験である 2017 年９月の水爆実験について、DPRK 核兵器研究所は、多くの技術的内容を含む報告文を発表した（「朝鮮中央通信」2017 年９月３日）。そこには、次のような技術情報が書かれている（「　」内は報告文に記されている文言の正確な引用である）。

１．核実験は、「ICBM のペイロードとして搭載される水素爆弾の製作に新しく導入された威力制御技術と内部構造の設計の精度と信頼性の検証のために行われた。」

〈表６〉北朝鮮の核実験

第１回　2006年10月９日

■威力　0.5～1.0kt
核物質：プルトニウム（李弘燮原子力研究所長の説明）
北朝鮮発表：国産技術で成功、放射能放出なし。事前に中国に４kt と予告
DNI：核実験を確認、爆発威力は１kt 以下と発表
CTBTO：マグニチュード 4.1

■科学的知見
DNI：10月11日に収集した標本から放射性核種を検出
CTBTO：10月23日、IMS（国際監視制度）のイエローナイフ観測所（カナダ）で Xe133 を検出
核実験場東トンネルで実験。汚染のため以後閉鎖されたと思われる

第２回　2009年５月25日

■威力　1～7kt
核物質：プルトニウム
北朝鮮発表：爆発力と制御技術の新しいより高い水準で行う。
CTBTO：マグニチュード 4.52、USGS：マグニチュード 4.7
DNI：爆発威力は数キロトンと推定。

■科学的知見
放射性核種の検出なし
核実験場北トンネルで実験。

第３回　2013年２月12日

■威力　7.4～25kt（ヘッカーらは７～14kt、DNI は数 kt と見積もる）
核物質：プルトニウムかウランか明確ではない。濃縮ウランを用いた最初の実験かも知れない。
北朝鮮発表：前回より小型で軽量、威力の強い原爆。抑止力がより多様化する。
CTBTO：マグニチュード 5.0、USGS：マグニチュード 5.1
DNI：爆発威力は数 kt と推定。

■科学的知見
CTBTO：55日後、高崎で Xe131m と Xe133 を検出。ロシアのウスリースク観測所でも検出。

第４回　2016年１月６日

■威力　5～14kt（ヘッカーらは７～14kt）
核物質：プルトニウムかウランか明確ではない。北朝鮮は１回目の水素爆弾実験と述べる。しかし、プルトニウム爆弾を用いたブースト爆弾の可能性が高い。（ヘッカーら）
USGS：マグニチュード 5.1

第５回　2016 年９月９日 ■威力　15 ～ 25kt（ヘッカーら） 核物質：高濃縮ウランあるいはプルトニウム 北朝鮮発表：ファソン戦略ミサイルへの搭載のため標準化した設計の弾頭のテスト。より小型化、軽量化、多様化した弾頭の製作が可能になる。 USGS：マグニチュード 5.3
第６回　2017 年９月３日 ■威力　200 ～ 250kt（ヘッカーら）、140 ～ 250kt（クリステンセンら） 核物質：北朝鮮発表通り２段設計の水素爆弾と考えられる。 北朝鮮発表：ICBM のペイロードとして実験。最初の水素爆弾を改良した超現代的、超威力の水爆。超強力な電磁波攻撃が可能な高度での爆発が可能。 USGS：マグニチュード 5.2 から 6.3 に修正。 CTBTO：マグニチュード 5.8 から 6.1 に修正 ■科学的知見 実験場北トンネル 2020 年１月末までに核実験場・豊渓里付近でマグニチュード 2.5 ～ 3.2 の誘発地震が 13 回発生。

DNI ＝米国家情報長官
CTBTO ＝包括的核実験禁止条約（CTBT）機構準備委員会
USGS ＝米地質調査所
出典　ヘッカーら（参考文献５）、クリステンセンら（参考文献６）、RECNA（参考文献４）

２．実験の結果は、総爆発力の量においても、総爆発力に占める「核分裂と核融合の威力の比率」においても、２段式熱核爆弾の質的なレベルを示すさまざまな物理的特性においても、弾頭設計で想定した数字と十分に合致した。

３．実験によって、水素爆弾のプライマリーと呼ばれる「１次系における圧縮技術や核分裂連鎖反応の開始制御技術の正確さを再確認できた。」

４．「水素爆弾の２次系（「セカンダリー」と呼ばれる）における核融合威力を高めるための鍵をにぎる技術――核物質の対称的な圧縮、核分裂爆発と高温核融合の点火、それに続く急速に増殖する分裂－融合反応――が高度な水準で達成されたことが確認された。」

この実験の直前には、朝鮮中央通信（KCNA）は科学者たちが水爆の弾頭を金正恩に説明している数枚の写真を公表した。**〈図５〉**の写真はそのような写真の１枚であるが、ここに示されている弾頭の外形は、プライマリー（核分裂反応に

〈図５〉北朝鮮の２段式水爆の写真と一般的水爆の図解

（写真提供：朝鮮通信＝共同）

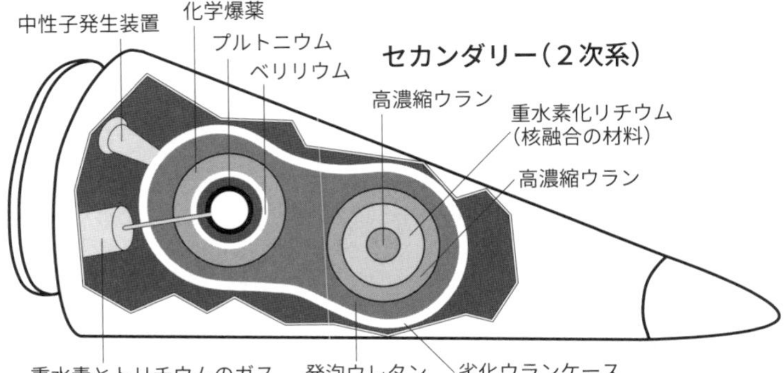

上部の写真は北朝鮮が発表した水爆と思われる核弾頭の写真（KCNA、2017年９月）、下部の図は、最近の標準的な２段式水素爆弾の一般的な模式図を北朝鮮の弾頭の外形と重ねた模式図。
写真の人物は、金正恩（前面右から２人目）の右が洪承武（軍需省副長官、当時）、左が李弘燮（核兵器研究所長、当時）。模式図はハロルド・ファイブソンなど著、鈴木達治郎監訳『核のない世界への提言』（RECNA叢書２、法律文化社、2017年３月）を参考にして作成した。

〈表７〉要約：北朝鮮の核兵器の現状

プルトニウム保有量	25 ～ 48 kg（ヘッカー、2021 年 4 月）
高濃縮ウラン保有量	600 ～ 950 kg（ヘッカー、2021 年 4 月）
核弾頭数	約 45 個（ヘッカー、2021 年 4 月） 約 40 個（クリステンセンら、2021 年 3 月） 約 60 個（米国防情報局、2021 年 4 月）
核弾頭増強能力	毎年 7 弾頭（米議会調査局、2021 年 4 月） 毎年 6 弾頭（ヘッカー、2021 年 4 月）

出典：本文参照

よる爆発）とセカンダリー（核融合反応による爆発）の２段構成で設計される近代的水爆の外形とぴったりと符合する。写真の下にそれを模式的に示す一般的な２段式水爆の概念図を並べて示した。

これらの情報を総合して考えると、北朝鮮の水爆技術が相当な水準に達していることを疑うことは困難であろう。

核弾頭製造技術に疑う余地がないとしても、北朝鮮が何個の核弾頭を保有しているかを推測することは簡単ではない。インドやパキスタンなどの場合、プルトニウムや高濃縮ウランの推定保有量を基礎に、核任務をもった作戦部隊の構成、および核能力のあるミサイルなどの運搬手段の生産数の推定から、保有弾頭数が推定されている。北朝鮮の場合、次節に述べるように、ミサイルなど核能力運搬手段の状況がまだ発展段階であり、実戦配備に関する確証もない。したがって、保有する核弾頭の数の推定は極めて困難な状況である。ヘッカーは、保有核物質の保有量から推測して、2021 年４月現在、約 45 個の弾頭が存在していると推定している（参考文献３）。また、世界の核保有国の核兵器の動向を永年調査して「原子科学者会報」に記事を書いているハンス・クリステンセンらは、核弾頭に組み立てる工程までを勘案して、2021 年３月現在における北朝鮮の核弾頭保有量は 40 個程度と推定している（参考文献９）。いっぽう、米議会調査サービスは、米国防情報局（DIA）が 60 弾頭と推定していると報じている（参考文献 10）。さらに、同サービス報告書は「専門家の何人かは、１年に７弾頭追加するに十分な核物質の製造が可能であろう」と述べている。これに対して、ヘッカーは弾頭製造能力を１年に６個と推定している。これらの概数を〈表７〉にまとめておく。

❖核兵器運用についての考え方

2013年4月1日、北朝鮮の最高人民会議が核兵器国確立法を制定したことは第4章で述べたとおりである。その内容は巻末 資料11 に訳出した。

このとき、北朝鮮は初めて核兵器の運用についての整理した政策を表明した。その要点は次のようなものである。

1．核兵器は、敵対核兵器国（米国）による侵略あるいは攻撃を撃退し、報復するために用いられる。

2．朝鮮人民軍最高司令官のみが、使用を命じることができる。

3．敵対核兵器国の侵略や攻撃に加担しない限り、非核兵器国に対する核兵器の使用や使用の威嚇を行わない。

この文言によれば、たとえ核兵器を用いない攻撃であっても、敵対核兵器国の攻撃に対しては核兵器の使用がありうると読める。しかし、2016年5月の第7回労働党大会における決定文書は、「責任ある核兵器国として、敵対侵略国が核兵器でもって主権を侵害することがない限り、DPRKは先に核兵器を使用しない」と述べている（「朝鮮中央通信」2016年5月8日）。これによれば、核兵器による攻撃に対してのみ核兵器の報復をするという考えになる。この考え方は、いわゆる「先行不使用（ノー・ファースト・ユース）」の教義（ドクトリン）を北朝鮮がもっていると理解される。

ところが、第5章で紹介した（153ページ）2018年4月の第7期朝鮮労働党中央委員会第3回総会における重要な決定（巻末 資料12 ）には、再び次のようなあいまいな文言がある。「わが国家に対する核の威嚇や核の挑発がない限り核兵器を絶対に使用しないし、いかなる場合にも核兵器と核技術を移転しない。」ここでは、敵の核兵器使用という直接的な文言ではなく、「威嚇」や「挑発」という幅広い用語を使って核兵器使用の要件と表現されているので、北朝鮮の先行不使用の解釈が再び混乱することになる。

このような情報の現状を踏まえると、核兵器の使用についての厳密なドクトリンがまだ私たちには明確にはなっていないと考えるのが、正確であろう。明確化しなければならないという必要性に迫られていないのか、故意にあいまいさを残しているのかについても、判断は別れるであろう。

一方で、重要なことは、北朝鮮が、核兵器国と同盟関係にない非核兵器国に対しては核兵器を用いないと明言していることである。これは、米国をはじめとする西側核兵器国と同じ消極的安全保証（NSA）の政策をとることを意味する。このNSA政策は、より厳密に非核保有国に対しては核兵器を使用しないとする中国の政策とは異なる。中国は、非核保有国に対しては無条件にいかなる時にも核兵器を使用しないとする政策を、1964年以来一貫して公言してきた。

2　運搬手段

❖一般的考察

2017年頃までは、国際的な関心の多くは、北朝鮮の核兵器計画におけるプルトニウムや高濃縮ウランの生産と核弾頭の組み立て能力の発展に注がれてきた。しかし、それ以後は、弾頭を核戦力として使用するために必要な運搬手段の開発により多くの関心が注がれるようになった。

情報分析の多くを米国の研究者に頼るために、米国にとっての安全保障上の関心である長距離ミサイル、とりわけ大陸間弾道ミサイル（ICBM）の開発に関心が注がれた。この関心のあり方は、ある意味で妥当なことと言える。なぜならば、北朝鮮の核開発と米朝交渉の歴史から明らかなように、北朝鮮の核兵器は第一義的に北朝鮮の体制転覆を狙う米国の脅威に対する抑止力と位置づけられてきた。だとすると、米本土攻撃能力を具現するICBM能力の獲得こそが、北朝鮮の運搬手段の本命であると考えられるからである。

しかし、北朝鮮の核兵器能力は、実際には米国を超えた国際的な意味をもつ。金日成の時代から北朝鮮の社会主義建設路線はソ連と距離をおいたものであったし、中国との関係においても、北朝鮮は中国の影響と中国への依存が強くなりすぎることを警戒していることが、しばしば指摘されている。現在、ロシアも中国も北朝鮮の核武装を強く拒否している理由の一つには、このような背景があるだろう。

このような観点から、ここではまず、より一般的な視点から北朝鮮の核兵器運搬手段について考察しておく。

運搬手段を大別すると、爆撃機、ミサイル（弾道、巡航、極超音速滑空体。また地上発射と潜水艦発射)、非正規手段の３つの手段となる。核兵器運搬手段としてのミサイルについて、現在のところ、北朝鮮の関心は弾道ミサイルに集中していると考えてよい。対艦巡航ミサイルはすでに存在し、対地攻撃巡航ミサイルらしきものが2020年10月の軍事パレードに登場している。また将来兵器としての極超音速滑空体への北朝鮮の関心が最近の第８回朝鮮労働党大会で述べられた。しかし、核兵器運搬手段としてこれらのミサイルが浮上する可能性は小さいと考えられる。

弾道ミサイルについては後の節で詳述することにし、この節では爆撃機と非正規手段について要点を整理しておく。

歴史的にみると、ほとんどの核兵器保有国は爆撃機で核爆弾を投下することから核戦力の構築を始めた。先進核兵器国のみならず、後発の核保有国であるイスラエル、インド、パキスタンにおいてもそうであった（参考文献11)。しかし、得られている情報によれば、北朝鮮はその道を辿らなかった。航空戦力の弱さがその大きな理由の一つであろう。

北朝鮮においては、保有するイリューシン28（IL-28。NATO名ビーグル）が、このような目的に使用することが可能な爆撃機である。イリューシン28は、1950年にソ連で初就役、1980年代に退役した爆撃機である。機体下部の兵器ベイに3000 kgまでの爆弾を運搬でき、航続距離は高度１万メートルで2400kmとされる。中国の現役の爆撃機H-５（轟(ホン)５）はIL-28由来のライセンス生産機である。

北朝鮮はイリューシン28を40～60機保有している。核兵器の運搬を意図すれば可能であり、韓国、中国、日本を含む標的設定ができる。グアムまでも片道飛行は可能である。しかし、発達した韓国、日本などの航空攻撃能力と防空網をかいくぐって任務を果たすのは極めて困難であろう。爆撃機核戦力を北朝鮮が開発しているという情報は今のところない。

ミサイル、航空機、潜水艦といった近代的な核兵器運搬手段でなくても、非正規的な運搬手段による核兵器の使用が可能である。

北朝鮮の場合、核開発戦略は国家の外交戦略と一体となって進んできたことを考えると、非正規的手段による核兵器使用という考え方に関心はなかったであろう。敢えて考えるとすれば、戦時における非常手段という位置づけにおいてであろう。

海上においては、特殊部隊を送り込む小型船や潜水艇などに核爆発装置を設置して航行し、港湾や沿岸都市を核攻撃することが可能である。米国を中心に、9・11以後、非国家主体によるそのような核攻撃が論じられた。しかし、地理的領域が厳しい監視下に置かれている北朝鮮について、そのような可能性を考えるのは極めて困難である。

戦時の陸上においては、車両などに仕掛けた核爆発装置が同様な非正規手段となりうる。とりわけ、一定規模の敵部隊が侵入する陸路に設置することによって戦場兵器として使用することは考えられる。

❖弾道ミサイル

北朝鮮は、国力を投入して弾道ミサイルの開発に力を注いできた。核戦力を、米国が北朝鮮に戦争を仕掛けることができない戦争抑止力と位置づける北朝鮮にとって、弾道ミサイルは米国を直撃できるもっとも有効な運搬手段であろう。

弾道ミサイルについて議論するとき、その射程によって分類されることが多いので、まず関連する用語の整理をしておこう。

米国防総省は〈表8〉のように5段階に弾道ミサイルの射程を分類している(参考文献12)。

しかし、一方で、2019年8月に米トランプ政権によって失効に追い込まれて話題になった米ロ間の中距離核戦力(INF)全廃条約においては、中距離ミサイル(intermediate range missile)は射程1000～5500kmのミサイルと定義され、それよりも短距離の射程500～1000kmのミサイルを比較短距離ミサイル(shorter range missile)と定義された。つまり、INF全廃条約では、米国のほぼ準中距離と中距離を合わせて中距離と定義し、米国の短距離ミサイルにほぼ該当するものを比較短距離と定義している。比較短距離を準中距離と訳す文献もあるため、メディアでは混乱が拡大している。

さらに、2019年以後、北朝鮮が頻繁に発射している弾道ミサイルは、米国の定義では短距離ミサイルよりもさらに短い射程をもつ近接距離ミサイルに分類される。しかし、米国のメディアも含めてメディア上はほとんど短距離と呼ばれている。

〈表８〉射程による弾道ミサイルの分類（米国防総省）

近接距離弾道ミサイル（CRBM）	射程 0 〜 300 カイリ（0 〜 500 km）
短距離弾道ミサイル（SRBM）	射程 300 〜 600 カイリ（500 〜 1100km）
準中距離弾道ミサイル（MRBM）	射程 600 〜 1500 カイリ（1100 〜 2700km）
中距離弾道ミサイル（IRBM）	射程 1500 〜 3000 カイリ（2700 〜 5500km）
大陸間弾道ミサイル（ICBM）	射程 3000 カイリ以上（5500km 以上）
CRBM=Close Range Ballistic Missile MRBM=Medium Range Ballistic Missile ICBM=Intercontinental Ballistic Missile	SRBM=Short Range Ballistic Missile IRBM=Intermediate Range Ballistic Missile

出典：参考文献 12

このように、射程によるミサイルの区別は、軍や条約での定義が食い違うとともに日常的に使われている用語も便宜的なものである。

本書では、米国防総省の用語においては厳密な定義が存在すること、また、法的文書ではその文書による厳密な定義がありうることを踏まえたうえで、文中の説明においては北朝鮮のミサイルを議論する際に合理的と思われる方法で言葉を使うことにする。すなわち、朝鮮半島内を標的にするミサイル（概ね射程 500km 以内）は、短距離ミサイルと呼んで不都合ではないだろうし、北朝鮮から日本を射程に収めるミサイル（概ね射程 1000 ㎞程度）は準中距離、グアムを射程に入れるもの（概ね射程 3500 ㎞程度）は中距離と呼ぶのが適当であろう。そして 5500 ㎞以上の射程をもつものは、国際的に通用している ICBM と呼ぶのが適当であると考えられる。

また、本書での関心は核兵器運搬手段としてのミサイルである。北朝鮮が戦略軍への配備を公言しているミサイルは限られており、他の多くのミサイルは核兵器搭載を計画しているか否かは明らかではない。たとえば、2019 年以来、発射が繰り返されている北朝鮮の短距離ミサイルの多くは、その訓練実態から核兵器能力は想定されていないと考えられる。いっぽうで、短距離ではあっても、ソ連・ロシア製の原型から派生しているか、それとの類似が認められ、原型が核能力をもつもの（スカッド B やイスカンデルなど）に関しては、核能力を疑う必要があるであろう。

カーネギー国際平和財団のジェームス・アクトン博士の核・非核両用兵器に関

する論文（参考文献 13）によると、北朝鮮の小口径の短距離ミサイルは、現状における北朝鮮の核弾頭の小型化技術に鑑みて核兵器任務は考えにくいとして、トクサ（毒蛇の意。米国の命名は KN-02）や多連装ロケット砲（米国の命名は KN-09）の核能力を否定している。同時に、2018 年以後に目撃されている射程が 300 km以上の新型ミサイルは、核・非核の両用を疑う必要があると述べている。

このような考察に基づきながら、核能力が想定されうる北朝鮮の弾道ミサイルを要約して**〈表９〉**に掲げる。2020 年 10 月 10 日の朝鮮労働党創建 75 周年記念の軍事パレードに初登場した 11 車軸トラックに載せられた超大型ミサイルやプッククソン（北極星）４と書かれた固体燃料ミサイル、また 2021 年１月 14 日の第８回朝鮮労働党大会祝賀パレードに初登場したプックソン５と書かれたミサイルなど、発射テストなど他の情報がないものは表には記されていない。

以下の説明に登場する北朝鮮の弾道ミサイル、衛星発射体の大きさを比較するために、スケッチ図を**〈図６〉**に示す。

❖地上発射・短距離弾道ミサイル

1　スカッド系ミサイル

スカッド・ミサイルは、よく知られているように原型はソ連製であり、液体燃料、道路移動型、１段階のロケット推進で飛行する１段式ミサイルである。スカッドという呼び名は NATO がつけたもので「疾走」の意味がある。ソ連でのスカッド B（R-17）は核・化学・通常弾頭をもっていた。北朝鮮では、スカッド B をファソン（火星）５、スカッド C をファソン６と命名している。

米国防総省は、北朝鮮がスカッド B、C、および B の射程を延長したスカッド ER（ER = Extended Range）の３種類を保有していると分析している。スカッド ER（ファソン９）は準中距離に分類されるミサイルであり、北朝鮮南部から発射すれば、横須賀にある米海軍基地が射程内に入る（**〈図７〉**参照）。

スカッドは、道路移動式発射台（TEL = Transporter-Erector-Launcher と呼ばれる）から発射される。米国防総省は、トクサ（毒蛇、固体燃料の近接距離弾道ミサイル）とすべての種類のスカッドと合わせて 100 基の発射台があると推定している（参考文献 14）。しかし、スカッド・ミサイルそのものに関しては、多くの研究者が、発射台数よりもはるかに多い 500 ～ 700 発を保有していると推定し

〈表９〉核能力が推定される北朝鮮の弾道ミサイル

	別名、別表記	特徴	ペイロード（kg）と射程 (km)	保有量と注
スカッドＢ （CRBM）	ファソン（火星）５	液体燃料 １段式	300 km	TEL はトクサとスカッドと合わせて約 100 基。
戦術誘導兵器 （CRBM）	KN-24	固体燃料 １段式	ペイロード 400-500 kg 350-410 km	外形が米 ATACMS 類似だが大型。非核版は実戦配備済みか。「チュチェ弾」。
戦術誘導兵器 （SRBM）	KN-23	固体燃料 １段式	ペイロード 500 kg 450 〜 690 km	低空軌道。最終段階での変則軌道。外形がロシアのイスカンデルに類似。
スカッド ER （S/MRBM）	ファソン９、KN-04	液体燃料 １段式	ペイロード 500 kg 700 〜 1000 km	ER= 延長射程。TEL はスカッドと合わせて約 100 基。
ノドン（MRBM）	蘆洞、ファソン７	液体燃料 １段式	ペイロード 700 〜 1000kg 1200 〜 1500 km	TEL は 50 基以下。ミサイル約 200 発。
プッククソン２ （MRBM）	北極星２、KN-15	固体燃料 １段式	1200 〜 2000 km	北極星１の陸上版。コールド･ローンチ方式。キャタピラーの TEL。
ムスダン（IRBM）	舞水端、ファソン 10 KN-07、BM-25	液体燃料 １段式	ペイロード 500 〜 1000kg 2500 〜 3500 km	TEL は 50 基以下。ミサイル数は不明。発射台 50 基以下。
ファソン 12 （IRBM）	KN-17	液体燃料 １段式	ペイロード 1000 kg 3000 〜 4500 km	TEL 使用。1997 年８月に４連発グアム攻撃計画を示唆。
ファソン 13-MOD1 （ICBM）	KN-08	液体燃料 ３段式	ペイロード 500 〜 700kg 5500 km以上	TEL は MOD １と MOD ２合わせて６基以上。発射実験なし。
ファソン 13-MOD2 （ICBM）	KN-14	液体燃料 ２段式	ペイロード 500 〜 700kg 8000 〜 9000 km	同上。３段式との分析もある。
ファソン 14 （ICBM）	KN-20	液体燃料 ２段式	10,400 km	２回の実験に成功。再突入技術が未完との分析。
ファソン 15 （ICBM）	KN-22	液体燃料 ２段式	ペイロード 1000 kg 13000 km	2017 年 11 月の１回の実験成功で核戦力完成を宣言。
テポドン２（SLV）	ウナ（銀河）２ ウナ３ クァンミョンソン （光明星）	液体燃料 ３段式	ペイロード 500 〜 1000kg 10000 〜 15000 km	一度だけ ICBM 設定の実験、その後 SLV。射程は ICBM としての推定。
プッククソン１ （SLBM）	北極星１、KN-11	固体燃料 ２段式	2000 km？	発射用潜水艦は実験用１隻のみ。
プッククソン３ （SLBM）	北極星３、KN-26	固体燃料 ２段式	2000 km？	2019 年 10 月に潜水バージから試射。

TEL：移動式起立発射台　SLV：衛星発射体

〈図６〉北朝鮮の弾道ミサイルと衛星発射体

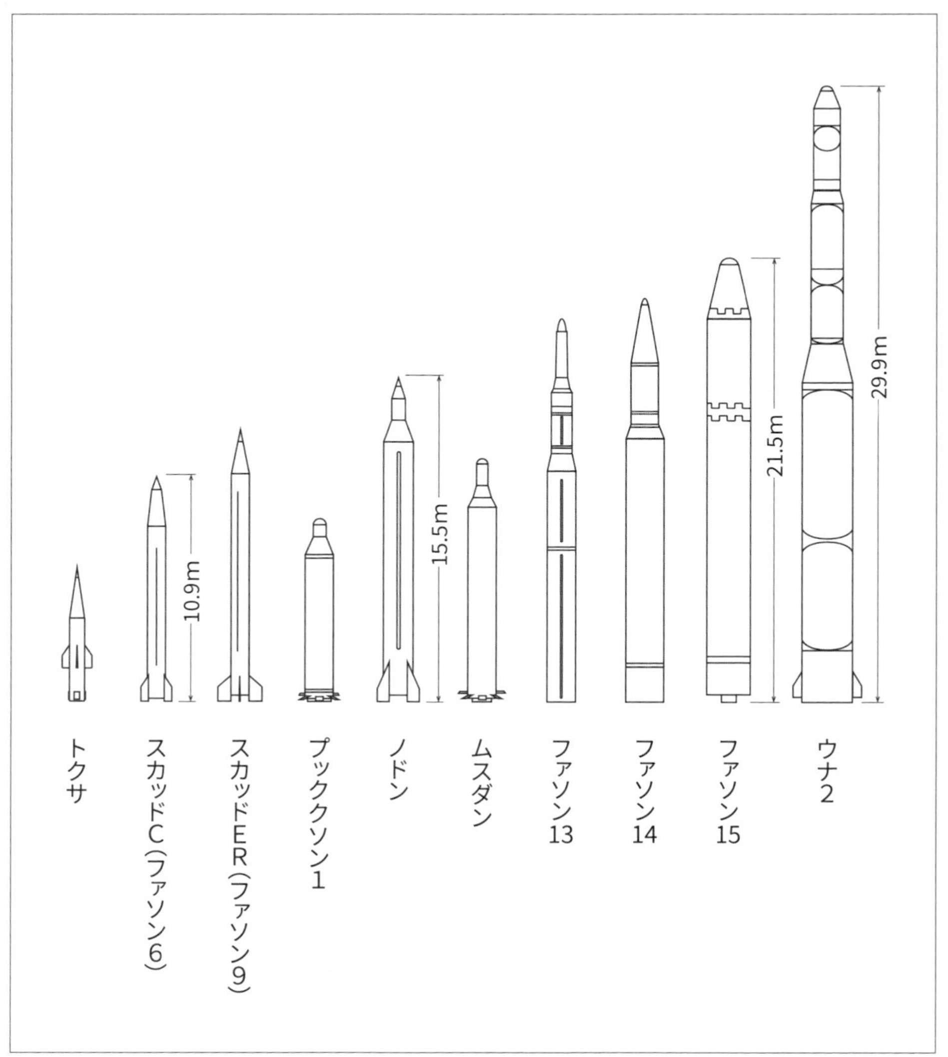

〈図７〉北朝鮮からの短距離、準中距離ミサイルの射程距離

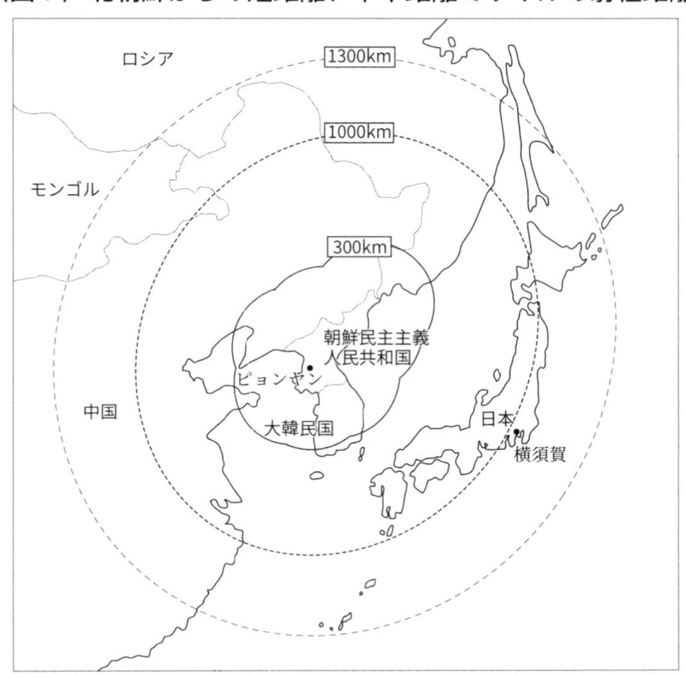

ている（参考文献 15)。

北朝鮮は、1979 年および 1980 年にソ連からではなくエジプトから少数のソ連製スカッド B を入手した。それを元に北朝鮮は逆行分析（リバース・エンジニアリング）を行ってスカッドの自国生産に取り組み、1987 年及び 1988 年には月産８～ 10 発を生産したとされる。イランに 100 発が売られイラン・イラク戦争で多くが使われた。弾頭の軽量化で射程を伸ばし、1990 年６月にスカッド C の発射テストを初めて行った。1999 年末までに、スカッド B と C を合わせて 600 ～ 1000 発を生産したと見積もられる。その半分は輸出された（参考文献 16)。

スカッドの発射試験や訓練は、米韓合同軍事演習に対抗してしばしば行われてきた。最近では、米国や韓国のミサイル防衛に打ち勝つために、飽和攻撃の訓練と思われる同じ標的地への同時発射訓練が目撃されている。2016 年９月５日にスカッド ER３発のほぼ同時発射、2017 年３月６日にスカッド ER４発の同時発

射が観測された。いずれも日本海上の日本の排他的経済水域内に落下した。

2　固体燃料短距離ミサイル

2019年5月、北朝鮮は17か月ぶりに弾道ミサイルを発射した。2017年の11月にICBMを発射して以来であった。

それ以後、北朝鮮は、2017年までとは異なる位置づけ、すなわち、韓国軍がF35ステルス戦闘機やグローバルホーク無人偵察機など米国から先端兵器を購入し高性能化しているのに対抗するために、朝鮮人民軍（KPA）兵器の近代化を自主国防科学の振興によって強化しようという党方針のもとに、固体燃料を用いた短距離の戦術弾道ミサイルの開発に注力した。それらが、核能力を追求しているかどうかははっきりしないが、ミサイルの直径、ペイロード（有効積載重量）の推定値と北朝鮮の核弾頭の大きさや重量の推定値から、核能力の可能性を判断することができる。その結果、少なくとも次の2つのミサイルの核・非核両用の可能性を指摘しておきたい。

まず、**KN-23**（米国の命名）がある（〈表9〉参照）。2018年2月の朝鮮人民軍70周年記念軍事パレードに登場したのが最初の目撃例であった。その後、いくつかの変形が報道されている。2019年5月の発射においては朝鮮中央通信の報道において、火器訓練中に発射された例がある（「朝鮮中央通信」2019年5月5日）が、その後、新型兵器と紹介された展示発射があった。すでに実戦配備されていた旧型と改良された新型の両方があるとの解釈を誘うが確証はない。新型と述べられたものの中には新型戦術誘導兵器と述べたものや（「朝鮮中央通信」2019年7月26日、8月7日）、新しく開発した新型戦術誘導ミサイルと述べたものもある（「朝鮮中央通信」2021年3月26日）。2019年中に北朝鮮は7発のKN-23を発射し、2021年3月のものを含めると、これまで9発の発射例を数えることができる（10発のうち1発が失敗との見方もある）。

KN-23の外形はロシアの核・非核両用弾道ミサイル・イスカンデルに酷似しているが、配管のちがいなど明らかな相違もあり、起源は明らかではない。ミサイルは低空で飛行し、標的の近くで急上昇する変則軌道を描き、ミサイル防衛での迎撃は困難とされている。4軸トラックや無限軌道車に搭載される。2020年10月の軍事パレードにも登場した。

もう一つは**KN-24**と命名されているミサイルである。朝鮮中央通信は「新しい戦術誘導兵器」と一般名で記述した。KN-24は、2019年８月10日と16日、2020年３月21日の３回（各２発）の３回の発射が観察されている。１回の発射における２発の発射間隔を短くする改善が行われた。このミサイルの外形は米陸軍のATACMS（Army Tactical Missile System、エイ・タクムスと発音）に似ていると指摘されてきたが直径はそれよりも大きい。無限軌道車両に搭載されている。朝鮮中央通信は、飛行軌道の特異さや標的への急降下の機能、命中精度の高さなどを誇って「チュチェ弾」と呼んだ（「朝鮮中央通信」2019年８月11日）。2020年３月の発射が開発部門から人民軍に引き渡すための展示発射と位置づけられていたことを考えると、核能力は別として実戦配備のミサイルと考えられる。2020年10月の軍事パレードに登場した。

❖地上発射・準中距離、中距離弾道ミサイル

1　ノドン準中距離ミサイル

ノドンは、米国防総省の報告をはじめ多くの文献において、射程約1300km、液体燃料、１段式、道路移動型の弾道ミサイルと記載されており、現在の北朝鮮の中心をなすと思われるミサイル戦力である。信頼性が高く命中精度も高いと評価されている。米国防総省はTEL保有数を50基以下と見積もっているが（参考文献14）、別の研究機関ではミサイルの保有数は約200基と見積もっている（参考文献17）。

ノドン（蘆洞、北朝鮮ではロドンと発音）は日本海（東海）に面した地名であり、この型のミサイルが最初に確認されたムスダンリ（舞水端里）（10ページ地図）の一部にある行政区の名前をとって、米国が命名した。

ノドン自体についての技術的情報は少ない。ノドンはスカッドＣではなくてスカッドＢを基礎に開発され、原型はソ連の核能力のあるスカッドＢ（R-17）である。2010年10月の平壌の軍事パレードに登場したが、それは実物ではなくて模型であった。北朝鮮とパキスタンおよびイランとの交渉の歴史から、ノドン開発は初期からイランとの技術協力、パキスタンの財政援助などのもとで行われたと考えられ、イランのシャハブ３、パキスタンのガウリ（ハトフ５）がノドンであるとして技術的分析が行われてきた（参考文献18）。パキスタンのガウリに

は24基の核弾頭搭載のものがあると見積もられており、北朝鮮のノドンも核搭載の可能性がある。

ノドンの開発は1988年あるいは1989年に始まった。米国の偵察衛星が舞水端里でTEL上のノドンの最初の映像を捉えたのは1990年5月である。1991年に小規模生産が始まり、1992年12月初めには北朝鮮代表がイランに赴き、核とノドン・ミサイルの共同開発のためにイランから5億ドルの軍事支援を得たとされる。1993年末、パキスタン首相が平壌を訪問、ノドンを購入しパキスタンで製造する取引を行った。開発には冷戦終結で職を失った多くのソ連技術者が関与したと伝えられる（参考文献19）。

ノドンの最初の発射実験は1990年5月に行われたが失敗であったと分析されている。1993年5月29～30日にイラン代表の出席の下で実験され、1000～1300kmの射程を持ちながら500km飛行した。これは不満足な結果ではなく、東海岸から東方に向けた試射においては、日本の領域や排他的経済水域（EEZ）に着弾することを避けるための計画的な飛行実験であったと考えられる。なぜならば、パキスタンは実験直後にミサイル購入手続きを行った。北朝鮮におけるノドンの最初の実戦配備は1995年2月とされる。

ノドンの発射実験例に関しては、まず第3章でテポドン2の発射に焦点を当てて紹介した2006年7月5日のものがある（113ページ）。その日、北朝鮮は東海岸から7発の弾道ミサイル発射を行ったが、2発目のものが元山（ウォンサン）に近い旗対嶺（キッテリョン）（10ページ地図）から発射したノドンであるとされている。飛行距離は600～620kmであった。その後も、2014年3月26日に米韓合同演習に対抗して西海岸に近い粛川（スクチョン）（10ページ地図）から東方に向かって2発、2年後の2016年3月18日、やはり米韓合同演習中に粛川から東方に2発を発射した。北朝鮮は、イランのシャハブ3、パキスタンのガウリ（ハトフ5）の発射実験もノドンの技術データ収集に活用したであろう。

地上発射の準中距離弾道ミサイルには、他に固体燃料を用いたプッククソン（北極星）2があるが、これは潜水艦発射弾道ミサイル（SLBM）から派生したものであり、後の節において説明する。

2　中距離ミサイル―ムスダンとファソン 12

ムスダンはこの型のミサイルが最初に目撃された東海岸の行政区名である舞水端・里（ムスダン・リ）から、米国防総省が命名した呼称である。米国防総省の記号は KN-07 であり、北朝鮮では**ファソン 10** と報じた。北朝鮮がイランに輸出したときの組み立て製品につけられた名前「BM-25」で呼ばれたり、原型と推定されるソ連の潜水艦発射弾道ミサイル「SS-N- ６」（R-27）で呼ばれたこともある。移動式発射台（TEL）から発射され、液体燃料、１段式のミサイルである。北朝鮮ミサイル技術の歴史においては、スカッドをベースにしたものではない最初のミサイルとして注目される。

米国防総省は、射程を 3200+km と評価し、発射台は 50 基以下と見積もっている（参考文献 14）。北朝鮮から沖縄、グアムの米軍基地に達する射程である。

2000 年にムスダンと思われる弾道ミサイルの原型が確認されて以来、いくつかの関連情報が蓄積されていたが、2007 年４月 25 日の朝鮮人民軍創建 75 周年（当時の記念日）の軍事パレードの米軍事衛星写真の分析として、韓国政府筋が新型中距離弾道ミサイルの登場と報じたのが、公的なムスダンの最初の確認であった。このときはムスダンという名称は使われなかった。同年５月、同型のミサイルがイランで実験されたとの報道においてはムスダンという米軍呼称が使われた。朝鮮労働党創建 65 周年となる 2010 年 10 月 10 日の軍事パレードにおいてムスダンの模型が登場したことによって、ムスダンの存在は不動のものとなった。

2016 年になってムスダンは国際的に注目を浴びた。第７回労働党大会（2016 年５月６～９日）の前後において８回もの発射実験が行われたが、ほとんどが失敗を繰り返した。技術開発の論理にしたがった実験プロセスとしては考えにくい経過を辿った。

2016 年４月 15 日の太陽節（金日成主席の誕生日）に、東海岸の元山付近に展開した TEL からムスダン発射実験が行われたが十分上昇しないうちに機体が爆発して失敗した。原因を究明して必要な改良を施すには短すぎる期間をおいて４月 28 日、午前と夕方の２回にわたって同じ地域から発射実験が行われたが２回とも失敗した。労働党大会を挟んでほぼ一月後、５月 31 日に４回目の発射実験が行われたがこれも失敗に終わった。続いて６月 22 日早朝、約２時間の間隔をおいて２発の発射実験を行った。他のすべてのムスダン発射実験について言及がないにもかかわらず、朝鮮中央通信が発射翌日の6月23日に2発目の発射のみを成功として報道した。短期間に行われた6回の実験ののちムスダンはこのときに初めて発射実験に成功したと言ってよいであろう。朝鮮中央通信は、このときミサイルを地対地・中距離戦略弾道ミサイル「ファソン10」と呼んだ。

ムスダンの発射実験において、高角度軌道（ロフテッド軌道）の発射実験が取り入れられたことに注目しておきたい。最大の理由は、ミサイルの射程が伸びたとき、地理的な立地の制約から北朝鮮から発射した実験用ミサイルが他国の領域や排他的経済水域に落下する危険を伴うからであろう。そのために高角度に発射して水平飛翔距離を短くできる高角度発射を選択しているものと思われる。ムスダン以後の実験の多くは高角度軌道で行われるようになった。

2016年10月に、さらに2回のムスダンの発射実験が失敗に終わったと報じられたが、ムスダンではなく、KN08（ICBM）の実験であったとの分析もある。ムスダンの実戦配備の有無を含めて明確な情報はない。2020年10月の軍事パレードにムスダンの姿がなかったことを考えると、ムスダンは失敗作として放棄された可能性がある。

2017年に入って、北朝鮮の中距離弾道ミサイルの開発実験は、ムスダン（ファソン10）ではなくて、**ファソン12**（KN-17）に集中した。方針転換があったと考えるのが自然であるが技術的な詳細は明らかではない。ファソン12の発射実験は2017年4月に始まり2回の失敗を経た後、5月14日に高角度発射に成功した。朝鮮中央通信は5月15日、ファソン12の名称を明示して成功を誇示するとともに、「大型重量核弾頭を搭載できる新開発の弾道ロケット」と明記した。その後、8月29日と9月15日に日本の襟裳岬上方の宇宙空間を飛行して太平洋に着水する軌道による通常軌道の発射訓練を行った。これらは発射試験ではなくて実射訓練という位置づけであり、高角度発射ではなくて通常の発射角度を選んだ。9月の発射は平壌近くに展開した移動式発射台からの発射であったことも注目される。飛翔距離はそれぞれ2700㎞と3700㎞と推定される。

ファソン12の日本列島越えの実射訓練は、2017年の米朝対立が頂点に達したときに発生した危機を象徴するできごとであった。第4章で述べたように、2017年に発足した米国のトランプ政権は、際立った力の政策を打ち出し、北朝鮮に対しては強い制裁による屈服の結果として非核化の対話を引き出すという初期の戦略をとった。米朝の激しい非難の応酬の中で、トランプ大統領は８月８日の記者会見で「北朝鮮は見たこともないような炎と怒りに包まれるだろう」と恫喝した。それに対して翌日、北朝鮮の戦略軍司令官・金洛謙は「４発のファソン12でグアムを包囲する同時攻撃の計画を真剣に検討している」「ミサイルは日本の島根、広島、高知上空を通過して、グアム沖30～40㎞に着弾する」「８月中旬までに計画を完了し、発射命令を待つ」と声明した。発射命令は出されなかったが、上記の日本列島越えの２発の訓練発射が行われた。

❖大陸間弾道ミサイル―ファソン14、15など

北朝鮮自身が強調してきたように、北朝鮮にとって核抑止力の究極の目標は核兵器を搭載した大陸間弾道ミサイル（ICBM）を開発することであった。米国もまた、北朝鮮から本土を直撃するICBMの開発動向を注視してきた。

ICBM開発を人工衛星の打ち上げ問題と直結させる議論が誤りであることは、早くから米国の専門家の間で指摘されてきたが、その議論は次節に譲る。衛星打ち上げではなく、最初に大陸間弾道ミサイルとして注目されたのは、2012年の太陽節（４月15日）軍事パレードに登場したファソン13（KN-08）であった。2015年10月の朝鮮労働党創建70周年の軍事パレードにその変型（KN-14）が登場することによって、前者をファソン13-MOD１、後者をファソン13-MOD２と呼ぶ専門家もいる。米国防総省の2017年議会報告書は両者の区別なくファソン13をICBMとして記述している（参考文献14）。

ファソン13についてはいずれの型においても発射実験が行われておらず、今日も有効なモデルであるかどうか疑問である。その後2017年になって、**ファソン14**（KN-20）、**ファソン15**（KN-22）が相次いで発射実験されたことに伴い、ファソン13は後景に退いた。

2017年７月４日と７月28日の２回にわたって、北朝鮮はファソン14の発射実験に成功した。いずれも亀城市近郊から高角度でロフテッド軌道にのせて日本海（東海）に向けて発射し、日本のEEZ内に落下させた。この海域は日本かロシアのいずれかの国のEEZに属する水域になるが、いずれの場合にも船舶などへの事前の警告なしに実験を行ったことは、市民の安全を無視した行為であり、許されざることである。一方で、安保理決議違反の発射であるために事前通告自身も

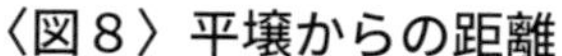

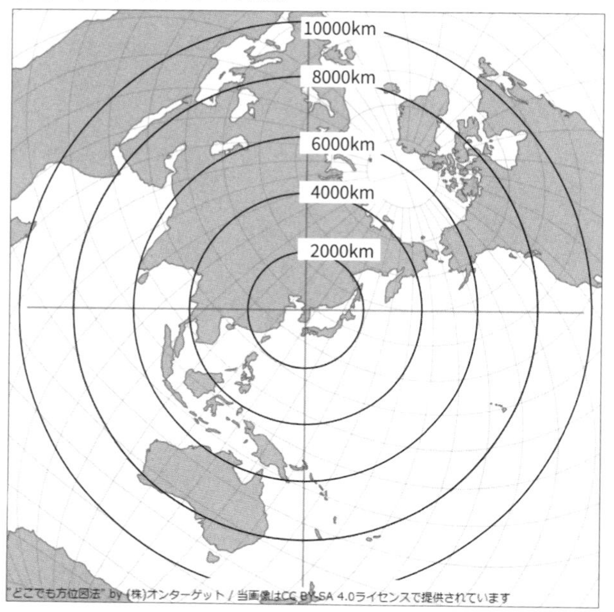

免罪にならないという問題が存在しており、実際には問題はさらに複雑である。

ファソン 14 を、通常の効果的な角度で発射した場合の射程は 10000 ㎞を超すと推測され、〈図８〉に示されるように、米国の西海岸の主要な都市が射程内に入る。その意味で、ファソン 14 は北朝鮮にとって最初に軍事的な成功を収めた ICBM であった。しかし、実際には、核ミサイルの信頼性にとって不可欠の要素は、ミサイルの先端にある再突入体（RV ＝リエントリー・ビークル）の耐熱性である。核ミサイルであれば再突入体には核弾頭が収納されている。宇宙を弾道飛行した後に大気圏に突入した再突入体の外壁は、大気との摩擦によって高温にさらされる。それに耐えて核弾頭の性能を維持しなければならない。この点において、ファソン 14 の性能には疑問が呈された。

７月28日に発射されたファソン14の軌道の最終段階を、NHK 室蘭放送局の気象カメラがとらえていた。正常ならば RV は地上 20 ㎞位から高温に達して光り始め、地表に落下するまで光り続ける。しかし、NHK のカメラ映像の分析によると、再突入したRVの輝きは地表６～８㎞で最高輝度に達したのち、４～５㎞上空でRVは光る物体を放出し始め、高度３～４㎞で光は暗くなり、直ぐに消失した。映像が山陰に隠れる以前にRVは分解、焼失したと分析結果は伝えている。

このような不十分性を抱えつつも、11月29日に北朝鮮がファソン15の発射に成功したことによって、北朝鮮のICBM技術は不動のものとして世界に受け入れられることになった。ファソン15は、平壌近郊からファソン14と同様に日本海（東海）方向に極めて高角度に発射され、日本のEEZ内に落下した。北朝鮮は4475㎞の高度に達し、水平距離950㎞を飛翔したと発表した。北朝鮮はまた、発射に用いられた９軸の超大型自走起立式発射台のすべてが国産であることを誇った。**〈図６〉**（198ページ）に示されているように、ファソン15はファソン14に比べて直径、長さともに大型であり、1000㎏のペイロードを13000㎞の距離に発射できると推定される。この射程は、米国の全領土を射程に収めることができる**〈図８〉**（206ページ）。ファソン15発射実験に成功したその日、第５章でも触れたように、金正恩委員長は政府声明を出して「国家核戦力の完成という偉大な歴史的大義をついに実現した」と宣言した（152ページ）。

とはいえ、１回の発射実験の成功だけではその信頼性に不安が残ることは否めない。再突入体の技術が確立されているかどうかも疑問である。技術的に考えるならば、北朝鮮は、米朝交渉を睨んだ政治的判断が許すならばICBM発射実験を繰り返す必要性があると考えるべきであろう。

❖衛星発射体（SLV）―テポドン（ウナ）

人工衛星を打ち上げるために用いられるロケットを衛星発射体（SLV＝Satellite Launch Vehicle）という。弾道ミサイル技術とSLV技術に共通部分が多いために、北朝鮮の人工衛星発射の試みは、ICBM開発のための偽装であると決めつける議論が西側諸国で頻繁にみられた。しかし、北朝鮮は弾道ミサイルの開発と同時に人工衛星を軌道に乗せることを重要な目的として持っていると考えるのが冷静な見方である。朝鮮式と名付け、独特の社会主義建設を目指す国家として、科学技術力を誇示し、国威発揚のための事業として衛星発射に意欲を燃やすことは、賛否は別として十分に想像できることがらである。以下に説明するように、開発の経過もそのことを示している。『防衛白書』の記述に象徴される日本の姿勢は、この点、冷静さを欠いた姿勢を示し続けてきた。米国防総省はテポドンをSLVと評価する姿勢に立ちながら、テポドン２をICBMとしてリストしている。その際「衛星発射のためにだけ使われてきたが、ICBMとして使われたときには米大陸に届く」と正確に断り書きを書いている（参考資料14）。

北朝鮮は固定発射台からテポドン系のロケット発射を過去に６回行った。その第２回目を除いて、北朝鮮はすべて人工衛星の発射と発表した。第３章でも述べたように（113ページ）、2006年７月に行われた第２回目だけは、北朝鮮は「ルーチンの軍事演習の一部」であると説明した。

以下に６回の発射の経過を要約する。

テポドン（大浦洞）はノドン（蘆洞）に隣接するムスダンリ（舞水端里）内の地名である（10ページ地図）。米国防総省がムスダンリ発射場からの長距離ミサイルの発射実験を監視していたが、そこで発見したミサイルの名を、地名をとって命名した。米国の情報機関は、テポドン１の開発はノドン開発と同時期、つまり1980年年代終わりから1990年代初めに始まったと考えている。1994年２月には米国の偵察衛星はテポドン１と２の模型を平壌近郊の研究開発施設で検出している。

テポドン系の最初の発射は1998年８月31日、舞水端里から東方に日本列島を越える軌道で行われた。弾道ミサイル・テポドンの発射と報道され、無警告で発射が行われたことへの憤りも加わって日本では「テポドン・ショック」として社会を揺さぶる事件となった。米国はやがて軌道修正をして人工衛星発射の試みが失敗に終わったとの解釈に転じた。

北朝鮮外務省は同年９月４日、人工衛星・光明星１の打ち上げに成功したと発表したが、どの国も軌道に乗った物体を検出できず、失敗であったとみなされている。打ち上げに用いられたSLVを西側ではテポドン１と名付けたが、北朝鮮は、白頭山１、あるいは銀河１と呼んでいる。

テポドン１の発射から約８年をおいて、2006年７月５日、テポドン２の発射が舞水端里において行われた。このときの発射準備の状況は２か月前から米国の偵察衛星によって捉えられており、発射当日も在日米軍のイージス艦を含め、米軍が注視する中で行われた。米海軍イージス艦の動向については、梅林の航海日誌の分析による詳細な報告書がある（参考文献 20）。発射は 42 秒後に機体が爆発するという完全な失敗に終わった。

この日は、短距離、準中距離を含む７発の一連のミサイル発射実験が行われ、テポドン２の発射はその３発目のものであった（113 ページ）。前述したように、「朝鮮中央通信」は翌７月６日、発射を「ルーチンの軍事演習の一部」と説明したことも含めて考えると、この２回目の発射は他のテポドン系の発射とは切り離して、別の位置づけをもったミサイル実験であったと理解するのが適当であると思われる。発射時の映像がないため、この時のテポドン２とそれ以後の SLV との技術的比較が不可能になっている。

３年後の 2009 年４月５日、東海（トンヘ）衛星発射場（舞水端里にある）からテポドン２の発射が行われ、北朝鮮は衛星発射に成功と発表した。因みに、この日はオバマ大統領のプラハ演説の日である。前述したように（131 ページ）、このときから北朝鮮は衛星発射という位置づけを内外に明確に打ち出した。２月 24 日に朝鮮宇宙技術委員会による発射の事前予告を行ったうえで、打ち上げる衛星は通信実験衛星・光明星（クァンミョンソン）２であり SLV は銀河（ウナ）２であると公式に発表した。さらに、宇宙物体登録条約に加盟するとともに、国際民間航空機関（ICAO）や国際海事機関（IMO）に発射予定日（４月４～８日）と危険地域を通知して船舶や航空機の安全を図るなど衛星発射に必要な手続きを整えた。SLV は３段式であり、１段目と２段目の落下水域は、予告されていた危険水域とほぼ一致していた。３段目は成功すればそのまま人工衛星になる予定であった。しかし、今回も衛星が軌道に乗ったことは外部機関では確認できず、発射は失敗であったとみなされた。

テポドン２、あるいはその改良型は、その後も人工衛星発射のために使用され続けた。2012 年４月 13 日、北朝鮮は最初の地球観測衛星・光明星３を西海（ソヘ）衛星発射場（宇宙センター）から発射したが失敗したと発表した。報道では発射後約２分後に空中で爆発した。西海衛星発射場は、黄海に面した東倉里（トンチャンリ）にある新しく建設された発射基地である。発射は金日成・生誕 100 周年（2012 年４月 15 日）を祝う行事であり、前回同様、ほぼ１か月前となる３月 16 日に、IMO などの国際機関に発射予定日と警戒区域を通報した。通報内容には極軌道に乗せること、SLV は銀河３であることも含まれた。のみならず、メディアに西海発射場などへの事前の公開取材を許した。発射時の取材は許されていない。報道によると、４月７日までに世界の21社の報道陣が入ったほか、12日には第２陣が加わり、総勢170人規模の取材が行われた。このときの日本政府の北朝鮮の脅威を煽る対応の様子は、韓国の衛星打ち上げ時の対応と比較しながら、序章で述べた通りである（13ページ参照）。

失敗を修正する衛星発射は同年の12月12日に同発射場から、南方に向かって同じ極軌道で発射された。北朝鮮は国際機関へのノータム（事前通告）を行った上で発射を行い、西海宇宙センターからSLV銀河３による２番目の光明星３の打ち上げに成功したと発表した。軌道の傾斜角、遠地点、近地点などの数値も公表した。軌道への投入は国際的にも確認され、北朝鮮は韓国よりも早く世界で９番目の自律的宇宙活動国（自国領域内の射場から国産ロケットで自国の衛星を打ち上げる能力を有する国）となった。2013年１月22日に国連安保理はこの打ち上げを過去の国連安保理決議に反するとの安保理決議2087（2013）（**〈表４〉**、147～149ページ）を採択したが、その２日後の１月24日、北朝鮮は国連宇宙物体登録条約に従った人工衛星の登録申請を行った。登録された衛星の名称は「光明星３－２」であり、目的は「穀物、森林資源および自然災害の調査のための地球観測衛星」であった。

軍事演習を別にすれば５回目となるテポドンSLV発射は2016年２月７日に前回とほぼ同じ設定で行われた。テポドン２に限れば４回目の衛星発射である。事前通告が行われ、一か月前に水爆実験に成功した直後であっただけに、米国の偵察衛星が発射準備を注視するとともに、世界各国の注目が集まった。日本ではほとんどのメディアが「事実上の長距離弾道ミサイル発射」と報道し、意図的にミサイル落下の脅威を煽るような異常な警戒態勢が敷かれた。

北朝鮮は、打ち上げは成功であり、人工衛星が高度約500kmの極軌道に投入されたと発表した。海外の第３者機関もこのことを確認した。北朝鮮は衛星を地球観察衛星「光明星４」、使われたSLVを「光明星」と命名した。このSLVの名称は発射ロケットの側面に記載されていた名前である。北朝鮮は、2016年５月９日に宇宙物体登録条約にしたがって国連に登録したが、その時にもSLVを「光明星」と記載した。光明星はウナ３号とは外形、発射動作などにおいて極めて類似しているが、技術内容においてどの点が異なるのかは明らかではない。

打ち上げられた衛星は当初姿勢制御ができず転がりながら飛んでいるという情

報があったが、ロシア国防省宇宙監視センターが２月22日に正常に機能していると確認した。衛星からの電波信号は一度も確認されていない。

以上のようなテポドン（ウナ）による衛星発射の歴史から、北朝鮮が人工衛星発射そのものを国家事業として追求していることは間違いないであろう。それを「衛星発射を装ったミサイル発射」と主張し、「衛星発射情報に対して迎撃態勢と破壊命令で応じる」といった日本政府の姿勢には、別の意図があると考えざるを得ない。

衛星発射の試みから、ICBM 技術にも貢献する知見が得られることは否定できない。しかし、北朝鮮が衛星発射の試みによって ICBM 開発を目指していると考えることには技術的にも無理がある。次の４点の理由が挙げられる。

①米本土に到達する射程 10000km 級の ICBM の開発を目指す発射実験であれば、ミサイルは 1000km をはるかに超える高度の宇宙に達する放物線軌道をめざすはずである。しかし、実際にはロケットは高度 200 ～ 300km で上昇を抑え、水平方向に推力を高めている。

② 2009 年６月の国連安保理決議 1874（2009）は、衛星発射であろうと軍用弾道ミサイルであろうと「弾道ミサイル技術を用いたすべての発射」を禁止して制裁対象にした。少なくとも、その決議以後の３回の本格的な衛星発射においては、偽装することによって制裁を逃れるというメリットを見出すことはできない。

③韓国が回収した銀河３の残骸の分析によると、第２段ロケットの設計は ICBM に不向きで衛星発射に適している。すなわち、ICBM 目的で射程を伸ばすために必要な大出力を短時間に出すのではなく、小出力エンジンが長時間推力を出す設計である。

④地上の固定発射台から ICBM を発射するのであれば、発射前に敵に破壊されないように堅牢な地下サイロの建設が始まるはずである。その兆候が見られない。いっぽう移動式 TEL 搭載の弾道ミサイル開発が、すでに述べたように精力的に行われてきた。

❖潜水艦発射弾道ミサイル・プックソンと潜水艦

北朝鮮の潜水艦発射弾道ミサイル（SLBM）開発が明確に確認されたのは、

2014年８月に新型の潜水艦が新浦港で確認されたときであった（参考文献21）。それより一年前の2013年９月には、衛星写真が新浦の造船所の一区域に垂直発射テスト用に適合するテスト・スタンドが建設されたことを確認していた（参考文献22）。

北朝鮮が最初に潜水艦発射弾道ミサイルの発射実験を報じたのは2015年５月９日であった（「朝鮮中央通信」2015年５月９日）。韓国軍によるとその発射実験は５月８日に行われた。朝鮮中央通信は、ミサイルは潜水した「戦略潜水艦」から発射されたとして、水中から海面に出た直後のSLBMを捉えた写真も公表した。しかし、その後の経過をみると、実際には、潜水艦からの発射ではなくて潜水バージからミサイルを射出する実験であった可能性が高い（参考文献23、24）。SLBMは水中から空中に飛び出る段階の射出と空中に出た後に目標に向かう弾道軌道にのせる点火発進の２つの実験を必要とする。水中からの射出には通常はジェット燃料を使用するのではなく、高圧蒸気で射出するコールド・ローンチと呼ばれる方法が用いられる。５月の実験において、水中から空中に射出されてから、ミサイルが次の飛行に移るためのロケット・エンジンへの点火が試みられたかどうかは明らかではない。発射されたミサイルは**プッククソン１**と呼ばれ、米国ではKN-11と命名された（〈表９〉、197ページ）。プッククソンは北極星の意味であり、米国の最初のSLBMの名前がポラリス（北極星）であったことを意識しての命名であろう。

北朝鮮が最初に報じたよりも以前に、潜水バージからの射出実験が2015年４月に行われたという韓国情報機関の報道（参考文献25）を加えると、北朝鮮は少なくとも2015年に４回のバージからの射出実験を行った。その後、2016年に入って４月23日を皮切りに、３回の本格的な潜水艦からのSLBM発射実験を行った。

2016年４月23日に行われた最初の発射実験は、米国や日本に衝撃を与えた。朝鮮中央通信が発射成功を伝え、SLBMが固体燃料ミサイルであると述べるとともにその映像を数枚公開した（「朝鮮中央通信」2016年４月24日）。その結果、専門家による写真の燃焼プルーム（噴煙）の分析が行われ、固体燃料を用いた発射に成功したことが判明したのである（参考文献26）。予想を超えたスピードでの固体燃料への転換であった。同年７月９日の２回目の実験は潜水艦から空中への射出には成功したが、空中で点火後数㎞飛翔したのち高度約 10 ㎞で爆発し、実験は失敗に終わった。

３回目の実験は 2016 年８月 24 日に行われた。朝鮮中央通信は、翌日、実験の成功を報じ、戦略潜水艦が発射可能な最大深度から高角度発射で弾道ミサイル・プックソンを発射したと述べた。固体燃料ロケットであることも報じた。その後の専門家の分析によって、水平飛行距離は 500 ㎞であったが、通常の角度で発射すれば射程は 1000 ㎞、また、十分な燃料を搭載すれば射程は 2000 ㎞に達すると推定された。プックソン１に関しては、本書脱稿の 2021 年春までこれが最後の実験である。

2017 年に入って北朝鮮は**プッククソン２**と命名した地上発射ミサイルの発射実験を２回行った。2017 年２月 12 日と５月 21 日であり、いずれも実験は成功した。このミサイルは、前述した地上発射の準中距離弾道ミサイルに分類されるべきものである。

細部の変更点は不明であるが、プッククソン２はプッククソン１と基本的に同型であると考えてよいであろう。コールド・ローンチで空中に射出されてから点火し、２段の固体燃料ロケット・エンジンで飛行する。実験は高角度発射で行われ、約 500 ㎞の高度に達した。通常角度での発射であれば、射程は 1200 ～ 2000 ㎞であろうと推定された（**〈表９〉**）。表で明らかなように、これまでのところプッククソン２は、北朝鮮がもつ地上発射の固体燃料ミサイルのなかで、もっとも長射程をもつ。2021 年１月の第８回労働党大会では、固体燃料 ICBM の開発が強調されているので、固体燃料弾道ミサイルの長射程化は時間の問題と考えられる。

2018 年の米朝首脳会談以後の沈黙を破って、北朝鮮は 2019 年 10 月２日、３年ぶりとなる SLBM の発射実験を行った。翌日、朝鮮中央通信は、元山（ウォンサン）沖において新型 SLBM **プッククソン３**の発射実験に成功したと発表した。この時も発射は高角度モードで行われており、他国の領海、EEZ への落下が起きないように配慮された。発射には金正恩委員長の立ち合いはなく、政治的な意味を誇示しない姿勢での実験であった。プッククソン３に関する情報は少ないが、発射時の映像からミサイルの外形は概ねプッククソン２と似通っているが、先端のノーズコーンの形状がずんぐりと丸まっていると考えられている。プッククソン３について重要な変化があるとすれば、それは以下に説明する新しく建造されている新型の戦略潜水艦（米情報機関は「シンポ級C」と呼んでいる）に適合するためであると考えるのが自然であろう。

SLBMが戦略的に意味をもつのは、その発射台となる戦略潜水艦があってこそである。しかし、北朝鮮の戦略潜水艦は極めて遅れた現状にある。

前述の通り、北朝鮮が最初のSLBM発射実験を報じたとき、「戦略潜水艦」から発射されたと報道した。実際には潜水バージからの発射であったと考えられるが、「戦略潜水艦」がなかったわけではない。ただ１隻、SLBMを潜水発射できる潜水艦が存在していた。国際的には弾道ミサイル実験潜水艦（SSBA）と分類されているディーゼル発電を動力とする潜水艦である。

この潜水艦は、最初に東海岸の新浦（シンポ）港（10ページ地図）で目撃されたので**シンポ級**と呼ばれるが、朝鮮語では**ゴレ級**（ゴレは朝鮮語で「鯨」）とも呼ばれる。米情報機関は改造の歴史から「**シンポ級B**」と呼ぶこともある。

衛星写真からの推定によると、シンポ級B潜水艦は長さ約67m、横梁約６．６m、艦首は丸く、セール（潜水艦の司令塔）にミサイル発射管が立っている。潜水時排水量は約2000～2500トンと推定されている。セールには水平翼はついておらず、ミサイル発射管の数は１本とされる。つまり、現在、北朝鮮がSLBMを発射できるのは、ただ一本の発射管をもつ実験用潜水艦だけなのである。

一方で、新浦の造船所において、新しいSLBM発射潜水艦の建設が進んでいる。新しい潜水艦の建設についての情報は2016年頃から報道されていたが、2019年７月23日、朝鮮中央通信は金正恩委員長が完成近い潜水艦を視察したことを報じ、写真を公開した。発射管部分は隠されていたが、韓国国防部はセールには３本の発射管があると分析した（参考文献27）。米情報機関は**シンポ級C**と呼んでいる。この潜水艦は、北朝鮮がすでに20隻以上保有しているとされる、ロメオ級（NATO名、原型はソ連製であるが、それを改造した中国潜水艦が直接のモデルとなっている。中国の型名をとって033型とも呼ばれる）潜水艦からの改造である。けっして最新兵器とは言えない。また、知られている改造の情報はこの１隻のみである。

とはいえ、これが完成すれば実験用ではない、国際的にも弾道ミサイル潜水艦（SSB）と分類される初めての戦略潜水艦が登場することになる。

北朝鮮にとって、SLBMによる核抑止力も持つことの意味は何であろうか？

結論的に言えば、その戦略的意味は短期的には極めて限定的であると考えてよいであろう。どちらかというと、陸上ミサイルではない第2の海洋配備の柱を持つことによって、核保有国としての地位を誇示する、あるいは対米交渉の交渉力を強める政治・外交的意味合いが大きい。

SLBMは、生き残る可能性が高い報復核攻撃能力であることは確かである。しかし、冷戦時代にソ連の潜水艦の追尾によって発達し、現在は中国軍事力の海洋進出に対抗して高度化している、西太平洋地域における米国と日本の対潜戦争（ASW）能力を考えると、北朝鮮の戦略潜水艦の生き残り可能性は極めて低い。旧式の潜水艦のエンジン音は高く、潜っていても容易に感知される。エンジンを止めて静止で海底に待機したときの脅威は残るが、それでもそこに至る追尾を免れるのは困難であろう。しかも原子力推進ではないので潜水期間は短い。実戦で意味のある報復能力を確保するには、相当数の潜水艦を保有して生存率を高めなければならない。これに比べると、北朝鮮がすでに保有している多様な陸上移動式の弾道ミサイル発射台の生き残り可能性と信頼性が、はるかに優っていると考えられる。

冷静な推移の観察が必要であり、いたずらに脅威を煽る対象ではない。

巻末資料

資料1　朝鮮半島の非核化に関する南北朝鮮の共同宣言

署名　1992年1月20日（ソウル、ピョンヤン）
効力発生　1992年2月19日

南と北は、

朝鮮半島の非核化を通して核戦争の危険を除去し、それによって、我々の国の平和と平和的統一にとって好ましい環境と条件を創りだし、かつアジアと世界の平和と安全に貢献することを希望し、

次のように宣言する。

1　南と北は、核兵器を実験せず、製造せず、生産せず、受領せず、保有せず、貯蔵せず、配備せず、使用しない。
2　南と北は、原子力を専ら平和的目的のためにのみ利用する。
3　南と北は、核再処理施設及びウラン濃縮施設を保有しない。
4　南と北は、朝鮮半島の非核化を検証するため、相手方によって選定され双方が合意した対象に対する査察を、南北合同核管理委員会によって決定される手続きと方法に従って実施する。
5　南と北は、この共同宣言を実施するため、この共同宣言の効力発生から1か月以内に、南北合同核管理委員会を設置し、その活動を開始させる。
6　この共同宣言は、双方が本宣言の効力を発生させるため各々の手続きを完了したのち、適当な文書を交換した日に効力を生ずる。

資料2　米朝枠組み合意

アメリカ合衆国と朝鮮民主主義人民共和国との間の枠組み合意

署名　1994年10月21日、ジュネーブ

アメリカ合衆国（米国）政府と朝鮮民主主義人民共和国（DPRK）政府の代表団は、

1994年9月23日から10月21日までジュネーブで会談し、朝鮮半島における核問題の包括的な解決について交渉した。

双方は、1994年8月12日の米国とDPRKとの間の合意声明に含まれる諸目的を達成することの重要性、及び、1993年6月11日の非核の朝鮮半島における平和と安全の実現のための米国とDPRKとの間の共同声明の諸原則を維持することの重要性を再確認した。米国とDPRKは、核問題の解決のために以下の行動をとることを決定した。

I．双方は、DPRKの黒鉛減速炉と関連施設を軽水炉（LWR）発電施設に転換するために協力する。

（1）1994年10月20日付の米国大統領からの保証書簡にしたがって、米国は、総発電能力約2000MWeのLWRプロジェクトを、2003年を目標としてDPRKに提供するための準備を整えることを約束する。

—米国は、その主導の下に、DPRKに提供するLWRプロジェクトのための資金提供とその供与を行う国際共同事業体を組織する。米国は、この国際共同事業体を代表して、LWRプロジェクトのためのDPRKとの主要な窓口となる。

—米国は、この共同事業体を代表して、LWRプロジェクトの提供のために、この文書の日付から6ヶ月以内にDPRKとの間の供与契約の締結を確保するため最善の努力を尽くす。契約に関する交渉は、この文書の日付の後できるだけ早期に開始する。

—米国とDPRKは、必要に応じて、原子力の平和的利用の分野における協力のため2国間協定を締結する。

（2）1994年10月20日付の米国大統領からの保証書簡にしたがって、米国は、共同事業体を代表して、LWR1号基が完成するまでの間、DPRKの黒鉛減速炉と関連施設の凍結によって生産できなくなるエネルギーを補填するための準備を整える。

—代替エネルギーは、暖房用と発電用として重油の形で提供する。

—重油の引き渡しは、引き渡しに関して合意された予定にしたがって、この文書の日付から3ヶ月以内に開始され、毎年50万トンの割合とする。

（3）LWRの提供と暫定的な代替エネルギーの準備に関する米国からの保証を受けとり次第、DPRKは黒鉛減速炉と関連施設を凍結し、最終的にはこれらの黒鉛減速炉と関連施設を解体する。

—DPRKの黒鉛減速炉と関連施設の凍結は、この文書の日付から1ヶ月以内に完全に実施される。この1ヶ月の期間及び凍結期間を通して、国際原子力機関（IAEA）はこの凍結を監視することを認められ、DPRKはこの目的のためにIAEAに対して全面的な協力を提供する。

—DPRKの黒鉛減速炉と関連施設の解体は、LWRプロジェクトが完成したときに完了する。

—米国とDPRKは、LWRプロジェクトの建設期間中に、５メガワットの実験炉から抽出した使用済み燃料を安全に貯蔵する方法と、その燃料をDPRK国内での再処理を伴わず安全に処分する方法を見出すに当たって協力する。

（４）この文書の日付の後できるだけ早期に、米国とDPRKの専門家は２つの専門家協議を行う。

—一方の協議において、専門家は、代替エネルギーに関連する諸問題及び黒鉛減速炉計画のLWRプロジェクトへの転換に関連する諸問題を討議する。

—もう一方の協議において、専門家は、使用済み燃料の貯蔵とその最終的な処理に関する具体的な取極について討議する。

II．双方は、政治的・経済的関係の全面的な正常化へ向けて行動する。

（１）この文書の日付から３ヶ月以内に、双方は、遠距離通信サービスと金融取引に対する制限を含む、貿易と投資への障壁を削減する。

（２）双方は、領事業務その他の技術的な問題を専門家レベルの協議を通じて解決した後に、相手国の首都に連絡事務所を開設する。

（３）双方がそれぞれ関心を持つ問題の進展に伴い、米国とDPRKは、両国間の関係を大使級に格上げする。

III．双方は、非核の朝鮮半島における平和と安全のために協力する。

（１）米国は、DPRKに対して、米国が核兵器による威嚇や核兵器の使用を行わないという正式な保証を与える。

（２）DPRKは、朝鮮半島の非核化に関する南北共同宣言を履行するため不断に措置を講ずる。

（３）この枠組合意は南北対話を促進する環境の醸成に役立つので、DPRKは南北対話を行う。

IV．双方は、国際的な核不拡散体制の強化のために協力する。

（１）DPRKは、引き続き核兵器の不拡散に関する条約（NPT）の締約国に留まり、条約に基づく保障措置協定の実施を認める。

（２）LWRプロジェクト提供のための供与契約が締結された段階で、凍結の対象とならない施設に関して、DPRK と IAEA の保障措置協定の下で、特定査察と通常査察が再開される。供与契約の締結までの間、保障措置の継続性のために IAEA が必要とする査察が、凍結の対象とならない施設において継続される。

（3）LWR プロジェクトの重要な部分が完了し、中心となる核関連部分が搬入される前の段階で、DPRK は IAEA との保障措置協定（INFCIRC/403）の完全な履行に移行する。その中には、DPRK のすべての核物質に関する同国の冒頭報告が正確かつ完全であるか否かをめぐる検証に関して、IAEA と協議を行ったのちに、IAEA が必要と認めることのあるすべての措置をとることが含まれる。

ロバート・L・ガルーチ	姜錫柱
米国代表団首席	朝鮮民主主義人民共和国代表団首席
米国特使	朝鮮民主主義人民共和国第１外務次官

資料3　米朝共同コミュニケ

朝鮮民主主義人民共和国とアメリカ合衆国の共同コミュニケ

2000 年 10 月 12 日

朝鮮民主主義人民共和国（DPRK）国防委員長・金正日の特使である、DPRK 国防委員会第１副委員長・趙明禄次帥が 2000 年 10 月９日から 12 日までアメリカ合衆国（米国）を訪れた。

訪米の間、趙明禄特使は DPRK 国防委員長・金正日の親書と米朝関係についての彼の見解をウィリアム・クリントン米大統領に伝えた。特使と一行は、マデレーヌ・オルブライト国務長官やウィリアム・コーエン国防長官を含む米政府高官らと会い、相互に関心のある諸問題における幅広い意見を交換した。両国とも、２国間の関係を包括的に改善するために創られた新しい機会を徹底的に検討した。会談は、誠実で建設的で実務レベル的な雰囲気で行われ、このプロセスは相互の関心事に対するより良い理解を促した。

朝鮮半島の状況が歴史的な南北首脳会談のおかげで変化したことを考慮し、DPRK と米国は、アジア太平洋地域の平和と安全を固めるための２国間関係を、根本的に改善する措置をとることを決定した。これとの関係において両国は、朝鮮半島の緊張を緩和し、1953 年の停戦協定を朝鮮戦争の正式な終結のための恒久平和メカニズムへと転換するには、４か国協議を含めた様々な方法があるという見方を共有した。

２国間関係の改善は国家間の関係における当然の目的であり、関係改善は 21 世紀における両国民の利益と合致するものであると同時に、関係改善は、朝鮮半島とアジア太平洋地域の平和と安全を確保するであろうことを考慮し、両国は2国間関係において新たな方針をとる準備ができていると宣言した。重要な第一歩として、両国は、いずれの側の政府も相手に対して敵対的意図をもたないと述べ、過去の敵意から自由になった新しい関係を築くために今後あらゆる努力を払うと誓約した。

両国は不信を除き相互信頼を築き、1993年6月11日の米朝共同声明に規定され1994年10月21日の枠組み合意において再確認された原則に基づいて重要な懸念事項を建設的に協議できる雰囲気を維持するよう努力することに合意した。

これに関連して、両国の関係は、相互に相手の主権の尊重と内政不干渉の原則に基づいたものであるべきことを再確認し、2国間、あるいはより広い場にせよ、定期的な外交的接触を持つことの重要さに留意した。

両国は相互の利益になる経済協力と交流を発展させるために互いに協力することに合意した。両国は、両国民に有益であるとともに東北アジア全体での経済協力の拡大にとって好ましい環境を創出するのに役立つような、貿易と商業の可能性を追求するため、経済・貿易の専門家の相互訪問を近い将来に実現する問題について協議した。

両国は、ミサイル問題の解決が米朝関係とアジア太平洋地域の平和と安全の根本的な改善にとって重要な貢献となる、との見解を共有した。DPRKは、米国に対して、新たな関係を構築するための努力として、ミサイル問題を議論するための対話が行われている間は、長距離ミサイルを発射しないと述べた。

DPRKと米国は、枠組み合意で定めた公約を完全に尊重する決意と努力をさらに強化することを確約した。また、両国は、そうすることが朝鮮半島の非核化と平和と安全保障にとって重要であると十分に確認した。このことから、両国は枠組み合意でなされた公約の履行をさらに明確にすることに合意した。この観点から、両国は、金昌里（クムチャンリ）地下施設へのアクセスが米国の懸念を払拭するのに有益であるという事実に留意した。

両国は近年、共通の懸念である人道上の分野において協力が始まった事実に注目した。DPRKは、DPRKの食糧、医薬品援助における人道上の需要を満たすための重要な貢献に対して米国に感謝した。米国は、朝鮮戦争で行方不明と報告されている米国兵の遺骨の発掘への協力に対してDPRKに感謝した。両国は、これら行方不明の米国兵の所在の調査と確認の作業をできるだけ迅速に進めるよう努力することに合意した。

両国はまた、上記で述べた問題やそれ以外の人道上の問題について議論するために接触を続けることに合意した。

両国は、2000年10月6日の共同声明において指摘されたように、テロリズムと戦う国際的な努力を支持し奨励することに合意した。

趙明禄特使は、過去数か月間における歴史的な南北首脳会談や南北対話の結果について米国側に説明した。

米国は、進行中の南北対話の進展の持続と成功を保証し、安全保障についての協議の促進を含めた南北の和解と協力を強化するための構想を実現する努力に対して、適切と思われるあらゆる協力をする固い約束を表明した。

趙明禄特使は、クリントン大統領と米国国民に対して、彼の滞在中における一致した誠意をこめた歓待に感謝の意を表した。

マデレーヌ・オルブライト国務長官が、ウィリアム・クリントン大統領の考えを金正日 DPRK 国防委員長に直接伝え、大統領の訪朝の準備を話し合うため、近い将来 DPRK を訪れることが合意された。

資料4 日朝平壌（ピョンヤン）宣言

2002 年 9 月 17 日、平壌

小泉純一郎日本国総理大臣と金正日朝鮮民主主義人民共和国国防委員長は、2002 年 9 月 17 日、平壌で出会い会談を行った。

両首脳は、日朝間の不幸な過去を清算し、懸案事項を解決し、実りある政治、経済、文化的関係を樹立することが、双方の基本利益に合致するとともに、地域の平和と安定に大きく寄与するものとなるとの共通の認識を確認した。

1．双方は、この宣言に示された精神及び基本原則に従い、国交正常化を早期に実現させるため、あらゆる努力を傾注することとし、そのために 2002 年 10 月中に日朝国交正常化交渉を再開することとした。
双方は、相互の信頼関係に基づき、国交正常化の実現に至る過程においても、日朝間に存在する諸問題に誠意をもって取り組む強い決意を表明した。

2．日本側は、過去の植民地支配によって、朝鮮の人々に多大の損害と苦痛を与えたという歴史の事実を謙虚に受け止め、痛切な反省と心からのお詫びの気持ちを表明した。
双方は、日本側が朝鮮民主主義人民共和国側に対して、国交正常化の後、双方が適切と考える期間にわたり、無償資金協力、低金利の長期借款供与及び国際機関を通じた人道主義的支援等の経済協力を実施し、また、民間経済活動を支援する見地から国際協力銀行等による融資、信用供与等が実施されることが、この宣言の精神に合致するとの基本認識の下、国交正常化交渉において、経済協力の具体的な規模と内容を誠実に協議することとした。

双方は、国交正常化を実現するにあたっては、1945年8月15日以前に生じた事由に基づく両国及びその国民のすべての財産及び請求権を相互に放棄するとの基本原則に従い、国交正常化交渉においてこれを具体的に協議することとした。

双方は、在日朝鮮人の地位に関する問題及び文化財の問題については、国交正常化交渉において誠実に協議することとした。

3．双方は、国際法を遵守し、互いの安全を脅かす行動をとらないことを確認した。また、日本国民の生命と安全にかかわる懸案問題については、朝鮮民主主義人民共和国側は、日朝が不正常な関係にある中で生じたこのような遺憾な問題が今後再び生じることがないよう適切な措置をとることを確認した。

4．双方は、北東アジア地域の平和と安定を維持、強化するため、互いに協力していくことを確認した。

双方は、この地域の関係各国の間に、相互の信頼に基づく協力関係が構築されることの重要性を確認するとともに、この地域の関係国間の関係が正常化されるにつれ、地域の信頼醸成を図るための枠組みを整備していくことが重要であるとの認識を一にした。

双方は、朝鮮半島の核問題の包括的な解決のため、関連するすべての国際的合意を遵守することを確認した。また、双方は、核問題及びミサイル問題を含む安全保障上の諸問題に関し、関係諸国間の対話を促進し、問題解決を図ることの必要性を確認した。

朝鮮民主主義人民共和国側は、この宣言の精神に従い、ミサイル発射のモラトリアムを2003年以降も更に延長していく意向を表明した。

双方は、安全保障にかかわる問題について協議を行っていくこととした。

日本国	朝鮮民主主義人民共和国
総理大臣	国防委員会委員長
小泉　純一郎	金　正日

資料5 第4ラウンド6か国協議で採択された共同声明（9・19共同声明）

2005年9月19日、北京

第4ラウンド6か国協議は、北京において、中華人民共和国、朝鮮民主主義人民共和国、日本国、大韓民国、ロシア連邦及びアメリカ合衆国の間で、2005年7月26日から8月7日まで及び9月13日から19日まで開催された。

武大偉・中華人民共和国外交部副部長、金桂冠・朝鮮民主主義人民共和国外務次官、佐々江賢一郎・日本国外務省アジア大洋州局長、宋旻淳・大韓民国外交通商部次官補、アレクサンドル・アレクセーエフ・ロシア連邦外務次官及びクリストファー・ヒル・アメリカ合衆国東アジア太平洋問題担当国務次官補が、それぞれの代表団の団長として会合に参加した。

武大偉外交部副部長が会合の議長を務めた。

朝鮮半島及び北東アジア地域全体の平和と安定のため、6か国は、相互尊重及び平等の精神の下、過去3回の会合における共通の理解に基づいて、朝鮮半島の非核化に関する真剣かつ実務的な協議を行い、この文脈において、以下のとおり意見の一致をみた。

1．6か国は、6か国協議の目標は、平和的な方法による、朝鮮半島の検証可能な非核化であることを一致して再確認した。

朝鮮民主主義人民共和国は、すべての核兵器及び既存の核計画を放棄すること、並びに、核兵器不拡散条約及びIAEA保障措置に早期に復帰することを約束した。

アメリカ合衆国は、朝鮮半島において核兵器を有しないこと、及び、朝鮮民主主義人民共和国に対して核兵器又は通常兵器による攻撃又は侵略を行う意図を有しないことを確認した。

大韓民国は、その領域内において核兵器が存在しないことを確認するとともに、1992年の朝鮮半島の非核化に関する共同宣言に従って核兵器を受領せず、かつ、配備しないとの約束を再確認した。

1992年の朝鮮半島の非核化に関する共同宣言は、遵守され、かつ、実施されるべきである。

朝鮮民主主義人民共和国は、原子力の平和的利用の権利を有する旨発言した。他の参加者は、この発言を尊重する旨述べるとともに、適当な時期に、朝鮮民主主義人民共和国への軽水炉提供問題について議論を行うことに合意した。

2．6か国は、その関係において、国連憲章の目的及び原則並びに国際関係について認められた規範を遵守することを約束した。

朝鮮民主主義人民共和国及びアメリカ合衆国は、相互の主権を尊重すること、平和的に共存すること、及び二国間関係に関するそれぞれの政策に従って国交を正常化するための措置をとることを約束した。

朝鮮民主主義人民共和国及び日本国は、平壌宣言に従って、不幸な過去を清算し懸案事項を解決することを基礎として、国交を正常化するための措置をとることを約束した。

3．６か国は、エネルギー、貿易及び投資の分野における経済面の協力を、２国間又は多数国間で推進することを約束した。

中華人民共和国、日本国、大韓民国、ロシア連邦及びアメリカ合衆国は、朝鮮民主主義人民共和国に対するエネルギー支援の意向につき述べた。

大韓民国は、朝鮮民主主義人民共和国に対する200万キロワットの電力供給に関する2005年７月12日の提案を再確認した。

4．６か国は、北東アジア地域の永続的な平和と安定のための共同の努力を約束した。

直接の当事者は、適当な話合いの場で、朝鮮半島における恒久的な平和体制について協議する。

６か国は、北東アジア地域における安全保障面の協力を促進するための方策について探求していくことに合意した。

5．６か国は、「約束対約束、行動対行動」の原則に従い、前記の意見が一致した事項についてこれらを段階的に実施していくために、調整された措置をとることに合意した。

6．６か国は、第５ラウンドの６か国の会合を、北京において、2005年11月初旬の、今後の協議を通じて決定される日に開催することに合意した。

資料６　６か国協議の共同声明実施のための初期行動

2007年２月13日、北京

第５ラウンド６か国協議第３セッションは、北京において、中華人民共和国、朝鮮民主主義人民共和国、日本、大韓民国、ロシア連邦及びアメリカ合衆国の間で、2007年

2月8日から13日まで開催された。

武大偉・中華人民共和国外交部副部長、金桂寛・朝鮮民主主義人民共和国外務次官、佐々江賢一郎日本外務省アジア大洋州局長、千英宇・大韓民国外交通商部朝鮮半島平和交渉本部長、アレクサンドル・ロシュコフ・ロシア連邦外務次官及びクリストファー・ヒル・アメリカ合衆国東アジア太平洋問題担当国務次官補が、それぞれの代表団の団長として会合に参加した。武大偉外交部副部長が、会合の議長を務めた。

I．参加国は、2005年9月19日の共同声明を実施するために各国が初期段階においてとる行動について、真剣かつ生産的な協議を行った。参加国は、平和的な方法によって朝鮮半島の早期の非核化を実現するという共通の目標及び意思を再確認するとともに、共同声明における誓約を真剣に履行することを改めて述べた。参加国は、「行動対行動」の原則に従い、共同声明を段階的に実施していくために、調整された措置をとることで一致した。

II．参加国は、初期段階において、次の行動を並行してとることで一致した。

1．朝鮮民主主義人民共和国は、再処理施設を含む寧辺の核施設について、それらを最終的に放棄することを目的として停止及び封印し、IAEAと朝鮮民主主義人民共和国との間の合意に従いすべての必要な監視及び検証を行うために、IAEA要員を復帰させる。

2．朝鮮民主主義人民共和国は、共同声明に従って放棄されるところの、共同声明にいうすべての核計画のリスト——使用済燃料棒から抽出されたプルトニウムを含む——について、他の参加国と協議する。

3．朝鮮民主主義人民共和国とアメリカ合衆国は、2国間の懸案問題を解決し、完全な外交関係へと移行することを目指す2国間の協議を開始する。アメリカ合衆国は、朝鮮民主主義人民共和国のテロ支援国家指定を解除する作業を開始するとともに、朝鮮民主主義人民共和国に対する対敵通商法の適用を終了する作業を進める。

4．朝鮮民主主義人民共和国と日本は、平壌宣言に従って、不幸な過去の諸問題と懸案事項を解決することを基礎として国交を正常化するための措置をとることを目指して、2者間の協議を開始する。

5．参加国は、2005年9月19日の共同声明のセクション1及び3を想起し、朝鮮民主主義人民共和国に対する経済、エネルギー及び人道支援について協力することで一致した。この点に関し、参加国は、初期段階における朝鮮民主主義人民共和国に対する緊急エネルギー支援の提供について合意した。5万トンの重油に相当する緊急エネルギー支援の最初の輸送は、今後60日以内に開始される。

参加国は、上記の初期行動が今後60日以内に実施されること、及びこの目標に向かって調整された措置をとることで一致した。

III. 参加国は、初期行動を実施するため、及び、共同声明を完全に実施することを目的として、次の作業部会を設置することで一致した。

1．朝鮮半島の非核化
2．米朝国交正常化
3．日朝国交正常化
4．経済及びエネルギー協力
5．北東アジアの平和・安全保障機構

作業部会は、それぞれの分野における共同声明の実施のための具体的な計画を協議し、策定する。作業部会は、6か国首席代表者会合に対し、作業の進捗につき報告を行う。原則として、ある作業部会における進展は、他の作業部会における進展に影響を及ぼしてはならない。5つの作業部会で策定された諸計画は、全体として、調整された方法で実施される。

参加国は、すべての作業部会が今後30日以内に会合を開催することで一致した。

IV. 初期行動の段階及び次の段階――それには朝鮮民主主義人民共和国によるすべての核計画についての完全な申告の提出、及び黒鉛減速炉また再処理工場を含むすべての既存の核施設の無能力化を含む――の期間において、朝鮮民主主義人民共和国に対して、重油5万トン相当の初期輸送を含めて重油100万トン相当を上限とする経済、エネルギー及び人道支援が提供される。

上記の支援の具体的な様態は、経済及びエネルギー協力のための作業部会における協議と適切な評価を通じて決定される。

V. 初期行動が実施された後、6か国は、共同声明の実施を確認し東北アジア地域における安全保障面での協力を促進するための方法及び手段を探究することを目的として、速やかに閣僚会議を開催する。

VI. 参加国は、相互信頼を高めるために積極的な措置をとることを再確認するとともに、東北アジア地域の永続的な平和と安定のための共同の努力を行う。直接の関係国は、適切な別の会合において、朝鮮半島における恒久的な平和体制について交渉する。

Ⅶ. 参加国は、作業部会からの報告を聴取し、次の段階の行動を協議するため、第６ラウンド６か国協議を2007年３月19日に開催することで一致した。

（訳：ピースデポ。外務省仮訳をベースに英語テキストに照らして改訂した。）

資料７　６か国協議の共同声明実施のための第２段階の行動

2007年10月３日、北京

第６ラウンド６か国協議第２セッションは、北京において、中華人民共和国、朝鮮民主主義人民共和国、日本国、大韓民国、ロシア連邦、およびアメリカ合衆国の間で、2007年９月27日から30日まで開催された。

武大偉・中華人民共和国外交部副部長、金桂寛・朝鮮民主主義人民共和国外務次官、佐々江賢一郎・日本国外務省アジア大洋州局長、千英宇・大韓民国外交通商部朝鮮半島平和交渉本部長、アレクサンドル・ロシュコフ・ロシア連邦外務次官及びクリストファー・ヒル・アメリカ合衆国東アジア太平洋問題担当国務次官補が、それぞれの代表団の団長として会合に参加した。

武大偉外交部副部長が、協議会の議長を務めた。

参加国は、５つの作業部会の報告を聴き、それを支持するとともに、２月13日の合意文書に記された初期段階の行動の実施を確認し、作業部会の会合におけるコンセンサスに従って６か国協議のプロセスを前進させることで一致するとともに、2005年９月19日の共同声明の実施のための第２段階の行動について合意した。９月19日の共同声明の目標は、平和的な方法による朝鮮半島の検証可能な非核化にある。

Ⅰ　朝鮮半島の非核化について

１．朝鮮民主主義人民共和国は、2005年９月の共同声明及び2007年２月13日の成果文書の下で放棄される対象となるすべての既存の核施設を無能力化することに合意した。

２．2007年12月31日までに寧辺の５メガワット実験炉、寧辺の再処理工場（放射化学研究所）、および寧辺の核燃料棒製造施設の無能力化は完了される。専門家グループによって推薦される具体的な方法は、参加国すべてが受入れ可能であり、科学的、安全、検証可能かつ国際基準と整合的であるという原則に沿って、首席代表により採択される。他の５か国の要請により、アメリカ合衆国は、無能力化の活動を主導し、それらの活動のための当初の費用を提供する。その第一歩として、アメリカ合衆国側が、無能力化を準備するため今後２週間以内に訪朝する専門家グループを主導する。

3．朝鮮民主主義人民共和国は、2007 年 12 月 31 日までに、２月 13 日の合意文書に従って、すべての核計画の完全かつ正確な申告を行うことに合意した。

4．朝鮮民主主義人民共和国は、核物質、技術および知識を移転しないとの約束を再確認した。

Ⅱ　関係者の間での国交の正常化について

1．朝鮮民主主義人民共和国とアメリカ合衆国は、両国間の関係を改善し、完全な外交関係を目指すことを引き続き誓約する。双方は、両国間の交流を増加し、相互の信頼を強化する。アメリカ合衆国は、朝鮮民主主義人民共和国のテロ支援国家指定を解除する作業を開始し、朝鮮民主主義人民共和国に対する対敵通商法の適用を終了する作業を進めることについての誓約を想起しつつ、米朝国交正常化のための作業部会の会合におけるコンセンサスを基礎として朝鮮民主主義人民共和国がとる行動と並行して誓約を履行する。

2．朝鮮民主主義人民共和国と日本国は、不幸な過去を清算し懸案事項を解決することを基礎として、平壌宣言に従って早期に国交を正常化するため誠実に努力する。朝鮮民主主義人民共和国と日本国は、両者間の精力的な協議を通じ、この目標に向かって具体的な行動をとることを誓約した。

Ⅲ　朝鮮民主主義人民共和国に対する経済およびエネルギー支援について

2007 年２月 13 日の合意に従い、朝鮮民主主義人民共和国に対し、100 万トンの重油（既に供給された 10 万トンを含む）に相当する規模を限度とする経済、エネルギーおよび人道支援が提供される。具体的な様式については、経済およびエネルギー協力のための作業部会における議論を通じて決定される。

Ⅳ　６か国閣僚会議について

参加国は、適切な時期に、６か国閣僚会議を北京において開催することを改めて表明した。

参加国は、６か国閣僚会議に先立ち、同会合の議題について議論するため、首席代表者会議を開催することで一致した。

（訳：ピースデポ。英文テキストを基礎に外務省仮訳を改訂した。）

資料8　第6回6か国協議、首席代表者会議プレスコミュニケ

2008年7月12日、北京

第6回6か国協議に関する首席代表者会議は、北京において、中華人民共和国、朝鮮民主主義人民共和国、日本国、大韓民国、ロシア連邦及びアメリカ合衆国の間で2008年7月10日から12日まで開催された。

武大偉・中華人民共和国外交部副部長、金桂寛・朝鮮民主主義人民共和国外務次官、齋木昭隆・日本国外務省アジア大洋州局長、金塾・大韓民国外交通商部朝鮮半島平和交渉本部長、アレクセイ・ボロダフキン・ロシア連邦外務次官及びクリストファー・ヒル・アメリカ合衆国東アジア太平洋問題担当国務次官補が、それぞれの代表団の首席代表として協議に参加した。

武大偉外交部副部長が、会議の議長を務めた。

参加国は、共同声明の実施のための第2段階の行動における前向きな進展について高く評価し、こうした進展が北東アジアの平和と安定に貢献するとの点で一致した。

1．6か国は、2005年9月19日に採択された6か国協議の共同声明に従い、朝鮮半島の非核化を検証するため、6か国協議の枠組みの中に、検証メカニズムを設置することに合意した。

検証メカニズムは、6か国の専門家により構成され、朝鮮半島の非核化に関する作業部会に対して責任を負う。検証メカニズムの検証措置には、施設への訪問、文書の検討、技術者との面談、及び6か国が合意するその他の措置が含まれる。必要な場合には、検証メカニズムは、国際原子力機関（IAEA）より関連する検証に対する助言及び支援を受けることができる。検証の具体的な計画及び実施は、コンセンサスの原則に従って、朝鮮半島の非核化に関する作業部会により決定される。

2．6か国は、6か国協議の枠組みの中に、監視メカニズムを設置することに合意した。

監視メカニズムは、6か国の首席代表者により構成される。監視メカニズムの任務は、不拡散及び朝鮮民主主義人民共和国に対する経済及びエネルギー支援を含め、6か国それぞれが6か国協議の枠組みの中で行った約束を尊重し履行することを確保することである。

監視メカニズムは、6か国が効果的と考える方法によって、その責務を遂行する。6か国の首席代表者は、適当な者に対して、その責務の遂行を委任することができる。

3．6か国は、寧辺の核施設の無能力化並びに経済及びエネルギー支援に関する今後の日程を作成した。

朝鮮民主主義人民共和国による寧辺の核施設の無能力化、及び他者による朝鮮民主主義人民共和国に対する残余の重油及び重油以外の支援は、並行して完全に実施さ

れる。

６か国は、2008 年 10 月末までに、朝鮮民主主義人民共和国に対する重油及び重油以外の支援を完了するよう取り組む。アメリカ合衆国及びロシアは、2008 年 10 月末までに、朝鮮民主主義人民共和国に対する各々の残余の重油支援分の供給を完了するよう取り組む。

中国及び大韓民国は、両者の残余の重油以外の支援の供給に関し、2008 年８月末までに、朝鮮民主主義人民共和国との間で拘束力のある合意に署名するよう取り組む。

日本国は、環境が整えば、可能な限り早期に朝鮮民主主義人民共和国に対する経済及びエネルギー支援に参加する意向を表明した。

朝鮮民主主義人民共和国は、2008 年 10 月末までに、寧辺の核施設の無能力化を完了するよう取り組む。

4．６か国は、「北東アジアの平和及び安全に関する指針」に関する議論を継続することで一致した。

5．６か国は、適切な時期に、６か国閣僚会合を北京において開催することを改めて表明した。

6．６か国は、2005 年９月 19 日の共同声明の実施のための第３段階の行動に関する予備的な意見交換を行った。６か国は、引き続き、６か国協議プロセスを包括的に前進させること、及び北東アジア地域の永続的な平和と安定のために取り組むことに合意した。

（訳：ピースデポ。英文テキストを基礎に外務省仮訳を改訂した。）

資料９　「うるう日合意」に関する米国の報道発表

米朝２国間協議

ビクトリア・ヌーランド（米国務省報道官）

2012 年２月 29 日

第３回米朝２国間ハイレベル協議の米代表団が、北京から帰国した。対話の環境を改善し、非核化に対するコミットメントを示すために、朝鮮民主主義人民共和国（DPRK）は、長距離ミサイル発射、核実験及びウラン濃縮活動を含む寧辺での核活動に対するモラトリアムの履行に合意した。DPRK は、寧辺におけるウラン濃縮活動のモラトリアムを検証・監視し、さらに５メガワット原子炉及び関連施設の無能力化を確認するための、IAEA 監視要員の受け入れにも合意した。

米国は、依然として広範囲の分野にわたりDPRKの姿勢に重大な懸念を持っている。しかし、本日の発表は、限定的とはいえ、これらのうちのいくつかに関する重要な前進を反映するものである。我々は、援助物資の運搬に際して求められる強力なモニタリング体制を含め、24万トンの栄養補助食品の援助という我々が提案したパッケージの実行に必要な実務的詳細を決定するため、DPRKとの会合をもつことに合意した。

北京における2月23～24日の議論の結果は以下のとおり要約できる：

－米国は、DPRKに対する敵対的意図を有しておらず、主権と公平を相互に尊重する精神において、2国間関係を改善する措置を取る用意があることを再確認する。

－米国は、2005年9月19日の共同声明に対するコミットメントを再確認する。

－米国は、1953年の休戦協定を朝鮮半島の平和と安定の礎石であると認める。

－米朝栄養補助食品援助チームは、継続する必要性に応えるための追加支援の見通しを持って、最初の24万トンの栄養補助食品を支援するとの米国の計画に関する実務的詳細を最終決定するため、近日中に会合を持つ。

－米国は、文化、教育及びスポーツを含む幅広い分野で、人的交流を拡大する措置を取る用意がある。

－ DPRKに対する米国の制裁は、国民の生活を対象にするものではない。

資料10 「うるう日合意」に関する北朝鮮の発表

朝米協議の結果に関する北朝鮮外務省報道官声明

朝鮮中央通信、2012年2月29日

2月29日、ピョンヤン（朝鮮中央通信）―朝鮮民主主義人民共和国（DPRK）外務省報道官は29日、最近の朝米ハイレベル協議の結果に関する朝鮮中央通信（KCNA）からの質問に対し、次のように答えた：

DPRKおよび米国代表団は、2月23日及び24日、北京において3回目のハイレベル協議を持った。出席したのは、金桂寛・第1外務次官を代表とするDPRK代表団、及びグリン・ディビース北朝鮮政策特別代表ほかの米国代表団である。

協議は、2011年7月及び10月に持たれた2回のハイレベル協議を引き継ぎ、朝鮮半島の平和と安定、及び6か国協議の再開を確実にすることに関する問題と並んで、両国関係改善のための信頼醸成措置に関わる諸問題に関する真摯かつ深化した議論の場となった。

両国はともに、9.19共同声明に対するコミットメントを再確認し、平和条約の締結までの間は、1953年の休戦協定が朝鮮半島の平和及び安定の礎石であることを認めた。

両国は、朝米関係を改善する努力の一環として、信頼醸成をめざした多くの同時的行動をとることに合意した。

米国は、もはやDPRKに敵対的意図は有しておらず、主権と公平を相互に尊重する精神において両国関係を改善する措置を取る用意があることを再確認した。

米国は、さらに文化、教育及びスポーツを含む様々な分野で人的交流を拡大させることにも合意した。

米国は、追加的な食糧支援の見通しを持って、24万トンの栄養補助食品の援助を提供することを約束した。朝米両国は、近日中にその実務的詳細を最終決定するであろう。

米国は、DPRKに対する制裁は、市民生活を含む民生領域を対象としないことを明らかにした。

６か国協議が再開されれば、DPRKに対する制裁解除、及び軽水炉の提供に関する問題の議論が優先されることになるであろう。

朝米両国は、朝鮮半島の平和と安定を確立し、朝米関係を改善し、対話と交渉を通じて非核化を推進することが、相互の利益になることを確認した。

双方は、協議の継続に合意した。

DPRKは、米国の要求に応じて、かつ朝米ハイレベル協議の積極的環境を維持する観点から、生産的な対話が継続している間は、核実験、長距離ミサイル発射、寧辺におけるウラン濃縮を一時的に中止すること、並びに国際原子力機関によるウラン濃縮に関するモラトリアムの監視を受け入れることに合意した。

（KCNA英語版より翻訳）

資料11　北朝鮮の「自衛のための核兵器国地位確立法」

「核兵器国地位確立法」採択される

「朝鮮中央通信」（2013年４月１日）報道

【ピョンヤン、４月１日発】朝鮮民主主義人民共和国（DPRK）で、「自衛のための核兵器国の地位確立に関する法律」が採択された。

これに関するDPRK最高人民会議の布告が１日に公布された。

布告は次のように述べた。

DPRKは、いかなる侵略軍をも一撃のもとに撃退し、社会主義体制を断固として防衛し、人民の幸福な生活を確固として保証することができる完全な核兵器国である。

独立かつ正当な核戦力を保有することにより、DPRK は、外部勢力の侵略と干渉に甘んじた受難の歴史に終止符を打ち、誰もが侵すことができないチュチェ（主体）社会主義国家となることができた。

DPRK 最高人民会議は、核兵器国地位を確立するために次とおり決定する。

1．DPRK の核兵器は、増大し続ける米国の敵視政策と核の脅威に対抗するために手にせざるをえなかった正当な防衛手段である。

2．それら核兵器は、世界が非核化されるまでの間、敵の DPRK に対する侵略と攻撃を抑止し、撃退するとともに、侵略の本拠地に対するせん滅的な報復攻撃を加えることを任務とする。

3．DPRK は、敵軍による侵略と攻撃の危険の重大性の増加に対抗するため、核抑止力と核報復打撃力を質的、量的に増強するための実際的諸措置を講じなければならない。

4．DPRK の核兵器は、敵対核兵器国の侵略あるいは攻撃を撃退し、報復的打撃を加えるとする朝鮮人民軍最高司令官の最終的命令によってのみ使用することができる。

5．DPRK は、敵対的な核兵器国による DPRK への侵略や攻撃行為に加担しない限り、非核兵器国に対して核兵器の使用もしくは核兵器による威嚇を行ってはならない。

6．DPRK は、核兵器の安全維持と管理、核実験の安定性に関連する諸規則を厳格に順守しなければならない。

7．DPRK は、核兵器、及びその技術、並びに兵器級核物質の不法流出を防止するため、安全維持と管理の機構と体制を確立しなければならない。

8．DPRK は、敵対的な核兵器国との関係改善に応じつつ、相互尊重と平等の原則に基き、核拡散防止と核物質の安全管理のための国際的な努力に協力しなければならない。

9．DPRK は、核戦争の危険を削減し、究極的に核兵器のない世界を建設するために努力し、核軍備競争に反対する核軍縮のための国際的な努力を全面的に支持しなければならない。

10．関係諸機関は、この布告を履行するための綿密な実際的諸措置を講じなければならない。

（KCNA 英語版より翻訳）

資料 12　朝鮮労働党第７期中央委員会第３回総会における決定（抜粋）

朝鮮中央通信　2018 年４月 21 日

朝鮮労働党中央委員会第７期第３回総会が 20 日、平壌で行われた。

朝鮮労働党の金正恩委員長が、総会を指導した。

総会には、朝鮮労働党中央委員会政治局常務委員会委員と政治局委員、委員候補、党中央委員会委員、委員候補、党中央検査委員会委員が参加した。

党中央委員会のメンバーと省・中央機関、道・市・郡、主要工場、機関、企業、協同農場の党・行政の幹部、そして武力機関のメンバーがオブザーバーとして参加した。

（略）

総会では、第１の議案に対する決定書が全会一致で採択された。

決定書「経済建設と核戦力建設の並進路線の偉大な勝利を宣布することについて」には、次のような決定が明示されている。

1．党の並進路線を貫徹するための闘争過程に臨界前核実験と地下核実験、核兵器の小型化、軽量化、超大型核兵器と運搬手段開発のための事業を順次的に行って核の兵器化を頼もしく実現したということを厳かに闡明（せんめい）する。

2．2018 年４月 21 日から核実験と大陸間弾道ロケット試射を中止する。
核実験の中止を透明性あるものに裏付けるために、朝鮮の北部核実験場を廃棄する。

3．核実験の中止は世界的な核軍縮のための重要な過程であり、朝鮮は核実験の全面中止のための国際的な志向と努力に合流する。

4．わが国家に対する核の威嚇や核の挑発がない限り核兵器を絶対に使用しないし、いかなる場合にも核兵器と核技術を移転しない。

5．国の人的・物的資源を総動員して強力な社会主義経済をうち建てて人民の生活を画期的に高めるための闘いに全力を集中する。

6．社会主義経済建設のための有利な国際的環境をつくり、朝鮮半島と世界の平和と安定を守り抜くために周辺国と国際社会との緊密な連携と対話を積極化していく。

決定書「革命発展の新たな高い段階の要求に即して社会主義経済建設に総力を集中することについて」には、次のような決定が明らかにされている。

1．党・国家の全般活動を社会主義経済建設に志向させて全力を集中する。

2．社会主義経済建設に総力を集中するための闘いにおいて党および勤労者団体組織と政権機関、法機関、武力機関の役割を高める。
3．各級党組織と政治機関は党中央委員会第７期第３回総会の決定執行状況を定期的に掌握して総括し、貫徹するようにする。
4．最高人民会議常任委員会と内閣は党中央委員会総会の決定書に提示された課題を貫徹するための法的、行政的、実務的措置を講じる。

（略）

金正恩委員長が総会で、歴史的な結語を述べた。

朝鮮労働党委員長同志は、今回の総会で並進路線の勝利を宣言し、経済建設に総力を集中することに関する路線を打ち出したのはチュチェの社会主義偉業の遂行において歴史的意義を持つ政治的出来事になると語った。

党中央委員会第７期第３回総会の基本精神は、並進路線の偉大な勝利に基づいて自力更生の旗を高く掲げ、わが革命の前進速度をいっそう加速化することによって、第７回党大会が提示した社会主義建設のより高い目標を早めて達成することであると闡明（せんめい）した。

党の新たな革命的路線に貫かれている根本の核、基本原則は自力更生であると強調し、過去と同様、ただ自力更生、堅忍不抜によって繁栄の活路を開き、立派な未来を早めていかなければならないと述べた。

達成すべき闘争目標は、国家経済発展５カ年戦略遂行期間に人民経済の全般を活性化して上昇軌道に確固と引き上げ、ひいては自立的で近代的な社会主義経済、知識経済を立てることであると語った。

朝鮮労働党委員長同志は、党が打ち出した新たな革命的路線を貫徹して社会主義建設のより高い目標を達成するためには科学、教育事業を重視して発展させなければならないと強調した。

朝鮮労働党委員長同志は、党の革命的路線と方針を現実に転変させるには活動家が心構えをしっかりして奮発しなければならず、高い実力を身につけて自分の部門、自分の単位を党が願う高さに引き上げるためにひた走りに走らなければならないと強調した。

（KCNA 英語版を、日本語版を参照しつつ翻訳した。）

資料13　朝鮮半島の平和と繁栄及び統一のための板門店（パンムンジョム）宣言

2018年4月27日

大韓民国の文在寅大統領と朝鮮民主主義人民共和国の金正恩国務委員長は、平和と繁栄、統一を念願する全民族の終始一貫した志向を盛り込み、朝鮮半島で歴史的な転換が起きている意義深い時期である2018年4月27日、板門店の平和の家で南北首脳会談を行った。

両首脳は朝鮮半島でこれ以上戦争がなく、新たな平和の時代が開かれたことを8千万の我が民族と全世界に厳粛に宣明した。

両首脳は冷戦の産物である長い間の分断と対決を一日も早く終息させ、民族的和解と平和繁栄の新たな時代を果敢に開き、南北関係をより積極的に改善し、発展させていかなければならないという確固たる意志を込め、歴史の地、板門店で以下の通り宣言した。

（1）南と北は南北関係の全面的で画期的な改善と発展を成し遂げることで、途切れた民族の血脈を結び、共同繁栄と自主統一の未来を早めていく。

南北関係を改善し、発展させることは、全民族の終始一貫した望みであり、これ以上先送りできない時代の切迫した要求である。

①南と北は、我が民族の運命は我々自らが決定するという民族自主の原則を確認し、すでに採択された南北宣言と全ての合意を徹底的に履行することで、関係改善と発展の転換的局面を開いていく。

②南と北は高位級会談を始めとする各分野の対話と交渉を早い時期に開催し、首脳会談で合意された問題を実践するため、積極的な対策を立てていく。

③南と北は当局間協議を緊密に行い、民間交流と協力を円滑に進めるため双方の当局者が常駐する南北共同連絡事務所を開城地域に設置する。

④南と北は民族的和解と団結の雰囲気を高めていくため、各界各層の多方面での協力と交流・往来と接触を活性化していく。6・15宣言を始め、南北ともに意義がある日を契機に当局と国会、政党、地方自治体、民間団体など各界各層が参加する民族共同行事を積極推進し、和解と協力の雰囲気を高め、外にむかっては2018年アジア競技大会を始めとする国際競技などに共同で参加し、民族の知恵と才能、団結した姿を全世界に誇示する。

⑤南と北は、民族分断で発生した人道的問題を至急解決するために努力し、南北赤十字会談を開催し、離散家族、親戚の対面を始めとする諸般の問題などを協議、解決していく。当面、来たる8月15日を契機に離散家族、親戚の対面を進める。

⑥南と北は民族経済の均衡ある発展と共同繁栄をなしとげるため、2007年10・4宣

言で合意された事業を積極的に推進し、一次的に東海線及び京義線の鉄道と道路を連結し、現代化し、活用するため、実践的な対策などをとっていく。

（2）南と北は朝鮮半島で先鋭化した軍事的な緊張状態を緩和し、戦争の危険を実質的に解消するために、共同で努力していく。

①南と北は、陸、海、空を始めとする全ての空間で、軍事的緊張と衝突の根源となっている相手に対する一切の敵対行為を全面中止する。

当面、５月１日から軍事境界線一帯で、拡声機放送（軍事宣伝）とビラ散布を始めとする全ての敵対行為などを中止し、その手段を撤廃し、今後、非武装地帯を実質的な平和地帯にしていく。

②南と北は西海（黄海）の北方限界線一帯を平和水域とし、偶発的な軍事的衝突を防止し、安全な漁業活動を保証するため、実際的な対策を立てる。

③南と北は相互協力と交流、往来と接触が活性化されるよう様々な軍事的な措置をとる。南と北は、双方の間に発生する軍事的問題を遅滞なく協議、解決するため国防部長官（国防相）会談をはじめとする軍事当局者会談を頻繁に開催する。５月中にまず、将官級軍事会談を開く。

（3）南と北は朝鮮半島の恒久的で強固な平和体制を構築するために、積極的に協力していく。

朝鮮半島で正常とは言えない現在の休戦状態を終息させ、確固とした平和体制を樹立することは、これ以上先送りできない歴史的な課題である。

①南と北は、そのいかなる形態の武力も、お互いに使用しないとする不可侵合意を再確認し、厳格に順守していく。

②南と北は軍事的緊張が解消され、お互いの軍事的信頼が実質的に構築されるのに従い、段階的に軍縮を実現していく。

③南と北は休戦協定締結65年になる今年に終戦を宣言し、休戦協定を平和協定に転換し、恒久的で強固な平和体制構築のため南・北・米３者または南・北・米・中４者会談の開催を積極的に推進していく。

④南と北は完全な非核化を通じて、核のない朝鮮半島を実現するという共通の目標を確認した。南と北は北側の主導的な措置が朝鮮半島の非核化のために、非常に意義があり、重大なものであるという認識をともにし、今後、それぞれ自らの責任と役割を全て果たす。南と北は朝鮮半島の非核化のための国際社会の支持と協力のために積極的に努力する。

両首脳は定期的な会談と直通電話を通じ、民族の重大事項を随時、真摯に論議し、信頼を堅固にし、南北関係の持続的な発展と朝鮮半島の平和と繁栄、統一に向けた良い流れをさらに拡大していくために、ともに努力する。

文在寅大統領は今年秋に平壌を訪問する。

2018年4月27日　板門店
大韓民国大統領　文在寅
朝鮮民主主義人民共和国国務委員会委員長　金正恩

（朝日新聞デジタルの日本語テキストと韓国大統領府の英文テキストをもとに作成した。）

資料14　トランプ米大統領と朝鮮民主主義人民共和国金正恩委員長のシンガポール首脳会談における共同声明

ドラルド・J・トランプ米大統領と朝鮮民主主義人民共和国（DPRK）国務委員会の金正恩委員長は2018年6月12日、歴史的な最初の首脳会談をシンガポールで開いた。

トランプ大統領と金正恩委員長は、新たな米朝関係の構築と、朝鮮半島の永続的かつ強固な平和体制の建設について、包括的かつ綿密で真摯な意見の交換をした。トランプ大統領はDPRKに安全の保証を与えることを約束し、金正恩委員長は朝鮮半島の完全な非核化に向けた確固とした揺るぎない誓約を再確認した。

新たな米朝関係の構築が朝鮮半島、ひいては世界の平和と繁栄につながると確信し、相互の信頼醸成が朝鮮半島の非核化を促進すると認識し、トランプ大統領と金正恩委員長は、以下の通り声明する。

1．米朝両国は、双方の国民の平和と繁栄を希求する意思に基づき、新しい米朝関係を構築することを約束する。
2．米朝両国は、朝鮮半島の永続的かつ安定的な平和体制の構築に共同で努力する。
3．2018年4月27日の「板門店宣言」を再確認し、DPRKは朝鮮半島の完全な非核化に向け努力することを約束する。
4．米朝両国は、すでに身元が確認された人を含め、戦争捕虜や行方不明兵の遺骨回収に努める。

歴史上初めての米朝首脳会談は、非常に重要で画期的な出来事であり、２カ国間の何十年にも及ぶ緊張と対立を克服し、新しい未来を開くためのものと認識する。トランプ大統領と金正恩委員長は、この共同声明の条項を完全かつ迅速に実行することを約束する。米国とDPRKは首脳会談の結果を履行するため、マイク・ポンペオ米国務長官と然るべきDPRK高官による今後の追加交渉をできる限り早く開く。

トランプ大統領と金正恩DPRK国務委員会委員長は、新たな米朝関係の発展と、朝鮮半島と世界の平和、繁栄、安全の促進に協力することを約束した。

ドナルド・J・トランプ　米合衆国大統領
金正恩　DPRK国務委員会委員長

2018年6月12日
シンガポール・セントーサ島
（米大統領府HPより翻訳）

資料15　9月平壌共同宣言

2018年9月19日

大韓民国の文在寅大統領と朝鮮民主主義人民共和国（DPRK）の金正恩国務委員長は、2018年9月18日から20日まで平壌で南北首脳会談を行った。

両首脳は、歴史的な板門店宣言以後、南北当局間の緊密な対話と協商、多面的民間交流と協力が行われ、軍事的緊張緩和のための画期的な措置が取られるなど、立派な成果が収められたと評価した。

両首脳は、民族自主と民族自決の原則を再確認し、南北関係を民族の和解と協力、確固たる平和と共同繁栄のために一貫して持続的に発展させていくことにしたし、現在の南北関係の発展を統一につないでいくことを願う全同胞の志向と念願を政策的に実現するために努力していくことにした。

両首脳は、板門店宣言を徹底的に履行して南北関係を新しい高い段階に前進させていくための諸般の問題と実践的対策を虚心坦懐に深く論議したし、今回の平壌首脳会談が重要な歴史的里程標になることで認識を共にし、次のように宣言した。

１．南と北は非武装地帯をはじめ対峙地域での軍事的敵対関係の終息を朝鮮半島の全地域での実質的な戦争の危険除去と根本的な敵対関係の解消につなげてゆくことにした。

①南と北は「歴史的な板門店宣言の軍事分野における履行合意書」を平壌共同宣言の付属合意書として採択し、これを徹底的に順守して誠実に履行するとともに、朝鮮半島を恒久的な平和地帯につくるための実践的措置を積極的に講じていくことにした。

②南と北は南北軍事共同委員会を速やかに稼動させて、軍事分野合意書の履行実態を点検し、偶発的な武力衝突の防止のため、恒常的な連携と協議を行うことにした。

2．南と北は互恵と共利・共栄の原則に基づいて交流と協力をより増大させ、民族経済をバランスよく発展させるための実質的な対策を講じていくことにした。

①南と北は今年中に東・西海線鉄道および道路の連結と現代化のための着工式を行うことにした。

②南と北は条件が整うにしたがって開城工業地区と金剛山観光事業をまず正常化し、西海経済共同特区および東海観光共同特区を造成する問題を協議していくことにした。

③南と北は自然生態系の保護および復元のための南北環境協力を積極的に推し進めることにし、優先的に現在進行中の山林分野協力の実践的成果のために努力することにした。

④南と北は伝染性疾病の流入および拡散防止のための緊急措置をはじめ、防疫および保健医療分野の協力を強化することにした。

3．南と北は離散家族・親せき問題を根本的に解決するための人道的協力をいっそう強化していくことにした。

①南と北は金剛山地域の離散家族・親せき常設面会所を早いうちにオープンすることにし、このために面会所の施設を速やかに復旧することにした。

②南と北は赤十字会談を通じて離散家族・親せきの画像面会とビデオレター交換問題を優先的に協議、解決していくことにした。

4．南と北は和解と団結の雰囲気を高め、わが民族の気概を内外に誇示するために多様な分野の協力と交流を積極的に推し進めることにした。

①南と北は文化および芸術分野の交流をいっそう増進させていくことにし、優先的に10月中に平壌芸術団のソウル公演を行うことにした。

②南と北は2020年夏季オリンピックをはじめ、国際競技に共同で積極的に進出し、2032年夏季オリンピックの南北共同開催の誘致で協力することにした。

③南と北は10・４宣言発表11周年を意義深く記念するための行事を有意義に開催し、３・１人民蜂起100周年を南北が共同で記念することにし、そのための実務的方案を協議していくことにした。

5．南と北は朝鮮半島を核兵器と核の脅威のない平和の大地に転換すべきであり、このために必要な実質的進展を速やかに遂げなければならないということで認識を共にした。

①北側はまず、東倉里エンジン試験場とロケット発射台を関係国専門家の参観の下で永久に廃棄することにした。

②北側は米国が６・12米朝共同声明の精神に従って相応の措置をとれば寧辺核施設の永久的廃棄のような追加的措置を引き続き講じていく用意があることを表明した。

③南と北は朝鮮半島の完全な非核化を推し進めていく過程で、ともに緊密に協力していくことにした。

6．金正恩国務委員長は文在寅大統領の招請によって近いうちにソウルを訪問することにした。

資料16　歴史的な板門店宣言履行のための軍事分野合意書

2018年９月19日

南と北は、朝鮮半島における軍事的緊張状態を緩和し信頼を構築することが恒久的で強固な平和を保障する上で必須という共通認識のもとに、「朝鮮半島の平和と繁栄、統一のための板門店宣言」を軍事的に徹底して履行するために、次の通り包括的に合意した。

1．南と北は、地上と海上、空中をはじめとする全ての空間において、軍事的緊張と衝突の根源となる相手方に対する一切の敵対行為を全面的に中止することとした。

①双方は、地上と海上、空中をはじめとする全ての空間において、武力衝突を防止するために様々な対策を講じることとした。

双方は軍事的衝突を引き起こすこととなる全ての問題を平和的な方法で協議・解決し、いかなる場合にも武力を使わないこととした。

双方はいかなる手段や方法をしても、相手方の管轄区域に侵入または攻撃、占領する行為を行わないこととした。

双方は相手方を狙った大規模な軍事訓練ならびに武力増強問題、多様な形態の封鎖、遮断や航海の妨害、相手方に対する偵察行為の中止などについて、「南北軍事共同委員会」を稼働させ、協議することとした。

双方は軍事的緊張の解消及び信頼構築により、段階的軍縮を実現することに合意した板門店宣言を具現するために、これと関連した多様な実行対策を継続して協議することとした。

②双方は、2018 年 11 月 1 日から軍事分界線一帯において、相手方を狙った各種の軍事演習を中止することとした。

地上では、軍事分界線から 5 km 内で、砲兵射撃訓練や連隊級以上の野外機動訓練を全面的に中止することとした。

海上では、西海南側の徳積(トクチョク)島以北から北側の椒(チョ)島以南までの水域、東海南側の束(ソク)草(チョ)以北から北側の以南までの水域において、砲撃ならびに海上機動訓練を中止し、海岸砲と艦砲の砲口と砲身へのカバー設置や砲門の閉鎖措置を行うこととした。

空中では、軍事分界線の東、西部地域の上空に設定された飛行禁止区域内で、固定翼航空機の空対地誘導武器射撃など、実弾射撃を伴う戦術訓練を禁止することとした。

③双方は、2018 年 11 月 1 日から軍事分界線上空において、全ての機種の飛行禁止区域を次の通り設定することとした。

固定翼航空機は軍事分界線から 東部地域 (軍事分界線標識物第 0646 号から第 1292 号までの区間) は 40km、西部地域 (軍事分界線標識物第 0001 号から第 0646 号までの区間) は 20km を適用し、飛行禁止区域を設定する。

回転翼航空機は軍事分界線から 10km に、無人機は東部地域で 15km、西部地域で 10km に、気球は 25km とする。

但し、山火事の鎮火、地上・海上での遭難救助、患者の搬送、気象観測、営農支援などにより飛行機の運用が必要な場合には、相手側に事前通報を行い飛行できることとする。民間旅客機（貨物機を含む）については、上記の飛行禁止区域を適用しない。

④双方は、地上と海上、空中を含む全ての空間で、いかなる場合にも偶発的な武力衝突の状況が発生しないよう対策を講じることとした。

このため地上と海上においては警告放送→ 2 次警告放送→警告射撃→ 2 次警告射撃→軍事的措置の 5 段階に、空中においては警告交信ならびに信号→遮断飛行→警告射撃→軍事的措置の 4 段階の手順を適用することとした。

双方は修正された手順について、2018 年 11 月 1 日から施行することとした。

⑤双方は、地上と海上、空中をはじめとする全ての空間において、いかなる場合でも

偶発的衝突が発生しないよう常時連絡体系を稼働させ、非正常な状況が発生した場合には即時に通報するなど、全ての軍事的問題を平和的に話し合って解決することとした。

2．南と北は、非武装地帯を平和地帯につくるための実質的な軍事的対策を講じることとした。

①双方は、非武装地帯内で監視所（GP）を全部撤収するための試験的措置として、相互１km以内の近接する南北監視所を完全に撤収することとした。【添付１】

②双方は、板門店共同警備区域を非武装化することとした。【添付２】

③双方は、非武装地帯内において試験的に南北共同で遺骨発掘を行うこととした。【添付３】

④双方は、非武装地帯内の歴史遺跡についての共同調査及び発掘と関連した軍事的保障対策を継続協議することとした。

3．南と北は、西海の北方限界線一帯を平和水域につくり、偶発的な軍事的衝突を防止し、安全な漁労活動を保障するための軍事的対策を講じることとした。

①双方は、2004年６月４日の第２回南北将官級軍事会談で署名した「西海海上での偶発的衝突防止」関連合意を再確認し、全面的に復元・履行することとした。

②双方は、西海海上において平和水域と試験的共同漁労区域を設定することとした。【添付４】

③双方は、平和水域と試験的漁労水域に立ち入る人員や船舶に対する安全を徹底して保証することとした。

④双方は、平和水域と試験的共同漁労区域内で不法漁労の遮断や南北漁民の安全な漁労活動を保障するために、南北共同の巡視方策を整備、施行することとした。

4．南と北は、交流協力ならびに接触、往来活性化に必要な軍事的保障対策を講じることとした。

①双方は南北管理区域における通行、通信、通関（３通）を軍事的に保障するための対策を備えることとした。

②双方は東、西海線の鉄道、道路連結と現代化のための軍事的保障対策を講じることとした。

③双方は北側船舶のヘジュ［海州］直航路利用とチェジュ［済州］海峡の通過問題などを南北軍事共同委員会で協議し、対策を講じることとした。

④双方は、漢江（臨津河）河口の共同利用のための軍事的保障対策を講じることとした。【添付５】

５．南と北は、相互軍事的信頼構築のための多様な措置を講じて行くこととした。

①双方は、南北軍事当局者間における直通電話の設置や運営問題について継続して協議することとした。

②双方は、南北軍事共同委員会の構成ならびに運営と関連した問題を具体的に協議・解決することとした。

③双方は、南北軍事当局間で採択した全ての合意を徹底して履行し、その履行状態を定期的に点検、評価することとした。

６．この合意書は双方が署名し、それぞれ発効に必要な手続きを経てその文書を交換した日から効力が発生する。

①合意書は双方の合意により修正ならびに補充することが出来る。

②合意書は２部作成され、同じ効力を有する。

2018 年 9 月 19 日

大韓民国	朝鮮民主主義人民共和国
国防部長官	人民武力相
ソン・ヨンム（宋永武）	朝鮮人民軍大将　ノ・グァンチョル（努光鉄）

（原文韓国語。訳：大畑正姫）

＊（　）【　】は本文、［　　］は訳者による。ゴシック体、明朝体の区別も訳者による。【添付】は省略した。

◆参考文献◆

（文献に記されているURLはすべて2021年4月時点にアクセスが確認されている。）

序章

1. Hans M. Kristensen, "Alert Status of Nuclear Weapons (Version 2)," Federation of American Scientists, April 21, 2017
https://fas.org/wp-content/uploads/2014/05/Brief2017_GWU_2s.pdf

2. David Wright, "North Korea' s Launch: Threading the Needle," All Things Nuclear, Union of Concerned Scientists, April 1, 2012
https://allthingsnuclear.org/dwright/north-koreas-launch-threading-the-needle/

3. 安倍晋三「第72回国連総会における安倍内閣総理大臣一般討論演説」、2017年9月20日
https://www.mofa.go.jp/mofaj/fp/unp_a/page4_003327.html

4. Bruce Cumings, *Korea's Place in the Sun: A Modern History, updated edition,* W.W. Norton & Company, 2005

5. 文京洙『新・韓国現代史』岩波新書1577、2015年

6. 金時鐘『朝鮮と日本に生きる―済州島から猪飼野へ』岩波新書1532、2015年

7. Hans M. Kristensen and Matt Korda, "Status of World Nuclear Forces," Federation of American Scientists, updated March 2021
https://fas.org/issues/nuclear-weapons/status-world-nuclear-forces/

8. 2015年NPT再検討会議に提出された各国の報告書
http://www.un.org/en/conf/npt/2015/national-reports.shtml

9. 梅林宏道『非核兵器地帯――核なき世界への道筋』岩波書店、2012年

10. William J. Perry, *My Journey at the Nuclear Brink*, Stanford University Press, 2015

11. The Defense Science Board Permanent Task Force on Nuclear Weapons Surety, "Report on the Unauthorized Movement of Nuclear Weapons," Office of the Under Secretary of Defense For Acquisition, Technology, and Logistics, February 2008
https://dsb.cto.mil/reports/2000s/ADA480063.pdf

第１章

1. James Clay Moltz and Alexandre Y. Mansourov, Editors, *The North Korean Nuclear Program – Security, Strategy, and New Perspectives from Russia*, Routledge, New York and London, 2000
2. Balazs Szalontai and Sergey Radchenko, "North Korea' s Efforts to Acquire Nuclear Technology and Nuclear Weapons: Evidence from Russian and Hungarian Archives," Cold War International History Project, Working Paper #53, Woodrow Wilson International Center for Scholars, August 2006
3. David Albright and Kevin O' Neill, Editors, *Solving the North Korean Nuclear Puzzle*, ISIS Reports, Institute for Science and International Security, 2000
4. Joseph S. Bermudez, Jr., "Overview of North Korea' s NBC Infrastructure," The US-Korea Institute (USKI) at Johns Hopkins School of Advanced International Studies (SAIS), June 2017
5. Peter Hayes, *Pacific Powderkeg – American Nuclear Dilemmas in Korea,* Lexington Books, 1991
6. Robert R. Norris, William M. Arkin and William Burr, "Where they were," *The Bulletin of the Atomic Scientists*, Vol 55 Issue 6, November/December, 1999

第２章

1. International Organigation Program, "Inventory of International Nonproliferation Organizations & Regimes, 2009 Edition," James Martin Center for Nonproliferation Studies (CNS), Monterey Institute of International Studies https://www.files.ethz.ch/isn/145421/CNS_IONP_Inventory_2009_Edition.pdf
2. David Albright and Kevin O' Neill, Editors, *Solving the North Korean Nuclear Puzzle*, ISIS Reports, Institute for Science and International Security, 2000
3. Joel S. Wit, Danial B. Poneman, and Robert L. Gallucci, *Going Critical: The First North Korean Nuclear Crisis*, Brookings Institution Press, 2004
4. Mike Chinoy, *Meltdown: The Inside Story of the North Korean Nuclear Crisis*, St. Martin' s Press, New York, 2008
5. William J. Perry, *My Journey at the Nuclear Brink*, Stanford University Press, 2015
6. Madeleine Albright, *Madam Secretary*, Harper Perennial, 2013
7. 林東源『南北首脳会談への道―林東源回想録』（波佐場清訳）岩波書店、2008 年

第3章

1. William J. Perry, *My Journey at the Nuclear Brink*, Stanford University Press, 2015

2. 林東源『南北首脳会談への道―林東源回想録』（波佐場清訳）岩波書店、2008 年

3. Charles L. Pritchard, *Failed Diplomacy – The Tragic Story of How North Korea Got the Bomb*, Brookings Institution Press, 2007

4. Central Intelligence Agency, "Unclassified Report to Congress on the Acquisition of Technology Relating to Weapons of Mass Destruction and Advanced Conventional Munitions, 1 July Through 31 December 2002"
https://fas.org/irp/threat/cia_july_dec2002.htm

5. John Bolton, *Surrender is Not an Option – Defending America at the United Nations and Abroad*, Threshold Editions, New York, 2007

6. Condoleezza Rice, *No Higher Honor: A Memoir of My Years in Washington*, Broadway Books, New York, 2011

7. Siegfried S. Hecker, "Visit to the Yonbyon Nuclear Scientific Research Center in North Korea," Senate Committee on Foreign Relations Hearing, January 21, 2004

8. Robert Carlin and John W. Lewis, "Negotiating with North Korea: 1992-2007," Center for International Security and Cooperation, Stanford University (CISAC), January 2008

9. Yoichi Funabashi, *The Peninsula Question – A Chronicle of the Second Korean Nuclear Crisis*, Brookings Institution Press, 2007

10. U.S. Department of State, "Assistant Secretary of State Christopher R. Hill' s Statement at the Closing Plenary of the Fourth Round of the Six-Party Talks," September 19, 2005
https://2001-2009.state.gov/r/pa/prs/ps/2005/53499.htm

11. Christopher R. Hill, *Outpost: A Diplomat at Work*, Simon & Schuster Paperbacks, New York, 2014

12. Mary Beth Nikitin, "North Korea' s Nuclear Weapons: Technical Issues," Congressional Research Service 7-5700, April 3, 2013

13. Mike Chinoy, *Meltdown: The Inside Story of the North Korean Nuclear Crisis*, St. Martin' s Press, New York, 2008

14. Leon V. Sigal, "Can Washington and Seoul Try Dealing With Pyongyang For a Change?" *Arms Control Today*, Number 9, Vol. 49, November 2010

第4章

1. Victor Cha, *The Impossible State — North Korea, Past and Future*, HarperCollins Publishers, NY, 2012

2. Barack Hussein Obama, "President Barack Obama' s Inaugural Address," January 20, 2009
https://obamawhitehouse.archives.gov/blog/2009/01/21/president-barack-obamas-inaugural-address

3. Barack Hussein Obama, "Remarks By President Barack Obama In Prague As Delivered," April 05, 2009
https://obamawhitehouse.archives.gov/the-press-office/remarks-president-barack-obama-prague-delivered

4. KCNA, "DPRK Foreign Ministry Vehemently Refutes UNSC' s 'Presidential Statement' ," April 14, 2009
http://www.kcna.co.jp/index-e.htm において、日付により検索。

5. Siegfried S. Hecker, "A Return Trip to North Korea' s Yongbyon Nuclear Complex," Center for International Security and Cooperation (CISAC), Stanford University, November 20, 2010
https://fsi-live.s3.us-west-1.amazonaws.com/s3fs-public/HeckerYongbyon.pdf

6. Siegfried S. Hecker, "Redefining denuclearization in North Korea," *Bulletin of the Atomic Scientists*, December 20, 2010
https://thebulletin.org/2010/12/redefining-denuclearization-in-north-korea-2/

7. KCNA, "DPRK on Reasonable Way for Sept. 19 Joint Statement," January 18, 2010
http://www.kcna.co.jp/index-e.htm において、日付により検索。

8. US Department of State, "Press Statement; U.S.-DPRK Bilateral Discussions," February 29, 2012
https://2009-2017.state.gov/r/pa/prs/ps/2012/02/184869.htm

9. KCNA, "DPRK Foreign Ministry Spokesman on Result of DPRK-US Talks," February 29, 2012
http://www.kcna.co.jp/index-e.htm において、日付により検索。

10. KCNA, "DPRK Government Denounces US, S. Korea' s Sophism about 'Denuclearization of North' ," July 6, 2016
http://www.kcna.co.jp/index-e.htm において、日付により検索。

11. KCNA, "Report on Plenary Meeting of WPK Central Committee," March 31, 2013
http://www.kcna.co.jp/index-e.htm において、日付により検索。

12. 金正恩「朝鮮労働党第七回大会で行った中央委員会の活動報告」、「朝鮮中央通信」(日本語版) 2016 年 5 月 6、7 日。
http://www.kcna.kp/kcna.user.special.getArticlePage.kcmsf 「最高指導者の活動」ページで日付で検索。

13. Donald Trump, "Remarks by President Trump to the 72nd Session of the United Nations General Assembly," September 19, 2017

14. Lawyers Committee on Nuclear Policy and Western States Legal Foundation, "Threats of Total Destruction Are Unlawful and Extremely Dangerous: Direct Diplomacy between United States and North Korea Is Essential to Avert Disaster," September 22, 2017
http://wslfweb.org/docs/ThreatsofTotalDestructionAreUnlawfulandDangerous.pdf

15. KCNA, "Statement of Chairman of State Affairs Commission of DPRK," September 22, 2017
http://www.kcna.co.jp/index-e.htm において、日付により検索。

16. Hamish Macdonald, "U.S. sends B-1B bombers off North Korea' s east coast," *NK News*, September 23, 2017
https://www.nknews.org/2017/09/u-s-sends-b-1b-bombers-off-north-koreas-east-coast/

第5章

1. 文在寅「ケルバー財団招待演説 (新ベルリン宣言)」、2017 年 7 月 6 日。The New Stance 編集部による日本語全訳。
https://www.thenewstance.com/news/articleView.html?idxno=346#google_vignette

2. Moon Jae-in, "Address by President Moon Jae-in of the Republic of Korea at the 72nd Session of the United Nations General Assembly," September 21, 2017
https://gadebate.un.org/sites/default/files/gastatements/72/kr_en.pdf

3. KCNA, "Kim Jong Un Makes New Year Address," January 2, 2017
http://www.kcna.co.jp/index-e.htm において、日付により検索。

4. KCNA, "Nuclear Scientists and Technicians Feted in Presence of Kim Jong Un," September 10, 2017
http://www.kcna.co.jp/index-e.htm において、日付により検索。

5. Ri Yong Ho, "Statement by H.E. Mr. RI YONG HO, Minister for Foreign Affairs of the Democratic People' s Republic of Korea at the General Debate of the 72nd Session of the United Nations General Assembly," 23rd September 2017
https://gadebate.un.org/sites/default/files/gastatements/72/kp_en.pdf

6. KCNA, "DPRK Gov' t Statement on Successful Test-fire of New-Type ICBM," November 29, 2017
http://www.kcna.co.jp/index-e.htm において、日付により検索。

7. KCNA, "Kim Jong Un Makes New Year Address," January 1, 2018
http://www.kcna.co.jp/index-e.htm において、日付により検索。

8. Jeon Han and Yoon Sojung, "South, North Korea agree to hold 3rd summit in April," CHEONGWADAE website, March 06, 2018
https://english1.president.go.kr/Media/News/275

9. Joby Warrick and Simon Denyer, "As Kim Wooed Trump with 'Love Letters," he kept building his nuclear capability, intelligence shows," *Washington Post*, September 30, 2020
https://www.washingtonpost.com/national-security/trump-kim-north-korea-nuclear/2020/09/30/2b7305c8-032b-11eb-b7ed-141dd88560ea_story.html

10. たとえば、杉山正「トランプ氏『金正恩と恋に落ちた』――選挙集会 良好な関係強調」、「朝日新聞」、2018 年 10 月 1 日。

11. KCNA, "New Year Address of Supreme Leader Kim Jong Un," January 1, 2019
http://www.kcna.co.jp/index-e.htm において、日付により検索。

12. Stephen Biegun, "Remarks on DPRK at Stanford University," U.S. Department of State, January 31, 2019
https://kr.usembassy.gov/013119-remarks-on-dprk-at-stanford-university/

13. John Bolton, *The Room Where It Happened*, Simon & Schuster, 2020

14. President Trump, "Remarks by President Trump in Press Conference / Hanoi, Vietnam," February 28, 2019
https://trumpwhitehouse.archives.gov/briefings-statements/remarks-president-trump-press-conference-hanoi-vietnam/

15. 武田肇「北朝鮮外相が深夜に会見、トランプ氏の発言に反論」、「朝日新聞デジタル」、2019 年 3 月 1 日。
https://digital.asahi.com/articles/ASM3112V4M2XUHBI06S.html

16. Michael R. Pompeo, "Remarks with Travelling Press," U.S. Department of State, ERT Manila, Philippines, February 28, 2019
https://2017-2021.state.gov/remarks-with-traveling-press-4/index.html

17. Senior State Department Official, "Senior State Department Official Remarks to Travelling Press," U.S. Department of State, Peninsula Hotel, Manila, Philippines, February 28, 2019
https://2017-2021.state.gov/senior-state-department-official-remarks-to-traveling-press-3/index.html

18. 崔善姫外務次官「崔善姫外務次官が3月15日に平壌で行った会見」、「Korea News：国際・統一局通信」No.766、在日本朝鮮人総聯合会中央本部国際・統一局、2019年3月26日。

19. KCNA, "Supreme Leader Kim Jong Un' s Policy Speech," April 14, 2019
http://www.kcna.co.jp/index-e.htm において、日付により検索。

20. KCNA, "Fate of DPRK-U.S. Dialogue Depends on U.S. Attitude: DPRK Foreign Ministry Spokesperson," October 6, 2019
http://www.kcna.co.jp/index-e.htm において、日付により検索。

21. KCNA, "Fifth Plenary Meeting of Seventh Central Committee of Workers' Party of Korea Held," January 1, 2020
http://www.kcna.co.jp/index-e.htm において、日付により検索。
ピース・アルマナック刊行委員会編著『ピース・アルマナック2021』（監修：梅林宏道、緑風出版、2021年5月30日）に抜粋訳。

22. Kim Song, "Statement by Head of the DPRK Delegation H.E. Ambassador Kim Song, Permanent Representative of the Democratic People' s Republic of Korea to the United Nations at the General Debate of the 75th Session of the UN General Assembly," 29 September, 2020
https://estatements.unmeetings.org/estatements/10.0010/20200929/azzQgcBAMYqv/WaUGJrE2AJvT_en.pdf

23. KCNA, "Supreme Leader Kim Jong Un Delivers Speech at Military Parade," October 10, 2020
http://www.kcna.co.jp/index-e.htm において、日付により検索。
ピース・アルマナック刊行委員会編著『ピース・アルマナック2021』（監修：梅林宏道、緑風出版、2021年5月30日）に抜粋訳。

24. Byun Duk-kun, "N. Korea advancing nuclear, missile capabilities: Milley," Yonhap, December 3, 2020
https://en.yna.co.kr/view/AEN20201203000200325

25. KCNA, "Supreme Leader Kim Jong Un Makes Opening Speech at 8th WPK Congress," January 6, 2021
http://www.kcna.co.jp/index-e.htm において、日付により検索。

26. KCNA, "WPK General Secretary Kim Jong Un Makes Concluding Speech at

Eighth Congress of WPK," January 13, 2021
http://www.kcna.co.jp/index-e.htm において、日付により検索。

27. KCNA, "Great Programme for Struggle Leading Korean-style Socialist Construction to supreme Leader Kim Jong Un at Eighth Congress of WPK," January 9, 2021
http://www.kcna.co.jp/index-e.htm において、日付により検索。

28. 梅林宏道『非核兵器地帯――核なき世界への道筋』岩波書店、2012 年

29. Hiromichi Umebayashi: "A Northeast Asia NWFZ: A Realistic and Attainable Goal" , INESAP (International Network of Engineers and Scientists Against Proliferation) Conference, Gothenburg, Sweden, May 30-June 2,1996。
http://www.inesap.org/sites/default/files/inesap_old/bulletin10/bul10art03.htm

30. Hiromichi Umebayashi, "A Model Treaty on the Northeast Asia Nuclear-Weapon-Free Zone (Draft 4)," Peace Depot Working Paper No.1E, November 2005
http://www.peacedepot.org/wp-content/uploads/2016/12/workingpaper1.pdf
（日本語版は草案 5（2008 年 12 月）が『ピース・アルマナック 2020』（緑風出版、2020 年 7 月）に掲載されている。）

31. Morton H. Halperin, "A Proposal for a Nuclear Weapons-Free Zone in Northeast Asia," *Global Asia*, Vol. 6, No.4, winter 2011
https://nautilus.org/napsnet/napsnet-special-reports/a-proposal-for-a-nuclear-weapons-free-zone-in-northeast-asia/

32. 梅林宏道、鈴木達治郎、中村桂子、広瀬訓『提言―北東アジア非核兵器地帯設立への包括的アプローチ』長崎大学核兵器廃絶研究センター（RECNA）、2015 年
https://www.recna.nagasaki-u.ac.jp/recna/bd/files/Proposal_J_honbun.pdf

33. RECNA「北東アジア非核兵器地帯設立への包括的アプローチ」ウェブサイト
https://www.recna.nagasaki-u.ac.jp/recna/comprehensiveapproachtoestablishinganortheastasianuclearweapon-freezone

第 6 章

1. Siegfried S. Hecker, "A Return Trip to North Korea' s Yongbyon Nuclear Complex," Center for International Security and Cooperation (CISAC), Stanford University, November 20, 2010
https://fsi-live.s3.us-west-1.amazonaws.com/s3fs-public/HeckerYongbyon.pdf

2. Siegfried S. Hecker, "Visit to the Yonbyon Nuclear Scientific Research Center in North Korea," Senate Committee on Foreign Relations Hearing, January 21, 2004

https://fas.org/irp/congress/2004_hr/012104hecker.pdf

3. 38 North, "Estimating North Korea' s Nuclear Stockpiles: An Interview With Siegfried Hecker," April 30, 2021
https://www.38north.org/2021/04/estimating-north-koreas-nuclear-stockpiles-an-interview-with-siegfried-hecker/

4. 梅林宏道、鈴木達治郎、中村桂子、広瀬訓『提言―北東アジア非核兵器地帯設立への包括的アプローチ』長崎大学核兵器廃絶研究センター（RECNA）、2015 年 3 月
https://www.recna.nagasaki-u.ac.jp/recna/bd/files/Proposal_J_honbun.pdf

5. S.S. Hecker, R.L. Carlin, and E.A. Serbin, "A technical and political history of North Korea' s nuclear program over the past 26 years," Center for International Security and Cooperation (CISAC), Stanford University, May 24, 2018
https://fsi-live.s3.us-west-1.amazonaws.com/s3fs-public/narrativescombinedfinv2.pdf

6. Hans M. Kristensen, & Robert S. Norris, "North Korea nuclear capabilities, 2018," *Bulletin of the Atomic Scientists*, 74:1, 41-51, DOI: 10.1080/00963402.2017.1413062
https://www.tandfonline.com/doi/full/10.1080/00963402.2017.1413062

7. Tim Schwarz and Will Ripley, "The day we saw North Korea' s nuclear tunnels go up in smoke," CNN, May 25, 2018
https://edition.cnn.com/2018/05/25/asia/north-korea-punggye-ri-nuclear-intl/index.html

8. Heather Nauert, "Secretary Pompeo' s Meetings in Pyongyang, Democratic People' s Republic of Korea," Office of the Spokesperson, U.S. Department of State, October 7, 2018
https://2017-2021.state.gov/secretary-pompeos-meetings-in-pyongyang-democratic-peoples-republic-of-korea/index.html

9. Hans M. Kristensen and Matt Korda, "Status of World Nuclear Forces," Federation of American Scientists, updated March, 2021.
https://fas.org/issues/nuclear-weapons/status-world-nuclear-forces/

10. Mary Beth D. Nikitin, "North Korea' s Nuclear Weapons and Missile Programs," Congressional Research Service, Updated April 14, 2021
https://fas.org/sgp/crs/nuke/IF10472.pdf

11. Timothy McDonnell, "Nuclear pursuits: Non-P-5 nuclear-armed states, 2013," *Bulletin of the Atomic Scientists*, Volume 69, 2013, Issue 1, January 1, 2013
https://doi.org/10.1177/0096340212470816

12. US Department of Defense, "DOD Dictionary of Military and Associated

Terms, As of January 2021"
https://www.jcs.mil/Portals/36/Documents/Doctrine/pubs/dictionary.pdf?ver=2018-09-06-102155-910

13. James M. Acton, "Is It a Nuke? – Pre-Launch Ambiguity and Inadvertent Escalation," Carnegie Endowment for International Peace, April 2020
https://carnegieendowment.org/2020/04/09/is-it-nuke-pre-launch-ambiguity-and-inadvertent-escalation-pub-81446

14. Office of the Secretary of Defense, "Military and Security Developments involving the Democratic People' s Republic of Korea – Report to Congress – 2017," U. S. Department of Defense, Feb 13, 2018
https://media.defense.gov/2018/May/22/2001920587/-1/-1/1/REPORT-TO-CONGRESS-MILITARY-AND-SECURITY-DEVELOPMENTS-INVOLVING-THE-DEMOCRATIC-PEOPLES-REPUBLIC-OF-KOREA-2017.PDF

15. ミサイルに関する章の文献については下記に掲載された出典が参考になる。
梅林宏道「D.P.R.K の核兵器運搬手段―第 1 版―」(「ピースデポ・ワーキングペーパー」No.3J、2016 年 9 月 25 日)
http://www.peacedepot.org/wp-content/uploads/2016/12/WorkingPaper3J.pdf

16. Robert S. Norris & Hans M. Kristensen, "North Korea' s nuclear Program, 2005," *Bulletin of the Atomic Scientists*, May/June 2005
https://doi.org/10.2968/061003016

17. John Schilling & Henry Kan, "The Future of North Korean Nuclear Delivery Systems," North Korea' s Nuclear Future Series, US-Korea Institute at SAIS (School of Advanced International Studies, Johns Hopkins University), 2015
https://www.38north.org/wp-content/uploads/2015/09/NKNF_Delivery-Systems.pdf

18. Markus Schiller, "Characterizing the North Korean Nuclear Missile Threat," Technical Report, RAND Cooperation, 2012
https://www.rand.org/pubs/technical_reports/TR1268.html

19. Daniel A. Pinkston, "The North Korean Ballistic Missile Program," a U.S. Government publication, February 2008
http://www.StratigicStudyInstitute.army.mil/

20. Hiromichi Umebayashi, "Missile Defense Operations of US Aegis Ships Based in Japan," Peace Depot Working Paper No.2 E, April 2007
http://www.peacedepot.org/wp-content/uploads/2016/12/WorkingPaper2E.pdf

21. Bill Gertz, "North Korea Building Missile Submarine," Free Beacon, August 26, 2014.

http://freebeacon.com/national-security/north-korea-building-missile-submarine/

22. Joseph S. Bermudez Jr., "North Korea: Test Stand for Vertical Launch of Sea-Based Ballistic Missiles Spotted," 38 North, October 28, 2014
https://www.38north.org/2014/10/jbermudez102814/

23. Joseph S. Bermudez Jr., "Underwater Test-fire of Korean-style Powerful Strategic Submarine Ballistic Missile," 38 North, May 13, 2015
https://www.38north.org/2015/05/jbermudez051315/

24. Choe Sang-hun, "North Korean Missile Test Was Unsuccessful, South Says," *New York Times*, Nov. 30, 2015
https://www.nytimes.com/2015/12/01/world/asia/north-korean-missile-test-was-unsuccessful-south-says.html

25. 牧野愛博「潜水艦ミサイル 増す脅威」(「朝日新聞」2016年8月25日)

26. John Schilling, "A New Submarine-Launched Ballistic Missile for North Korea," 38 North, April 25, 2016
https://www.38north.org/2016/04/jschilling042516/

27. YONHAP NEWS AGENCY, "New N. Korean Submarine seen as capable of carrying 3 SLBM: S. Korea," July 31, 2019
https://en.yna.co.kr/view/AEN20190731006100315

『北朝鮮の核兵器』関連年表

1932 4・25	金日成が抗日遊撃隊創設の日（1978 ～ 2017 の建軍の日）
1945 8・15	朝鮮半島、日本の植民地支配から**解放**される
9・2	連合国最高司令官マッカーサー指令第１号、**38 度線**を境に在鮮日本軍の米ソ各軍への降伏を指令
1946 2・8	北朝鮮臨時人民委員会結成（金日成委員長）
8・28	北朝鮮労働党創立大会（～ 30 日）
1947 11・14	国連総会、朝鮮問題決議採択
1948 2・8	朝鮮人民軍（KPA）建軍（～ 1977 と 2018 ～現在の建軍の日）
3・27	北朝鮮労働党第２回大会
4・3	韓国済州島で武装蜂起（4･3 事件）
8・15	**大韓民国成立（韓国）**
9・9	**朝鮮民主主義人民共和国成立（共和国）**
1949 6・30	**南北労働党が合同し朝鮮労働党へ**
10・1	中華人民共和国成立
1950 6・25	**朝鮮戦争勃発**
7・7	大田協定：韓国軍が国連軍に編入
9・15	国連軍、仁川上陸
10・25	中国人民志願軍が参戦（戦闘は 10 月 19 日開始）
11・30	トルーマン米大統領、原爆使用検討と発言
12・24	マッカーサー司令官、原爆使用の権限要請、26 発の使用計画を提示
1951 3 月中旬	米戦略空軍、原爆投下爆撃機の極東派遣態勢の準備完了
4・12	朝鮮国連軍・米極東軍司令官マッカーサー解任、リッジウェーに
1953 7・27	**朝鮮戦争休戦協定**
10・1	**米韓相互防衛条約**の締結（54 年 11 月 17 日発効）
12・8	アイゼンハワー大統領、国連総会「アトムズ・フォア・ピース」演説
1956 3・26	共和国、ソ連ドゥブナ原子核共同研究所設立協定に参加。朝ソ原子力研究組織に関する協定
4・23	朝鮮労働党第３回大会
1958 2・3	米軍、**戦術核兵器の韓国配備**公表（１月から開始）
1959 9 月	共和国原子力研究センター設立のためにソ連と技術援助協定
1961 5・16	韓国で朴正熙の軍事クーデター

7・6	共和国、友好・協力・相互援助条約をソ連と締結
7・11	共和国、友好・協力・相互援助条約を中国と締結
9・11	朝鮮労働党第4回大会（～18日）
1965 8月	寧辺でソ連製研究炉（IRT）臨界。熱出力2MW
1967 2・13	共和国、高レベル代表団、モスクワ訪問（～3月3日）。発電炉の提供要請断られる
12・12	共和国原子力委員会代表団の東ドイツ訪問（12月4日～）の最後の会議、発電炉建設援助など協力要請断られる
1968 1・21	**1・21事態**。武装ゲリラ31名、韓国青瓦台襲撃。27名射殺、3名逃亡、1名逮捕
1・23	共和国哨戒艇、米国情報収集船**プエブロ号拿捕**。米の秘密交渉で米韓に亀裂
1969 7・25	米、ニクソン・ドクトリン
1970 11・2	朝鮮労働党第5回大会（～13日）
1972 7・4	**7・4南北共同声明**（自主・平和・民族大同団結）
10・17	朴正熙大統領が非常戒厳令、維新体制（～79年10月）
1974 9・18	共和国、**IAEA加盟**
1975 4・23	韓国、NPT批准
6・20	シュレージンジャー米国防長官、記者会見で韓国配備の核兵器の北への使用を警告
1976 2・13	共和国の外交官、ハンガリー外務省で核兵器とミサイル保有と発言
6・10	**初の米韓合同軍事演習チームスピリット**（～20日）
8・18	板門店米朝軍衝突（**ポプラ事件**）、米空母ミッドウェー出動
1977 1・25	金日成（北京で）、朴成哲（モスクワで）、中国の戦術核での核武装を示唆
7・20	共和国、IAEAと保障措置協定（IRT炉と臨界集合体）
11・15	横田めぐみさん拉致事件
1979	寧辺で**5MWe黒鉛炉の建設開始**（IAEA。ISISは1980年）
10・26	朴正熙大統領、金載圭KCIA部長に射殺される
1980 5・18	韓国光州闘争（～27日）
10・10	朝鮮労働党第6回大会（～14日）
1983 9・1	大韓航空機、サハリン沖でソ連機により撃墜され、267名全員死亡
1985 2・4	平壌でソ連原子力協力代表団と原発建設協議、12日に実質合意
12・12	共和国、**NPT加盟**

12・25	共和国とソ連、原発建設で協定に署名
1986 1・5	**5 MW e 黒鉛炉の運転開始**
1987 11・29	大韓航空機 858 便を金賢姫ら爆破
1989 春	5 MW e 黒鉛炉の長期間運転停止
1989 11・9	**ベルリンの壁崩壊**
1990 9・30	韓国、ソ連と国交樹立
1991 9・17	**南北朝鮮、国連同時加盟**
9・27	米ブッシュ大統領、地上、艦船の戦術核撤去を発表
12・13	「南北相互の和解、不可侵、協力及び交流に関する合意書」（南北基本合意書）に署名
12・18	盧泰愚大統領が韓国に核の不在を宣言
12・24	**金正日、朝鮮人民軍最高司令官に**
1992 1・7	米、チームスピリット 92 の中止を発表。共和国外務省、IAEA 保障措置協定に署名と発表
1・20	「朝鮮半島非核化のための南北共同宣言」に署名
1・30	共和国、IAEA 保障措置協定に署名（4 月 10 日発効）
2・19	**「南北相互の和解、不可侵、協力及び交流に関する合意書」（南北基本合意書）、「朝鮮半島非核化のための南北共同宣言」が発効**
2・25	ゲイツ米 CIA 長官、北朝鮮は数か月～ 2 年で核保有と議会証言
3・18	南北共同核管理委員会の設置、翌日に第 1 回会議
4・9	共和国、憲法改正で国防委員会設置、金日成が委員長
5・4	IAEA 保障措置の**初期申告**提出（7 施設の核物質目録と設計情報など）
5・11	IAEA 査察チーム初の訪問（～ 16 日）
5・26	IAEA 第 1 回特定（アドホック）査察（～ 6 月 5 日）
7・8	IAEA 第 2 回特定（アドホック）査察（～ 18 日）
8・24	韓国、中国と国交樹立
9・11	IAEA 第 3 回特定（アドホック）査察（～ 14 日）
10・8	米韓、チームスピリット 93 再開を発表
10・22	共和国、南北共同核管理委員会においてチームスピリットの中止を求め委員会を中止と述べる
11・2	IAEA 第 4 回特定（アドホック）査察（～ 13 日）、地下施設を初期申告に含める修正を要求。北朝鮮は拒否
11・3	米大統領選挙でビル・クリントン当選
12・19	金泳三大統領当選
1993 1・20	IAEA 第 5 回特定（アドホック）査察（～ 22 日）、北朝鮮は査察と認めず協議訪問とする
1・21	米韓、**チームスピリット 93** を開始（～ 4 月 20 日 、約 3 か月）

1・25	南北共同核管理委員会の委員長会議。最後の核管理委員会会議
1・26	IAEA 第 6 回特定（アドホック）査察（～ 2 月 6 日)。初期申告と査察結果の不一致で協議緊張
2・25	IAEA 理事会、**特別査察要求決議**。3 月 25 日回答期限
3・9	米韓、93 チームスピリットのハイライト上陸演習開始。金正日、準戦時態勢を全軍・全人民に命令
3・12	共和国、**NPT 脱退声明**
4・1	IAEA 理事会、共和国の協定違反を決議、国連安保理に報告
4・9	国防委員会委員長が金日成から金正日に
5・10	IAEA 第 7 回特定（アドホック）査察（～ 14 日）
5・11	安保理決議、脱退声明批判、取消しを求める
5・29	舞水端里でノドン発射実験、イラン役人同席
6・2	**第 1 ラウンド米朝会談**（～ 11 日、ニューヨーク）
6・11	米朝、**3 原則合意**声明。共和国、**NPT 脱退を保留**
7・14	第 2 ラウンド米朝会談（～ 19 日、ジュネーブ)。共和国、IAEA との査察協議に合意、米、軽水炉提供を検討
8・3	IAEA 査察チーム、寧辺訪問（～ 10 日）
8・17	米韓合同軍事演習ウルチ・フォーカス・レンズ始まる（～ 27 日）
11・15	米韓合同軍事演習フォール・イーグル始まる
12・29	米朝、**スーパー・チューズデー暫定合意**。IAEA の 7 施設の査察再開、南北の特使交換、チームスピリット中止、米朝第 3 ラウンド会談の日程協議の 4 点
1994 2・1	金日成、訪朝のビリー・グラハム牧師にクリントン大統領あて親書
2・15	共和国、IAEA との実務協議、申告 7 施設の査察受け入れ合意
3・3	IAEA、7 施設の査察再開（～ 14 日)。スーパー・チューズデー合意正式発表
3・19	南北協議中に共和国首席代表・朴英洙、「ソウルを火の海に」発言
3・21	米、パトリオット大隊の韓国配備を発表
3・31	安保理、完全な査察を求める議長声明
4・3	ペリー米国防長官、北の査察拒否続けば軍事行動の選択肢残ると発言
4・8	5 MW e 炉を運転停止し、燃料交換を予告 米韓、チームスピリットに代わるRSOI 演習(Reception,Staging,Onward-movement, andIntegration) を初実施
4・18	金日成、南米通信社インタビューで「核兵器開発の意図も能力もない」と語る
4・19	共和国、IAEA に 5MWe 炉の燃料交換の意図を通報
5・3	ブリックス IAEA 事務局長、燃料交換のフルスコープ査察を要求。安保理への報告止むなしとも
5・11	安保理決議採択。NPT 遵守を要求
5・12	共和国、IAEA に**燃料棒取り出し**を通告。抜き取り測定は許さず、観察許可。1986 年以来の運転履歴の検証不可能に
5・24	米ジョン・マッケイン上院議員、戦争準備を要求
6・2	ブリックス IAEA 事務局長、抜き取った 300 本の使用済み燃料の保管を北朝鮮が拒否、軍事転用の有無の立証不能と安保理に報告

6・4	米、安保理における制裁協議を要求
6・13	共和国、IAEA 脱退声明。NPT に留まる限り保障措置協定は有効
6・15	米ジミー・**カーター元大統領、平壌に到着**（～ 18 日）。個人資格
6・16	金日成、燃料棒の再処理凍結、米朝協議再開に暫定合意
6・20	米ガルーチ国務次官補と姜錫柱外務次官、燃料装填、再処理凍結に正式合意
7・7	米朝協議再開（～ 8 月 12 日、ジュネーブ）
7・8	**金日成死去**
8・12	米朝第 3 ラウンド協議（8 月 5 日 ~12 日、ジュネーブ）で共同声明に合意。枠組み合意の内容の基本合意
10・21	**米朝枠組み合意に署名**（ジュネーブ）。IAEA、寧辺 5 施設 30 棟凍結の監視を開始 米韓はチームスピリット 94 の中止を発表
11・30	軽水炉契約について米朝専門家会議始まる (北京)
12・17	米ヘリ、DMZ を越えて北領内 5 マイルに侵入、打ち落とされる。パイロット 1 人死亡、1 人捕虜（12 月 31 日に釈放）
1995 1・28	第 2 回米朝軽水炉会議、北京で開催
3・9	米、日、韓、**朝鮮半島エネルギー開発機構（KEDO）協定合意**
3・25	第 3 回米朝軽水炉会議 (～ 29 日、ベルリン)
4・12	第 4 回米朝軽水炉会議 (～ 21 日、ベルリン。14 ～ 18 日は中断)
5・20	第 5 回米朝軽水炉会議（～ 6 月 12 日、クアラルンプール）
6・13	米朝、軽水炉提供について基本合意（クアラルンプール）、調整は米企業、建設は韓国電力会社、機種は実質韓国モデルだが韓国名使わず KEDO（日米韓）が会見（ソウル）、韓国標準型炉で韓国企業が主要契約者になると発表。米朝合意と使い分け
6・26	ニュージーランド、KEDO に参加
7・30	共和国、豪雨が続き（～ 8 月 18 日）全土で河川の氾濫と飢饉
9・12	国連人道問題局、水害地への食糧支援呼びかけ
9・19	オーストラリア、KEDO に参加
11・24	カナダが KEDO に参加
12・15	KEDO と共和国、軽水炉供給協定に署名。その後も議定書交渉続く
1996 1・23	共和国、IAEA に凍結外の施設への査察を許可
4・16	米韓、4 者協議（米中南北）を提案
4・21	**米朝ミサイル協議**第 1 ラウンド（～ 22 日、ベルリン）。米、北の MTCR への参加を主張、北、補償の経済援助を要求
5・7	インドネシア、KEDO に参加
5・24	米、北朝鮮とイランにミサイル技術移転に関して経済制裁
7・17	チリ、KEDO に参加
9・5	アルゼンチン、KEDO に参加

9・18	共和国の偵察潜水艦、座礁、乗組員上陸侵入。26 人中 1 人のみ捕虜、他は相互射殺、韓国軍の射殺などで死亡
11・7	韓国、潜水艦侵入者の掃討作戦終了宣言
12・29	共和国、深く陳謝を表明
1997 1・8	潜水艦座礁事件で中断の KEDO 軽水炉契約の 2 議定書に署名
6・11	米朝ミサイル協議第 2 ラウンド（～ 13 日、ニューヨーク）。米、ノドン配備とスカッド輸出の中止を求める
7月	軽水炉の建設地を琴湖に決定、KEDO 琴湖事務所を開く
8・6	米、北朝鮮のミサイル活動で 2 企業に制裁
8・15	KEDO と韓国電力会社、予備契約に署名
8・19	琴湖で起工式
9・19	EU、KEDO 理事会に参加
9・25	ポーランド、KEDO に参加
10・8	**金正日、朝鮮労働党総書記に**
12月	第 1 ラウンドの 4 者協議始まる（99 年 8 月までに本会議 6 回、ジュネーブ）
12・19	金大中、韓国大統領に当選
1998 2・25	金大中、就任演説で**太陽政策**、包容政策発表
4・17	米、北朝鮮のパキスタンへのミサイル技術・部品の移転に対して両国に制裁
6・9	金大中、クリントンとの米韓首脳会談
6・16	共和国、ミサイル輸出中止には経済的補償、ミサイル開発中止には平和条約が必要と主張
8・17	NY タイムズ、CIA の**金昌里疑惑**のトップ記事
8・31	テポドン 1 発射。9 月 9 日が建国 50 周年
9・4	共和国外務省、人工衛星 1 号の発射に成功と発表。舞水端里から。1 段目、2 段目ロケットの着地点や軌道情報も
9・5	最高人民会議第 10 期第 1 回会議を召集、憲法修正で国防委員会が国家主権の最高軍事指導機関となり、委員長に金正日
10・1	米朝ミサイル協議第 3 ラウンド、ニューヨーク
10月	米議会、KEDO への出費に 1999 年 6 月まで（1500 万ドルの 4 条件と 6 月以後（2000 万ドル）の 3 条件
10・21	日本、KEDO 理事会で 10 億ドル拠出に署名
11・12	クリントン米大統領、**ペリーを北朝鮮政策調整官に任命**
12・4	金昌里査察についての米朝協議（～ 11 日）。北朝鮮が補償要求
12月 初め	ペリー調整官、シャーマン副調整官、カーター副調整官とともに日本、韓国、中国を訪問
1999 1・27	林東源・韓国大統領首席秘書官がペリー調整官に面会（ワシントン）、包容政策と冷戦構造解体のための包括的方針を説明
2・9	チェコ共和国、KEDO に参加
3・16	米朝、国連を通じた米食料援助、米朝関係改善を条件に金昌里視察チーム受け入れに合意

3・29	米朝ミサイル協議第4ラウンド（～31日、平壌）
4・25	米韓日、北朝鮮問題で3か国調整・管理グループ設立
5・20	米視察チーム、金昌里を訪問（～24日）
5・25	特別使節ペリー訪朝（～27日）。枠組み合意とミサイル問題両方の解決の流れ作られる
6・15	第1延坪海戦、西海で南北の銃撃戦。死者無し
6・25	米国務省、**金昌里に疑惑なし**、KEDOに違反なしと結論（2000年5月の再訪でも変化なし）
8・5	第6ラウンド4者協議（～9日、ジュネーブ）
9・7	米朝ベルリン会議第1ラウンド（～12日）
9・12	米朝声明、核とミサイル問題を別会議で並行協議、関係改善目指す。共和国、協議中の長距離弾道ミサイル発射モラトリアムを約束
9・15	ペリー調整官秘密報告書、議会へ（10月12日に公開版）
9・17	米大統領、ベルリン会議の結果として経済制裁緩和を発表（実行は9か月後の2000年6月になる）
9・24	共和国外務省、米朝協議の期間、**長距離ミサイル実験中止**と発表
11・15	米朝ベルリン会議第2ラウンド（～22日）
12・15	KEDOと韓国電力会社、本格建設の契約に署名
2000 1・22	米朝ベルリン会議第3ラウンド（～28日）、北高官の米訪問を協議
3・7	米朝高官協議（～15日、ニューヨーク）。共和国高官のワイントン訪問、KEDO、ミサイル再協議
3・9	金大中「ベルリン宣言」、ベルリンで南北首脳会談を提案
3・22	韓国、南北首脳会談提案
4・10	南北が首脳会談の計画について同時発表
5・25	米チーム、金昌里を2度目の査察。1年前と変化なし（～27日）
6・13	**南北首脳会談**（金大中と金正日）
6・15	**南北共同声明**
6・19	米、共同声明に呼応して北朝鮮への制裁を緩和
6・20	北朝鮮、米に対してミサイル実験の中断の継続を確認
7・12	米朝ミサイル協議第5回（クアラルンプール）
7・19	プーチン・金正日会談（平壌）
7・28	ASEAN地域フォーラム（ARF、バンコク）でオルブライト・白南淳外務会談
9・27	米朝高官協議再開（3月に続く、ニューヨーク）。核、ミサイル、テロ支援国家リストからの除去など
10・6	**米朝共同声明**、国際テロに反対する
10・8	**趙明禄国防委員会第1副委員長ワシントン訪問**、１０日にクリントン大統領、オルブライト国務長官と会談（～12日）
10・12	**米朝共同コミュニケ**、敵国関係を解消、ミサイル・モラトリアム継続
10・23	**オルブライト米国務長官、平壌訪問**（～24日）、金正日総書記と会談。核、ミサイル、関係正常化、クリントン訪朝など
11・7	米大統領選挙、ゴア、ブッシュの争いでブッシュ勝利

12・11	ウズベキスタン、KEDO に参加
12・28	クリントン大統領任期中の訪朝を断念と発表
2001 1・2	米、共和国企業「チャンガン・シニョン」に不拡散法で制裁
1・17	パウエル米次期国務長官、認証公聴会で枠組み合意の継承を演説
1・20	ジョージ・W・**ブッシュが米大統領に就任**
3・6	パウエル国務長官、クリントン政権の北朝鮮政策を継承と記者会見
3・7	ウェンディ・シャーマン前大統領特別補佐官、ミサイル合意は近かったと NY タイムズに OP-ED 米韓首脳会談（ブッシュ大統領・金大中、ワシントン）
3・15	労働新聞、米の変節に怒りの論評。侵略者には「1000 倍の報復」、「枠組み合意」の履行を要求
5・3	EU 代表団（団長：ヨーラン・ペーション・スウェーデン首相）の平壌記者会見
6・6	ブッシュ米大統領、記者会見で北朝鮮政策の見直し完了
6・13	米特使プリチャードが共和国・国連代表・李衡哲とニューヨークで会談
8・4	金正日、モスクワ訪問、プーチンと会談
9・11	米、同時多発テロ
9・30	米国防総省、「4 年毎の国防見直し」（01QDR）議会に提出
12・31	米国防省、「核態勢見直し報告」（01NPR）議会に提出。序のみ公開
2002 1・29	ブッシュ大統領、年頭教書で「**悪の枢軸**」
2・5	米上院外交関係委員会でパウエル国務長官、北朝鮮と無条件協議再開の用意と発言
2・20	ブッシュ米大統領、訪韓。ソウルで「金正日が国民を解放するまで考えを変えない」と発言
3・9	「ロサンゼルス・タイムズ」紙が **NPR を暴露**。北朝鮮など核攻撃対象
3・14	北朝鮮外務省声明。NPR 批判、「8 年間の約束履行を無にした」
4・1	ブッシュ米大統領、北朝鮮の「枠組み合意」履行を認証しないが、KEDO への支出禁止の法を停止、財政支出を続けると覚書
6・17	3 か国調整・管理グループ会議（サンフランシスコ）。米、「先変化・後交渉」の「大胆なアプローチ」を説明
6・29	西海で南北の軍事衝突（第 2 延坪海戦）
7・31	白南淳外務大臣とパウエル国務長官、ARF（ブルネイ）で短い会談
8・7	琴湖で KEDO コンクリート注入式典、米プリチャード挨拶
9・17	**日朝平壌宣言**
9・18	南北鉄道・道路連結事業の着工式。米国の抵抗を押し切って実現
10・3	米国務次官補ジェームス・ケリー平壌訪問（～ 5 日）。**ウラン濃縮問題**の一方的通告が任務
10・7	共和国外務省報道官、ケリーは高圧的に一方的な要求、対話の姿勢はないと批判
10・16	米国務省、共和国がウラン濃縮計画の存在を認めたと発表
10・25	共和国外務省報道官声明、ウラン濃縮計画に証拠がないと反論
11・8	米韓日調整・管理グループの会議を開催（～ 9 日、東京）。米国の重油即時停止を退け、12 月からの停止で合意
11・14	KEDO 理事会、12 月から**重油を止める**ことを決定

11・18	最後の重油が共和国の南浦に到着
11・29	IAEA 理事会、ウラン濃縮計画について共和国に説明を求める決議。共和国、米の偏向と拒否
12・12	北朝鮮外務省、IAEA に枠組み合意で凍結の黒鉛炉などの施設を発電のため再稼働させると通告、シールと監視装置の撤去を要求
12・14	共和国、凍結は米朝問題、IAEA が撤去しないなら独自に撤去と手紙
12・19	韓国大統領選挙で盧武鉉が当選
12・22	共和国、使用済み燃料 8000 本の貯蔵所の封印をはずし撤去を始める（～ 24 日）
12・26	IAEA 報道官、北朝鮮は新しい燃料棒の挿入を始めたと述べる
12・27	IAEA 監視官、退去を命じられ 31 日に退去
2003 1・6	IAEA 理事会、監視装置の回復、監視官の復帰など決議
1・7	米韓日調整・管理グループ、ワシントンで会合
1・10	共和国、**N P T脱退宣言**
1・27	林東源・韓国大統領特使ら平壌訪問（～ 29 日）。高濃縮ウラン問題で米朝外相会談開催を要請、北は NPT 脱退方針を説明
1・28	ブッシュ米大統領、年頭教書。北朝鮮を抑圧政権と呼ぶ
2・12	IAEA 理事会、共和国の不順守を安保理に報告
3・20	米、イラクの自由作戦（～ 5 月 1 日）、4 月 9 日にバクダッド゛陥落
4・10	共和国の NPT 脱退、手順上の発効
4・23	中国、米中朝 3 か国協議へイニシャチブ（～ 25 日）
8・27	**第 1 回 6 か国協議**（～ 29 日）
10・20	ブッシュ米大統領、APEC 首脳会談（バンコク）で盧武鉉と会談、6 か国協議での北への安全保証供与を発言
10・25	共和国外務省報道官、同時行動の原則でパッケージ解決策受け入れの意向
12・12	チェイニー米副大統領、中国の 6 カ国協議声明案に「悪とは交渉しない」
12・13	サダム・フセイン拘束される
12・19	ブッシュ米大統領とブレア英首相、それぞれ記者会見、リビアの最高指導者カダフィ大佐が WMD の開発認め廃棄に合意と発表
2004 1・8	米専門家グループ（ルイス、ヘッカー、プリチャード、カーリン）初訪朝。寧辺も訪問
1・21	米核兵器専門家ヘッカー、訪朝結果を上院外交委で証言
2・25	**第 2 回 6 か国協議**（～ 28 日）
5・12	6 か国協議、初めての作業部会（～ 15 日）
6・21	6 か国協議、第 2 回作業部会（～ 22 日）。釣魚台国賓館。北朝鮮は核施設の凍結を提案
6・23	**第 3 回 6 か国協議**（～ 26 日）
7・2	パウエル米国務長官、ARF（ジャカルタ）で「凍結への補償」検討の用意と発言
7・21	ボルトン米国務副長官、ソウルで「北の核凍結は信頼できず補償しない、完全廃棄が先」と発言
10・1	米・弾道ミサイル防衛（BMD）の初期配備開始。イージス艦日本海パトロール

2005 1・18	ライス米次期国務長官、上院認証公聴会で「専制国家」発言
1・20	ブッシュ就任演説、「**専制国家**を打ち倒す」
2・10	共和国外務省声明、6か国協議を無期限中断
2・14	米、ケリーに代わりクリストファー・ヒルが国務次官補、6か国協議担当
3・2	共和国外務省、長文の覚書。ブッシュの年頭教書に反発、核保有の正当化と99年9月のミサイル・モラトリアムの無効主張
4・18	韓国外交通商省、黒鉛炉の運転停止を確認。米情報機関、16日に同様の見解
5・11	北朝鮮外務省、8000本の使用核燃料の取り出し完了を発表
6・16	鄭東泳・韓国統一相、金正日と平壌で面会、6か国協議への復帰説得。金正日、「非核化は金日成の遺言」
7・9	ヒル米国務次官補、北京で金桂寛外務次官と面会。6か国協議への復帰に合意
7・12	鄭東泳・韓国統一相、200万キロワットの電力を北に供給と提案
7・26	**第4回6か国協議**（～8月7日中断）
8・15	ウルチ・フォーカス・レンズ米韓合同軍事演習始まる（～9月2日）
8・19	ブッシュ政権、ジェイ・レフコウィッツを北朝鮮人権問題特使に任命。米北朝鮮人権法によって義務づけられた
8・26	米専門家グループ（ルイス、ヘッカー、プリチャード）訪朝（2回目）。寧辺には行けず、プリチャード・金桂寛の会談
9・13	**第4回6か国協議第2セッション**（～9月19日）
9・15	米財務省、マカオのバンコ・デルタ・アジア（BDA）の2500万ドルの共和国資金を凍結
9・19	**6か国、初の共同声明** ヒル米国務次官補、「適切な時期」は北朝鮮の完全非核化の後と説明
9・20	共和国外務省、軽水炉提供が先、その後核計画を放棄と述べる
10・25	韓成烈・共和国国連副代表、「ウラン濃縮計画は存在しない」
11・9	**第5回6か国協議**（～11日中断）。BDA金融制裁問題が米朝間の緊急問題に
11・22	KEDO理事会、**軽水炉事業の廃止と組織解体の方向性**を基本合意（正式決定は06年5月31日）
11・25	金融制裁の説明のため招いた金桂寛との会合をキャンセル
12・7	共和国、KEDOに米国・韓国の要員の1か月以内の撤収を要求
12・19	朝鮮中央通信、KEDOの軽水炉事業中止について詳細な報告記事。黒鉛減速炉建設の復活と独自の軽水炉建設の必要性など
2006 1・8	**KEDO要員、完全撤収**を完了
3・7	米財務省、李根らにBDAにとった処置説明
4・13	金桂寛、BDAの資金凍結が解除なら6か国協議に戻ると報道に語る
5・31	KEDO理事会、**軽水炉事業正式に廃止決定**。事務局は存続、精算に取り組む
7・5	**テポドン2発射実験**。ノドン、スカッドなど7発を東海岸から東方に発射
7・6	共和国声明、ミサイル発射を「悪の枢軸」「イラク戦争」を引き合いに、戦力バランスの追求と正当化
7・15	安保理決議1695（2006）ミサイル発射非難

10・3	共和国、北朝鮮核実験予告声明
10・6	安保理議長声明、核実験予告への非難
10・9	**第1回地下核実験**
10・14	**国連安保理決議1718**（国連憲章第7章41条に基づく制裁）。弾道ミサイルの発射も禁止
10・31	米専門家グループ（ルイス、ヘッカー、プリチャード、カーリン）訪朝（3回目。～11月4日）。寧辺核施設を訪問
11・28	中、朝、韓、米の6か国協議担当者が北京で会談（～12月1日）。金桂寛、9.19共同声明順守し核計画放棄の意思確認
12・18	**第5回6か国協議第2セッション**（～22日）。並行して米朝金融協議
12・30	サダム・フセイン死刑執行
2007 1・16	米朝2国間協議（～18日、ベルリン）。ヒルと金桂寛。朝鮮中央通信、合意に達したと報道
1・30	米朝金融制裁協議を北京で開催、グレーザー財務次官補代理、呉光鉄・朝鮮貿易銀行総裁が代表
2・8	第5回6か国協議第3セッション（～13日）、**初期段階の行動に合意**、5作業部会を設置
3・13	エルバラダイIAEA事務局長、北朝鮮を訪問、関係再構築（～14日）
3・19	**第6回6か国協議**（～22日）。BDA資金解除の完了まで北は次の段階に入ることを拒否
4・25	**朝鮮人民軍建軍75周年の軍事パレード**。ミサイル登場のパレードは15年振り。**ムスダン**と思われる中距離弾道ミサイルの初登場
6・26	IAEA監視チーム寧辺施設訪問（～29日）。5施設の特定査察準備
7・17	IAEA、5核施設すべて稼働停止と表明。寧辺の4施設と泰川の200MWe黒鉛炉（建設中）
7・18	**第6回6か国協議首席代表者会議**（～20日）
9・27	**第6回6か国協議第2セッション**（～30日）、**第2段階の行動に合意**（10月3日付け）
10・2	盧武鉉・金正日の南北首脳会談（～4日）
10・4	**南北首脳共同声明**
11・5	米専門家チームが訪朝、無能力化に着手
12・3	ヒル国務次官補、ブッシュ大統領の書簡をもって平壌訪問（～5日）。5日、朴宜春外務大臣に書簡渡す
12・19	李明博、韓国大統領に当選
2008 1・4	共和国外務省報道官談話、第2段階合意の履行を催促
3・13	米朝（ヒル・金桂寛）会談（～14日、ジュネーブ）。「完全な申告」妥協案協議
4・8	米朝（ヒル・金桂寛）会談（シンガポール）。「完全な申告」で合意。ウラン問題、シリア問題は米の主張を北朝鮮が認めるという妥協案
4・24	米政府、共和国のシリア原子炉支援に関するCIA情報を暴露。ブッシュ政権内強硬派の企て
5・8	共和国、**約18000ページの運転記録**（黒鉛炉と再処理施設が中心、1986年以後）を平壌の米国代表に提出
6・26	共和国、核計画の申告書を中国に提出。プルトニウム約30 kgを分離、2 kgを2006年の核実験で使用 米国は見返りに対敵通商法の適用を解除、テロ支援国家の指定の解除を議会に通告（45日後に確定）
6・27	共和国、**黒鉛炉冷却塔を爆破**

7・4	共和国外務省報道官談話、検証問題についての見解
7・10	**第6回6か国協議第2回首席代表者会議**（〜12日)。プレスコミュニケ：検証メカニズムと監視メカニズムの設置
7・23	シンガポールで非公式6か国外相会議
8・11	米、45日経過したがテロ支援国家の指定解除せず
9・19	北朝鮮外務省報道官、国際スタンダードの検証合意はテロ国家指定解除の条件ではないと主張
9・22	共和国、エルバラダイIAEA事務局長に再処理施設の封印除去を要求
9・24	IAEA寧辺の再処理施設のシール除去完了
10・1	ヒルなど米チームが平壌訪問、検証について協議（〜3日）
10・11	**米、テロ支援国家指定を解除** 検証に関する米朝合意（米国務省報道発表とファクトシートのみ）
10・13	共和国外務省報道官、無能力化施設の検証に協力と表明
11・4	米大統領選挙でバラク・オバマ当選
12・8	**第6回6か国協議第3回首席代表者会議**（〜11日)、検証に関して文書合意できず
2009 1・13	共和国外務省報道官声明、検証は南北を含めて「行動対行動」の原則で行うべきと主張。韓国における「現地アクセスの自由」を要求
1・20	**米バラク・オバマ大統領就任**
2・20	ヒラリー・クリントン米国務長官、スティーブン・ボズワースを北朝鮮政策特別代表に任命
2・24	共和国宇宙技術委員会の談話、98年8月以来の宇宙開発を強調、通信衛星の打ち上げ計画公表
3・5	共和国、ロシアに加入書を寄託して宇宙条約に加盟
3・10	共和国、国連事務総長に加入書を寄託して宇宙物体登録条約に加盟
3・11	共和国、国際海事機関（IMO)、国際民間航空機関（ICAO）に衛星発射（4月4〜8日）を通知
4・4	共和国、東海岸から銀河2号に搭載して人工衛星・光明星2号の発射予告。国際的な飛行・船舶への安全通告
4・5	共和国、舞水端里から**人工衛星発射（光明星2号）** オバマ大統領、プラハ演説
4・9	最高人民会議、憲法を改正。国防委員会委員長を共和国の最高領導者に
4・13	**安保理議長声明**「発射非難」
4・14	共和国外務省声明（**4・14外務省声明**)、安保理議長声明に反発、6か国協議への不参加と合意不遵守を表明。軽水炉計画とチュチェ原子力産業を宣言。使用済み燃料の再処理再開、IAEAへの協力の全面停止を声明し、寧辺の封鎖シールの除去、監視装置の撤去、国外退去を命じる
4・15	寧辺のIAEA査察官、シールをはがし監視カメラの電源切る
4・16	IAEA査察官、共和国を出国
4・25	共和国外務省報道官、使用済み核燃料の再処理の開始を確認
5・25	**第2回地下核実験**
5・29	共和国外務省報道官声明、核実験への立場表明
6・12	**国連安保理決議1874**（国連憲章第7章41条に基づく追加制裁措置）初めて「弾道ミサイル技術を用いたすべての発射」を禁止
6・13	共和国外務省声明、安保理決議への対抗措置、ウラン濃縮正式表明

8・4	クリントン米元大統領、平壌訪問し金正日と会談。米女性ジャーナリスト2人の特赦で5日朝、2人とともに帰国
12・8	ボズワースら米代表団平壌訪問（～10日）。姜錫柱第1外務次官、金桂寛外務次官らと会談。オバマ大統領書簡を渡す
2010 1・1	共和国3紙共同社説、「人民生活の向上」「米朝の緊張緩和」など
1・11	共和国外務省声明、信頼醸成のため停戦協定から平和協定への話し合い優先。枠組みは6か国協議でもよい
3・26	**「天安」哨戒艦沈没事件**
4・5	オバマ米大統領、ニューヨークタイムズ紙にNPT遵守の非核国に核不使用の方針説明。イラン、北朝鮮は含まないと述べる
4・21	共和国「核問題に関する外務省覚書」を発表（国連安保理文書、4月28日、S/2010/205）。核武装に至る論理を「米国の核の脅威」論で構築
5・3	金正日、訪中（～5日）
5・12	労働新聞、自主開発で核融合反応に成功と報道
5・20	国際軍民合同調査団、「天安」哨戒艦沈没を共和国の魚雷攻撃と断定
7・9	国連安保理議長声明で間接的に共和国を非難 共和国、国連安保理での米・韓の試みは失敗と国連で記者会見
7・24	共和国国防委員会、25日に始まる米韓合同演習に声明。独自の核抑止力で報復戦争を開始、天安事件の独自の真相解明と発表
7・25	米韓、日本海で合同演習（～28日）。海上自衛隊、オブザーバー参加
7・31	寧辺の実験用軽水炉の現地建設始まる
8・25	ジミー・カーター米元大統領、平壌訪問。米市民ゴメス釈放
9・28	朝鮮労働党代表者会議、**金正恩**を党中央委員、党中央軍事委員会副委員長、人民軍大将に任命。事実上の後継者
10・10	労働党創建65周年記念パレード、ムスダン登場
11・12	北朝鮮、ヘッカー（元米核兵器研究所長）らを寧辺の**ウラン濃縮設備**、軽水炉建設現場に案内
11・23	**大延坪島砲撃事件**
12・6	日米韓外相会議（ワシントン）、6か国協議再開に5項目条件で合意
2011 1・1	共和国3紙共同社説、「核兵器のない朝鮮半島」
2・15	リビア内戦始まる
4・26	カーター元米大統領ら4人が訪朝（～28日） 武大偉6か国協議中国代表、魏聖洛・韓国朝鮮半島平和交渉本部長と会談。6か国協議再開に3段階論で中北が合意
7・22	第1段階の南北主席代表者会議（バリ島ヌサドゥア）。ARFの機会利用
7・28	第2段階の米朝核協議第1回（ニューヨーク）、1年7か月振り（～29日）
8・21	リビア反体制派、リビア首都トリポリをほぼ制圧
10・20	リビア内戦でカダフィ大佐が死亡
10・24	米朝核協議第2回（ジュネーブ）（～25日）

11・30	共和国外務省発表、ウラン濃縮・実験軽水炉の開発順調、6か国協議無条件復帰、9・19声明段階的実施
12・1	ロシア外務省コメント、不拡散体制の枠組み内で行え
12・19	共和国報道、17日朝に**金正日総書記死去**
12・30	朝鮮労働党政治局会議、金正恩を人民軍最高司令官に任命
2012 1・9	中井洽・元拉致問題担当相、中国東北部で北朝鮮代表と極秘接触
2・23	米朝核協議第3回（～24日、北京）。グリン・デービース米北朝鮮政策特別代表と金桂寛
2・29	米朝「**うるう日合意**」。米朝は別々に合意内容を発表
3・16	共和国、IAEAに訪朝要請の書簡。監視要員復帰の準備 朝鮮宇宙技術委員会、人工衛星発射予定日（4月12～16日）とルートを公表。米クリントン国務長官は非難声明
3・28	米国務省ヌーランド報道官、食糧支援中断を表明
4・11	労働党代表者会、金正恩を第1書記に選出。金正日は永遠の総書記 最高人民会議、金正恩を中央軍事委員会第1委員長に選出。金正日は国防委員長の称号
4・13	共和国、**人工衛星「光明星3号」発射に失敗** 最高人民会議、憲法を修正。前文に金正日の業績を「祖国を核保有国に転変させた」と称える。金正恩、国防委員会第1委員長に
4・15	金正恩第1書記、金日成主席生誕100年閲兵式で初演説。軍事パレードに移動式新型ミサイル・ファソン13、6基登場
4・16	国連安保理議長声明、北の発射非難。安保理決議1718（2006年）、1874（2009年）違反
4・17	共和国外務省、議長声明を憲章違反と批判。公開の衛星発射を非難するのは不当とし、2月の米朝合意を破棄を宣言
5月 中旬	金永南・最高人民会議常任委員長、シンガポール、インドネシア訪問。経済貿易の拡大、海外投資を誘うノーハウを求める
6・19	梁光烈中国国防相、訪中の共和国予備役将校代表団に核実験を容認しないと強い発言。金正恩は経済に集中していると評価
7・17	金正恩、大将から元帥に
7・20	共和国外務省見解、金日成銅像を破壊する行動が起こったことを米国の謀略とし、核問題を根本から再検討
8・11	日本赤十字社と朝鮮赤十字会の実務者会議で日本人の遺骨返還・墓参で合意
8・31	日朝政府間の予備協議（29日～）で小野啓一北東アジア課長、劉成日・対日課長、遺骨収集問題などで局長級会議の開催に合意
9・5	共和国外務省、局長級会議に拉致問題などが議題となるという日本側の理解に反対する見解表明
12・1	共和国、衛星発射の事前通告を国際海事機関（IMO）に提出
12・3	共和国、衛星発射のノータム（安全通報）を国際民間航空機関（ICAO）に提出
12・12	共和国、**人工衛星「光明星3号2型」発射** 国連安保理緊急会合で非難の報道声明
12・23	韓国政府、残骸分析で打ち上げロケットの射程1万キロ超と分析
2013 1・22	国連安保理、制裁強化の**決議2087（2013）**を採択。制裁を強化

1・23	共和国外務省声明、決議を拒否。衛星打ち上げを継続と主張 北朝鮮、光明星3号2型を宇宙物体登録条約にしたがって国連登録
1・24	共和国国防委員会声明、決議を拒否。朝鮮半島の非核化ではなく核大国の非核化に努力、6か国協議も9.19声明も存在しないなど主張
1・25	共和国平和統一委員会声明、決議を拒否。今後南北非核化協議を行わない。その意味で92年の南北非核化共同宣言は無効
2・12	共和国、**第3回地下核実験**
3・1	米韓機動軍事演習フォール・イーグル開始（～4月30日）
3・7	国連安保理、**決議2094（2013）**を採択。制裁拡大かつ強化
3・8	祖国平和統一委員会声明、3月11日から南北不可侵合意の無効化、南北非核化共同宣言の完全白紙化を再確認
3・9	共和国外務省報道官、制裁決議を拒否。経済建設に向かう国を核実験の悪循環に引き込んだ米国の責任に沈黙した偏向
3・11	米韓指揮・実動合同軍事演習キー・リゾルブを開始（～21日）。北朝鮮、休戦協定の白紙化と南北不可侵合意の破棄を宣言
3・15	韓国政府関係者、北が短距離ミサイル2発を日本海に向け発射と発表
3・17	朝鮮「労働新聞」が「日本への核の先制攻撃も例外ではない」と論説
3・28	米空軍**B2ステルス爆撃機2機、米ミシガン州から直接飛来**、爆弾投下の実演習。フォール・イーグルの一環
3・30	共和国、全国民戦時状況の宣言
3・31	金正恩、朝鮮労働党中央委員会で「経済発展と核兵器の並進路線」「核兵器は米国からドルを引き出すための商品ではない」と述べる
4・1	第12期第7回最高人民会議、「**核兵器国地位確立法**」を採択、公布。米国を特定した核、米国式の消極的安全保証など
4・2	共和国原子力総局報道官、**寧辺黒鉛炉再稼働**の措置を表明
4・4	朝鮮人民軍総参謀部報道官声明、戦時認識と「軍作戦の最終点検・認可が終わったことをホワイトハウスと米国防総省に正式通告」 CNN、北朝鮮がムスダン2基、移動発射台、燃料タンクが東海岸に移動したとの米軍情報を報道
4・5	日本政府、船舶入港禁止、輸出入全面禁止の制裁を2年延長閣議決定
4・7	小野寺防衛相、ムスダン日本海発射の兆候という情報に対応し、破壊措置命令。日米韓で日本海にイージス艦を展開
4・23	CTBTO放射性核種キセノンを2施設（日露）で検出と発表
5・7	中国銀行、朝鮮貿易銀行（北朝鮮を代表する対外貿易決済機関）に取引の停止と関連する口座の閉鎖を通告 米韓首脳会談（オバマ・朴槿恵、ホワイトハウス）初の会談。北への抑止力強化と非核化意志示せば対話の方向性で合意
5・14	飯島勲内閣官房参与、平壌を訪問（～17日）。金永南最高人民会議常任委員長らと会談
5・20	共和国、3日連続で短距離ミサイル発射。18日に3発、19日に1発、20日に2発。この日、異例に訓練目的と談話
6・7	習近平国家主席、訪米（～8日）。オバマ大統領とパームスプリングス近郊で会談、北朝鮮非核化で協力と確認
6・9	南北実務者会談、板門店で。当局者会談の準備（～10日未明）

6・11	韓国統一省、12、13日予定の南北当局者会談は中止と発表。北朝鮮の参加者レベルが低いと韓国が決定
6・16	国防委員会報道官「重大談話」発表、朝鮮半島の緊張緩和に向けた高官会談を米国に呼びかけ
6・19	金桂寛第1外務次官、北京で張業遂外務次官と戦略対話
6・27	朴槿恵、習近平国家主席と北京で会談。北朝鮮の非核化で一致
7・4	金桂寛第1外務次官、モスクワでモルグロフ外務次官と会談。ロシア、6か国協議の早期再開を要請
7・27	朝鮮戦争休戦60周年、平壌で閲兵式。軍事パレード、金正恩の演説なし。ムスダンやKN08登場、新型ミサイルはなし
8・27	訪朝中の武大偉・中国朝鮮半島問題特別代表が金桂寛第1外務次官と面会、6か国協議の話し合いか
9・23	中国政府、安保理制裁決議に基づく北朝鮮への禁輸リストを公表
10・8	韓国政府（国家情報部）、北朝鮮の黒鉛炉の再稼働を公式に確認
12・13	張成沢・前国防委員会副委員長の死刑執行
2014 1・1	金正恩の年頭演説。並進路線に言及するが強調せず、人民の生活水準向上の目標を強調
2・24	米韓合同演習「キー・リゾルブ」（～3月6日）、「フォール・イーグル」（～4月18日）開始
2・27	スカッド4発を旗対嶺から発射実験
3・26	2発のノドン・ミサイルを粛川から発射
3・27	国連安保理、ノドン発射は決議違反と「報道機関向け談話」発表
3・30	共和国外務省声明、ミサイル発射に関して開かれた安保理会議に反発。新型の核実験を行う可能性を示唆 日朝局長級協議（～31日、北京の共和国大使館）、12年11月以来
4・3	小野寺防衛省、追加のミサイル破壊措置命令。公表せず
4・23	中国外務省、池在竜北朝鮮大使を呼び核実験兆候に懸念表明
5・29	日朝協議、拉致問題で**ストックホルム合意**（協議は5月26～28日）
6・16	金正恩第1書記が潜水艦部隊を視察
6・29	スカッドCと見られる短距離弾道ミサイル2発を元山付近から発射
6・30	国防委員会、韓国に統一問題で提案
7・4	共和国、拉致問題特別調査委員会を発足。日本政府、①人の往来禁止、②支払いの届け出義務、③船舶の入港禁止の3制裁を解除
7・9	平山（黄海北道）付近から日本海へ短距離弾道ミサイル2発発射
7・13	開城付近から北東へスカッドと見られるミサイル2発発射
8・16	米外交当局者、秘密裏に平壌を訪問。拘束者解放の協議か？
8・18	米韓合同軍事演習ウルチ・フリーダム・ガーディアン開始（～29日）
9・27	李洙墉外相、外相としては15年ぶり国連総会演説。米敵視政策が終われば核問題は解決、連邦制の統一など
11・5	韓国政府関係者、寧辺のウラン濃縮設備の増築が完成と述べる
11・17	崔竜海・朝鮮労働党書記、ロシア訪問（～24日）。プーチン大統領と面会（18日）

11・24	ソニー・ピクチャーズ・エンターテインメント（ＳＰＥ）へサイバー攻撃。喜劇「ジ・インタビュー」上映中止要求
12・19	米連邦捜査局（FBI）SPE へのサイバー攻撃を共和国によると断定
12・29	日米韓で共和国の核・ミサイルに関する秘密情報を共有する合意文書に署名。日韓間に GSOMIA がないので米が仲介
2015 1・1	金正恩の年頭演説、並進路線を確認。「南北首脳会談」を示唆
1・2	米大統領令、対北朝鮮追加制裁。サイバー攻撃への報復
1・9	共和国、米に**軍事演習の一時停止と核実験の一時停止**の話し合いを提案（KCNA 報道）。12 日、米国務省報道官は不釣合いな要求と拒否
1・22	オバマ米大統領ユーチューブのインタビューで「北朝鮮はいずれ崩壊」「残虐な独裁体制」「最も孤立し制裁されている国」などと述べる
2・4	国防委員会声明、激しくオバマ政権の体制崩壊意図を批判。「米国と交渉せず」など表明
3・2	米韓合同軍事演習「キー・リゾルブ」（～ 13 日）、「フォール・イーグル」（～ 4 月 24 日）開始 共和国、スカッド C と見られる短距離弾道ミサイル 2 発、南浦から日本海に向けて発射
3・12	日本政府、4 月に期限切れの制裁 2 年延長
5・8	共和国国家宇宙開発局報道官、宇宙開発の原則を科学目的とし、最高司令官の指定する時間、場所で衛星は次々と発射されると声明
5・9	共和国、SLBM 発射成功の報道。発射の日付は 5 月 8 日（韓国軍発表）
5・13	韓国国家情報院、朝鮮人民軍ナンバー 3 武力相・玄永哲の粛清を発表（4 月 30 日頃）
5・27	6 か国協議の日米韓首席代表者が会合（ソウル）。伊藤純一アジア太平洋局長、ソン・キム北朝鮮政策特別代表、黄浚局・韓国・朝鮮半島平和交渉本部長
8・4	非武装地帯の韓国側で**地雷爆発**。韓国下士官 2 人が重傷
8・15	共和国、標準時間を変更（平壌時間）。30 分遅らせる（8 月 5 日に政令）
8・17	米韓合同軍事演習（ウルチ・フリーダム・ガーディアン）開始（～ 28 日）
8・20	金正恩、最高司令官命令で 8 月 21 日午後 5 時から「準戦時状態」
8・22	南北高官会議（～ 24 日）。北、異例の高官で臨む。黄炳瑞・人民軍総政治局長、金養建・朝鮮労働党統一戦線部長
8・25	南北共同報道文、緊張緩和に合意。北朝鮮遺憾表明、準戦時体制解除、韓国宣伝放送中止など
8・28	金正恩、南北の共同報道文を「和解の転機に」と評価
9・14	共和国国家宇宙開発局、新しい地球観測衛星開発の進展を公表し衛星発射を予告
9・15	共和国原子力研究所長、ウラン濃縮施設、5MW 黒鉛炉など寧辺の全施設が正常運転と発表
10・1	70 周年記念国連総会で李洙墉外務大臣が演説、宇宙開発の権利を主張し平和条約の交渉による建設的対話を要求
10・4	金正恩、論文「金日成と金正日同志の偉大なる党の大義に万歳」を発表。12 ページに核問題の単語は 2 箇所のみ
10・10	労働党創建 70 年記念で大規模軍事パレード。ムスダン、変形 KN08・ICBM など。金正恩第 1 書記、演説で核・ミサイルに言及せず
10・13	安ミョンフン共和国・国連次席大使、国連総会第 1 委員会で演説。核実験中止と引き換えに米軍事演習の中止要求。1 月の要求と同じ
10・15	国際宇宙航行連盟（IAF）、共和国・国家宇宙開発局の加盟決定。翌 16 日に撤回

10・16	オバマ・朴槿恵会談（ワシントン）。オバマ、北に非核化の意図あればイランと同様の交渉の用意
10・17	共和国外務省声明、核問題解決が先との交渉は失敗、平和条約締結交渉が先と主張
10・23	共和国、国連総会第1委員会で宇宙軍縮テーマの演説。宇宙開発への関心と権利を強調、兵器の宇宙配備禁止条約に賛成
11・28	SLBM（北極星1、KN-11）潜水射出実験に失敗（新浦沖）
12・12	北京訪問中のモランボン楽団と功勲国家合唱団、公演を中止し帰国。ミサイル発射の背景シーンの削除問題
12・15	金正恩、最初の**水爆実験実施命令**（命令書署名は1月3日）
12・16	共和国外務省報道官、米国の制裁強化模索に対し平和条約の交渉による緊張緩和呼びかけ。敵対が続くならば「想像を絶する結末」
12・21	新浦基地近辺でSLBM（北極星-1、KN-11）射出実験
2016 1・1	金正恩の年頭演説、核に触れず
1・6	**第4回核実験**。水爆実験成功と発表
1・8	衆参国会で核実験への抗議決議。平壌宣言に言及
1・10	米戦略爆撃機B52をグアムから韓国に派遣。韓国軍F15、米軍F16とともに烏山付近を低空飛行、グアムに帰還
1・15	外務省報道官声明、米韓合同演習を中止すれば、核実験を停止し、停戦協定を平和協定にする準備がある
1・28	中谷元防衛相、共和国ミサイル破壊措置命令。非公表
2・2	国際海事機関（IMO）、国際電気通信連合（ITU）、共和国から地球観測衛星打ち上げ計画の連絡受けたと公表。時間と落下予想海域を通告
2・6	共和国、発射日を7～14日に前倒し変更すると連絡。天候が理由
2・7	共和国、人工衛星**光明星4号発射** 国連安保理非公開緊急会合、報道機関向け声明で衛星発射非難
2・8	朝鮮人民軍創設記念日を創設67周年として、久しぶりに祝う
2・18	労働党中央委員会、中央軍事委員会共同呼びかけで第7回労働党大会へ70日運動 米「2016対共和国経済制裁法」発効
2・22	ロシア国防省宇宙監視センター、光明星4号の正常運転を確認
2・23	共和国最高司令官の重大声明、米韓合同軍事演習において作戦計画5015の「**斬首作戦**」、核・ロケット軍「除去作戦」が試されるとして、先制攻撃態勢を命令
3・2	**国連安保理決議2270（2016）**採択
3・7	米韓合同野外実働演習フォール・イーグル（～4月30日）、米軍増援演習キー・リゾルブ（～3月18日）始まる 国防委員会、平和統一委員会がそれぞれ先制攻撃態勢を再確認
3・11	金正恩、人民軍戦略部隊の核ミサイル発射機動訓練を視察
3・12	米韓、浦項で17000人が参加する大規模上陸訓練（～18日）を公開。フォール・イーグルの一環
3・13	米原子力空母ステニス、釜山に寄港
3・15	共和国、ミサイル再突入環境模擬実験に成功と報道
3・18	共和国、粛川（平安南道）から日本海に向けてノドン2発を発射。1発は800ｋｍ飛び、1発は空中爆発か 国連安保理、非公開会合で報道機関向け非難声明

3・20	金正恩、人民軍東海艦隊の上陸・上陸阻止演習を指揮。黄炳瑞・総政治局長、李明秀総参謀長ら同席
3・23	平和統一委員会が、朝鮮人民軍、労農赤衛隊、青年赤衛隊が韓国への報復戦争態勢に入ると宣言
3・24	共和国、固体燃料ロケットエンジンの燃焼実験に成功したと発表
4・9	西海衛星発射場（東倉里）で新型 ICBM 強力ジェットエンジンの地上噴射実験に成功と発表、映像を公開
4・15	金日成国家主席の誕生日記念、ムスダン発射に失敗か
4・21	李洙墉外相、SDGs 国連ハイレベル会合で演説。自立発展を強調、米の核威嚇を非難
4・22	李洙墉外相、気候変動パリ協定署名式典で演説、気候変動への努力の前提として「米国による生存への脅威」除去訴え
4・23	共和国、SLBM 北極星のゴレ級潜水艦の最高深度からの射出テストと固体燃料点火に成功と発表。韓国は 30km しか飛ばず失敗と発表
4・25	朝鮮人民軍創建記念日
4・27	朝鮮労働党中央委員会政治局、第 7 回大会を 5 月 6 日開始と発表。70 日キャンペーンの最終段階
4・28	２回のムスダン発射に失敗
5・6	**朝鮮労働党第７回大会**、開幕。36 年ぶり（～５月９日）
5・9	金正恩第一書記、新設の**朝鮮労働党委員長**（最高位）に就任
5・20	姜錫柱死去
5・31	ムスダン 4 発目の発射テストに失敗 李洙墉労働党副委員長（外相）、北京訪問
6・6	IAEA、寧辺の再処理施設の再稼働を確認。使用済み核燃料再処理の有無は不明
6・22	共和国、2 回のムスダン発射テスト。１発目は失敗、2 発目は成功の模様。6 回目で初成功
6・23	朝鮮中央通信、ムスダン発射実験に成功と発表 国連安保理、強く非難の報道機関向け声明
6・30	最高人民会議、国防委員会を国務委員会に改変。**金正恩が国務委員長**に就任
7・6	共和国政府報道官、**朝鮮半島非核化に必要な５項目要求**を発表
7・8	韓国国防相と在韓米軍、**THAAD 配備**決定の共同記者会見
7・9	共和国、SLBM 発射、水中から射出は成功、高度 10km で爆発し飛行に失敗
7・10	共和国、いわゆるニューヨーク・チャンネル（米朝公式ルート）を切断と通告
7・13	韓国国防省、**星州（慶尚北道）への THAAD 配備**を発表
7・19	ミサイル３発（スカッド２発とノドン）を黄州（黄海北道）から日本海に向け発射。金正恩が指令し核弾頭の設定高度での爆発テスト
8・3	共和国、殷栗（ウンリュル、黄海南道）付近からノドンを発射
8・11	国連安保理、3 日のノドン発射を非難する声明について THAAD 韓国配備に関する文言に合意できず断念との報道
8・22	米韓合同軍事演習「ウルチ・フリーダム・ガーディアン」開始（～９月２日）
8・24	金正恩の指揮下、潜水中の潜水艦から SLBM 北極星の発射実験に成功
8・26	安保理報道声明、SLBM 発射を含む 8 月 2 日 、7 月 9 日 、7 月 18 日の発射を非難。緊張緩和努力の重要性（暗に THAAD 配備）の文言を含めることによって採択

8・31	韓国統一省、共和国の金勇進副首相が7月ごろ処刑されたと発表
9・5	スカッドER、3発連続発射。6日に映像公開、日本のEEZ内に落下
9・6	安保理報道声明、ノドン発射を非難
9・9	**第5回核実験**。標準化した弾頭の威力を知るために実験と発表
9・13	米、グアムからB1Bを2機展開。烏山基地に着陸なし
9・21	米、グアムからB1Bを2機展開。1機は烏山基地に着陸
10・15	ムスダン発射テストに失敗。米戦略軍、韓国軍合同参謀本部の発表。今年7発目
10・20	ムスダン発射テストに失敗。米戦略軍、韓国軍合同参謀本部の発表。今年8発目
10・22	日米韓、済州島の東方沖で海軍演習（～23日）。海自護衛艦「ありあけ」などが参加
10・21	ガルーチ、ディトラニら米専門家、韓成烈・共和国外務次官らと会談（～22日、クアラルンプール）
11・30	安保理、**決議2321（2016）**を採択。制裁の強化
12・15	北大西洋委員会、北朝鮮問題で初会合。オーストラリア、日本、NZ、韓国も参加。声明で核兵器と弾道ミサイル計画を強く非難
2017 2・12	**プックソン2**の発射に成功。朝鮮中央通信、16年8月潜水艦発射したものの改良ミサイルと説明
2・13	金正男、マレーシアの空港で殺害される
2・18	中国商務省、共和国産石油の輸入を19日から年末まで停止と発表
2・24	マレーシア警察、金正男殺害はVXによる毒殺と結論
3・1	米韓合同軍事実動演習フォール・イーグル始まる（～4月30日）。空母カールビンソン参加
3・6	スカッドER 4発を西海衛星発射場付近から発射、3発が秋田県沖日本EEZ内に着弾
3・7	共和国、ファソン高射部隊が在日米軍基地攻撃の訓練と説明 安倍・トランプ電話会談で「北朝鮮の脅威は新たな段階」
3・13	米韓合同軍事指揮演習キー・リゾルブ始まる（～3月24日）
3・18	共和国、西海衛星発射場において高出力ロケットエンジンの噴射実験に成功。19日に映像公開
3・30	北朝鮮とマレーシア共同声明、国民の相互帰国を許し正常化
4・5	北朝鮮、新浦海軍基地からプックソン2発射テスト。最高高度189km、飛距離60km、日本海に落下
4・7	安保理、5日のミサイル発射で決議違反と非難の報道声明 日本政府、13日に期限切れの独自制裁（船舶寄港、輸出入の全面禁止）を2年延長と決定
4・11	最高人民会議第13期第5会期開催。金正恩に代わり初めて朴奉珠首相が5カ年開発計画の成果報告
4・15	金日成生誕105年（太陽節）軍事パレード。新型ファソン12ほかプックソン1、2など7種類の弾道ミサイル参加
4・16	新浦海軍基地から弾道ミサイル発射（ファソン12かプックソン2）、4-5秒後に爆発、失敗
4・17	米国務省国務次官補スーザン・ソーントン、トランプ政権の対北朝鮮政策の検討結果を報告。「**最大の圧力と関与**」の方針
4・24	朴永植人民武力相、朝鮮人民軍創建85年記念中央報告大会で核攻撃手段は待機状態にあると演説

2017 4・25	空自築城基地 F2 戦闘機、米戦略爆撃機 B1B と北九州で訓練。海自イージス艦ちょうかい、横須賀母港の米イージス駆逐艦と日本海で演習 米ミサイル潜水艦ミシガン、釜山に寄港。特殊作戦部隊の拠点になる 朝鮮人民軍の創建 85 年記念日。元山付近で 300 門以上の自走砲などの火力演習含む史上最大規模の演習
4・26	トランプ大統領、全上院議員を WH に招き北朝鮮政策を説明 米、バンデンバーグからミニットマンⅢ試験発射
4・28	空自那覇 F15、カールビンソン艦載機と東シナ海で訓練。共和国、自衛隊が北朝鮮を標的との初論評 **国連安保理閣僚級会合**（ティラーソン米国務長官が議長）、北朝鮮問題で対策会議。米、全ての選択肢、制裁の完全履行を要求。王毅中国外相、中国に全てを押しつけるのは非現実的。
4・29	共和国、北倉 (プクチャン) 付近から弾道ミサイル 1 発を発射、高度 71km、約 50km 飛行して陸地に落下 東京メトロ、北陸新幹線、ミサイル発射報道で運転を一時見合わせ
5・1	日本・中央アジア 5 か国外相会議（アシガバート（トルクメニスタン））、共和国の核・ミサイル非難を含む共同声明
5・3	朝鮮中央通信、金哲名で中国の北朝鮮に対する論調への批判を掲載 米、バンデンバーグ基地からミニットマンⅢの発射実験
5・9	韓国大統領選挙で**文在寅が勝利**。翌日、**大統領就任**
5・11	共和国国連代表の報道声明、斬首作戦で米韓のテログループが侵入、北の反撃を対テロ行為として支持するよう訴える
5・14	共和国、亀城 (クソン) 付近からロフテッド軌道でファソン 12 発射テスト。米、再突入に成功の見解（19 日）
5・15	国連安保理、14 日のミサイル発射を非難する報道向け声明
5・16	共和国、ファソン 12 の発射実験の正当性（自衛の権利）を述べた国連事務総長あての手紙。米が 2 度の ICBM 発射試験をしたと言及 午後、国連安保理、北朝鮮のミサイル発射を受けた緊急会合 米空母レーガン、横須賀を出港。日本海で空母 2 隻体制に向かう
5・21	共和国、北倉付近から北極星 2 を発射。固体燃料、コールド・ローンチ。22 日に映像公開（弾頭カメラの地球映像も）。金正恩、量産指示
5・23	国連安保理、21 日の発射で非難の報道声明。午後、国連安保理、緊急会合
5・26	米海軍、空母ニミッツを西太平洋に派遣と発表
5・29	共和国、元山付近から短距離ミサイル発射、日本の EEZ 内に落下。30 日に精密操縦誘導システム導入の新型ミサイルの成功と発表
5・30	米、初の ICBM 迎撃実験に成功と発表。バンデンバークの GBMD で迎撃
6・1	米 U2 偵察機 4 機、烏山から嘉手納に一時移駐。5 月 31 日に 3 機、6 月 1 日に 1 機。約 1 か月、嘉手納から偵察
6・2	国連安保理、制裁決議 2356 採択。制裁内容の拡大なく、適用対象の追加のみ プーチン露大統領、米国の力の論理の下で「小国が核保有を必要となる」と演説（サンクトペテルブルグの国際経済フォーラム）
6・6	米空母カールビンソンとレーガン、自衛隊との共同演習を終え日本海を離れると発表
6・7	米スーファー国防次官補代理、北 ICBM の発射実験が年内に可能と証言（上院軍事委員会）。情報機関の評価

6・8	共和国、元山付近から地対艦巡航ミサイル数発を発射。9日、朝鮮中央通信が地対艦巡航ミサイルと発表
6・12	米マチス国防長官、北朝鮮がロシアよりも第1の脅威と証言（下院軍事委員会） オットー・ワームビア救出の医療チームが訪朝、13日に米帰国（19日に米国の病院で死亡）
6・20	朝鮮中央通信、米B1B2機飛来、韓国軍と初めて公然と空爆演習、イージス駆逐艦マスティンが200カイリ内に侵入スパイ行為と非難
7・3	慈成男・共和国国連大使、グテーレス国連事務総長に手紙。米役人20人、6月16日に共和国外交文書を強奪した
7・4	共和国、**ICBMファソン14.発射実験成功**と発表。ロフテッド軌道、推定射程7-8000㎞
7・6	**文在寅大統領、ベルリン演説**（新ベルリン宣言）。緊張緩和、対話、平昌オリンピック参加、平和体制の構築を訴える
7・8	米戦略爆撃機B 1B2機、グアムより飛来し、北の弾道ミサイル発射台爆撃訓練と韓国空軍説明。米空軍F16、韓国空軍F15も共同訓練
7・10	米、アラスカ・コディアック島でTHAADによるIRBM迎撃実験成功
7・28	共和国、**ICBMファソン14の2度目の発射実験**。ロフテッド軌道、奥尻島西150kmの日本EEZ内に着水。推定射程9000 － 10000km
7・30	米B1B戦略爆撃機2機、グアムから朝鮮半島に飛来、韓国軍機、自衛隊機（F2戦闘機2機）と共同で訓練 共和国外務省報道官、7月28日ICBM発射実験正当性の声明（8月1日付国連文書(A/72/1000)）
8・2	米バンデンバーグ基地からミニットマンⅢの発射実験
8・5	**国連安保理決議2371（2017）**。9個人の渡航・資産凍結、4企業の資産凍結、石炭、鉄鉱石、海産物の全面禁輸
8・7	共和国政府声明、安保理制裁決議批判。間接的に中露の裏取引も批判 李容浩・共和国外相、ARFでICBMと核を自衛手段と演説
8・8	ワシントン・ポスト紙報道、北朝鮮は核弾頭の小型化を終えミサイルに搭載可能と米情報機関が評価 トランプ大統領、NJ州ゴルフ場で「**世界が見たことのない炎と怒り**」と記者に発言。北朝鮮が反発 朝鮮人民戦略軍報道官、グアム米空軍機の飛来を受け、金正恩の命により**ファソン12によるグアム包囲攻撃**を検討中と発表
8・9	共和国戦略軍司令官・金洛謙、グアム包囲攻撃についてファソン12、4発をグアム30～40km沖に日本越えで発射の計画と発表
8・14	金正恩、戦略軍を訪問、しばらく米の出方を見守ると発言
8・16	国連事務総長、記者会見で2国間交渉から6か国協議まで言及、外交的解決を促す
8・21	米韓合同軍事演習ウルチ・フリーダム・ガーディアン始まる（～31日）。北の体制崩壊も視野に入れた机上演習
8・23	朝鮮中央通信、金正恩の国防化学材料研究所訪問を報道。再突入技術の完成を強調
8・26	共和国、3発の短距離ミサイルを多装発射台で発射テスト。2発は成功、1発は失敗
8・29	共和国、ファソン12を発射。襟裳岬上空を飛翔し太平洋に着弾。高度550km、飛距離2700km
8・30	米イージス艦ジョン・ポール・ジョーンズ、SM6による準中距離弾道ミサイルの迎撃に成功(ハワイ沖)

2017 8・31	米 B1B 戦略爆撃機 2 機、自衛隊 F15 戦闘機 2 機、米海兵隊 F35 戦闘機 4 機が、九州西方空域で共同訓練。その後、韓国空軍 F15、4 機が江原道北東部の空域で米韓合同演習。F35 参加の共同訓練は初
9・3	共和国、**6 回目の核実験**。**水爆実験**
9・8	韓国原子力安全委員会、微量のキセノンを検出。CTBTO は確認せず
9・11	国連**安保理制裁決議 2375（2017）**。**石油供給制限**、繊維製品禁輸など
9・15	共和国、ファソン 12 を発射。襟裳岬上空を飛び太平洋に着弾。高度 800km、飛距離 3700km。移動車から外さず 8 月 29 日よりも時間短縮か
9・18	グアムからの B1B 爆撃機 2 機、岩国海兵隊 F35 戦闘機 4 機、空自 F2 戦闘機 4 機、過去最大となる 10 機で訓練（九州周辺空域）
9・19	**トランプ大統領**、国連総会で演説。金正恩を「**ロケットマン**」と呼び、必要ならば北朝鮮を「**完全に破壊**」
9・20	**安倍首相**、国連総会演説。日本は**米国を一貫して支持**して北朝鮮と立ち向かう
9・21	**金正恩**、トランプ演説に反論。怯えた犬ほど大声で吠える、**歴史上最高レベルに強硬な反撃**。李容浩外相、太平洋で水爆実験と示唆 **文在寅大統領**の国連演説。対話と**オリンピック参加呼びかけ**
9・23	李容浩外相、国連総会演説。並進路線による核戦力の最終段階、米国との力のバランス達成が最終目標 ダナ・W・ホワイト国防総省主席報道官、空軍 B1B（複数）と F15C（複数）が北朝鮮海岸沖の 21 世紀最北に侵入と発言
9・24	トランプ大統領、「李容浩が**チビのロケットマン**に同調しているのなら、彼らはそう長くはもたないだろう」とツイート
9・25	李容浩、トランプのツイートを**宣戦布告**と見なす、領空外で米軍機を打ち落とす権利がある、と発言。大統領府サンダース報道官「宣戦布告していない。馬鹿げている」 安倍首相、首相官邸で会見「**国難突破解散**」を表明、北朝鮮の脅しに屈しない方針を問うと述べる（選挙は 10 月 22 日）
9・26	米財務省、北朝鮮 8 銀行の資産凍結などの制裁を発表
9・28	中国商務省、北朝鮮企業、個人との中朝合弁企業の 120 日以内の閉鎖を発表。安保理決議による
10・10	グアムの B1B 爆撃機（複数）が韓国東海岸沖に飛来、韓国 F15K2 機と共同で半島を横断し空対地ミサイル攻撃演習。空自戦闘機も初の夜間共同演習として参加。攻撃目標は北のミサイル発射と核兵器開発施設と在日米軍関係者が説明 ワシントンでトランプ大統領、マチス国防長官、ダンフォード統幕議長が**対北軍事オプションを協議**
10・16	日本海と黄海で米韓軍事演習始まる（～ 20 日）。米空母レーガン、オハイオ級ミサイル原潜、イージス艦が参加 在韓米空軍、ソウル空港でステルス戦闘機 F22、F35A を公開
10・17	ソウル空港で国際展示会（～ 22 日）。米 B1B も公開
10・20	共和国国連代表部、安保理に米韓海軍演習を平和への脅威として協議するよう要請（A/72/545-S/2017/882） 崔善姫・共和国外務省北米局長、核兵器は米国だけを標的（モスクワでの国際会議）
10・21	ソウル ADEX17 に B1B2 機、多くの航空機を含む米空軍 200 人が参加。自衛隊機 F2 と B1B との半島南海域での共同訓練
10・24	慈成男・共和国国連大使、安保理制裁決議の法的根拠を検討する国際法専門家フォーラムの開催を事務総長に要求（A/72/546）
10・25	金正恩、習近平の党総書記、中央軍事委員会主席再任に祝辞

11・2	米 B1B の爆弾投下訓練、日本海から黄海に半島を横断。韓国空軍 F16 がエスコート。事前に空自機と共同訓練
11・6	トランプ・安倍の日米首脳会談。対北朝鮮「完全に一致」
11・7	トランプ米大統領、米議会演説。北は地獄と惨状を訴える
11・11	米空母 3 隻（レーガン、ルーズベルト、ニミッツ）を含む米 14 隻、韓国 7 隻の米韓合同軍事演習始まる（～ 14 日）
11・13	国連事務総長あてに米国の威嚇と軍事的示威は国連憲章違反ではないか？という手紙
11・14	国連総会第 3 委員会、EU/ 日本の北朝鮮非難決議採択。慈成男国連大使は政治的意図を非難し、人権重視の国政を説明する演説
11・28	ティラーソン米国務長官、北のファソン 15 発射実験を受けた声明で、カナダを含む**国連軍派遣国会議の招集**を発表
11・29	共和国、**ICBM ファソン 15 発射テスト**。平城（平安南道）から日本海に向けてロフテッド軌道、推定射程 13,000 ㎞ 共和国、政府声明で戦略兵器は米帝に対してのみ使用と声明
12・4	フェルトマン国連事務次長（政治担当）訪朝（～ 9 日）。朴明国外務次官、李容浩外務大臣らと会談 米韓空軍合同演習ビジラント・エース、過去最大規模で開始（～ 8 日）。戦闘機 F22、F35A ステルス各 6 機、F35B12 機、計 24 機が参加
12・5	河野外相、国連軍参加国会議について異論を米国に伝えていると記者会見で述べる
12・8	グテーレス国連事務総長、記者会見で「核のない朝鮮半島へ」対話促進の努力をすると述べる
12・12	フェルトマン国連事務次長（政治担当）、ニューヨークで記者会見。北朝鮮と国連の対話の維持を確認 ティラーソン米国務長官、講演で前提条件なしに対話の用意 米韓合同軍事演習ウォリアーストライク開始（～ 15 日）。戦争時の核兵器の確保の訓練
12・14	訪日中のグテーレス国連事務総長、不測の戦争を回避することの重要性を記者団に強調
12・15	国連安保理議長国・日本、北朝鮮問題に関する閣僚級会合を開催。慈成男国連大使も出席。慈大使、日本の意図を非難 マチス米国防長官、ファソン 15 の再突入は未完成で脅威ではないと国防総省内で一部記者に語る
2018 1・1	金正恩年頭演説で、**平昌五輪への参加の意向**と核のボタン発言
1・2	トランプ米大統領「もっと大きくパワフルな核のボタン」とツィート
1・3	共和国、板門店の南北通信チャンネル開通。2016 年 2 月 12 日以来
1・9	南北、板門店で高位級会談。北は李善権・祖国平和統一委員会・委員長)、南は趙明均・統一相
1・10	トランプ大統領、文在寅大統領と電話会談。「適切な時期と環境の下で北朝鮮との対話にオープン」と述べる
1・22	共和国、2 月 8 日を朝鮮人民軍創建の日と決定
2・8	朝鮮人民軍創建 70 周年の軍事パレード、初の生中継無し。ファソン 15、4 基、ファソン 12、ファソン 14、プッククソン 2 など登場
2・9	**平昌五輪開幕式。共和国特使団参加**
2・10	文在寅大統領が金与正党中央委員会第 1 副部長、金永南最高人民会議常任幹部会議長らと会談。金与正が**金正恩委員長の親書を手渡し、大統領の訪朝を要請**
2・13	金正恩、訪韓代表団の報告を受け、良好な南北関係の維持を支持

2018 2・25	金英哲労働党副委員長、オリンピック閉会式で訪韓、平昌で文在寅大統領と会談。**金正恩が米朝対話の早期開催が必要との考え**を伝達
3・5	韓国の**大統領特使団**、鄭義溶・国家安保室長、徐薫・国家情報院長が訪朝、**金正恩と会談**
3・6	鄭義溶・国家安保室長、4月末に南北首脳会談開催（板門店）に合意と発表。北は**体制保証があれば核保有の理由ない**と報道発表 トランプ大統領、南北首脳会談を「素晴らしいこと」と歓迎
3・8	鄭義溶・国家安保室長、訪米し**金正恩の米朝首脳会談の申し入れ**を伝達、トランプ大統領がそれを受託。5月中に開催を合意
3・25	金正恩、**突然の北京訪問、習近平と会談**。初めての外交デビュー（～28日）
3・30？	ポンペオ米CIA長官、平壌を極秘訪問、金正恩と会談。2泊3日
4・1	河野外務大臣、北朝鮮が核実験の準備と情報・認識不足を暴露するコメント（高知市での講演）
4・9	ジョン・ボルトン、米大統領顧問（国家安全保障担当）に就任
4・12	ポンペオ米CIA長官、国務長官認証の上院公聴会で金正恩体制の転換を支持しないと意見表明
4・17	安倍首相、トランプ大統領と首脳会談（～18日、フロリダ州パームビーチ）。拉致問題を米朝会談で提起するよう要請
4・20	朝鮮労働党第7期中央委員会第3回総会、並進路線の成功を宣言し**経済に全力。核実験とICBM発射実験の中止、核実験場解体を決定** 南北首脳間の直通電話が開通。大統領執務室と国務委員長室に受話器
4・27	南北首脳会談（文在寅・金正恩、板門店韓国側の平和の家）。**板門店宣言**
5・1	文在寅大統領、グテーレス国連事務総長に電話、板門店宣言実行への支援を要請
5・3	NYタイムズ、トランプ大統領が在韓米軍縮小の検討を指示したと伝える。国防総省は否定
5・5	共和国、標準時間を韓国と再統一（4月30日に政令。2015年8月15日以来）
5・7	**中朝首脳会談**（金正恩・習近平、大連）（～8日）。40日余りで2度目
5・9	ポンペオ米国務長官、2度目の訪朝、金正恩と会談 3米国人が解放され、ポンペオと共に横田基地に到着
5・11	米韓合同軍事演習マックス・サンダーを開始（～25日）。B52が参加
5・10	トランプ大統領、米朝首脳会談を6月12日シンガポールで開くとツィート
5・16	金桂寛第1副外務大臣、ボルトンのリビア方式を強く批判。米朝首脳会談中止も辞さないと談話 朝鮮中央通信、マックス・サンダー演習を批判、南北高官会議を無期延期と通告
5・21	ペンス副大統領、FOXインタビューで大統領を弄ぶな、リビアのように終わると警告
5・22	米韓首脳会談（ワシントン）。文在寅が南北会談の内容を報告
5・24	崔善姫・外務次官、ペンスを愚か者と強く非難。首脳会談再考をほのめかす 北朝鮮、豊渓里核実験場の3坑道と施設を爆破、記者に公開 トランプ大統領、金正恩に6月12日の米朝首脳会談を中止する書簡
5・25	金桂寛第1外務次官、トランプに再考を促す、権限のある談話 菅義偉官房長官、中止に賛意、日米韓の圧力継続を強調
5・26	**南北首脳が2度目の会談**（板門店統一閣）。金正恩の要請
5・30	金英哲労働党副委員長、ニューヨーク訪問。ポンペオ国務長官と2日間の会談（～31日）。2回の訪朝に続く3度目会談
6・1	トランプ大統領、米朝首脳会談を6月12日に再設定と発表。非核化プロセスの始まりと位置づけ変更 南北高官協議において南北軍事会談を6月14日開催と決定

6・4	聯合通信、北の軍事トップ交代を伝える。軍総政治局長は金正角から金秀吉、人民武力相は朴永植から努光鉄、総参謀長が李明秀から李永吉に若返り
6・7	日米首脳会談（ホワイトハウス）。トランプ、記者会見で朝鮮戦争終結の合意文書で調整中と述べる
6・10	金正恩、次いでトランプがシンガポールに到着。金正恩は中国機をチャーターしチャンギ空港に、トランプは専用機でパヤレバ空軍基地に
6・12	**米朝首脳会談**（カペラ・ホテル）、**共同声明に署名**。夕方、トランプのみ記者会見、米韓合同軍事演習の中止に言及
6・15	平壌放送、拉致問題は解決済みにも拘わらず持ち出して平和の機運を阻もうとしている、と放送
6・18	ポンペオ国務長官、米朝会談中トランプ大統領が休戦協定の転換を約束したと述べる（ミシガン州での講演）
6・19	米韓の国防省､8月予定の合同軍事演習フリーダム･ガーディアンを中止すると発表(米国は18日) 金正恩・習近平、**3度目の中朝首脳会談**（北京）。支援への謝礼と非核化を含む米朝会談の結果の報告（～20日）。20日も習近平との会談。朝鮮中央通信、中国も非核化支持と報道
6・22	文在寅大統領、訪ロしプーチン大統領と会談。「朝鮮半島新経済地図」構想など経済協力を含む朝鮮半島問題を協議 米国防総省、3か月以内予定の2つの米韓海兵隊合同軍事演習を無期限中止すると発表
7・6	ポンペオ米国務長官訪朝、米朝ハイレベル会合（～7日）。金正恩のトランプ宛の親書、再会への期待を述べる。トランプも金正恩に親書
7・7	北朝鮮外務省報道官、朝鮮戦争の終結宣言に消極的な米国を「一方的なギャングのような要求をするだけ」と非難
7・12	米朝の遺骨返還に関する実務会談（板門店）の予定が一方的にキャンセル。軍レベルの会議に変更
7・15	国連軍司令部ミニハン参謀長と朝鮮人民軍将官が遺骨返還問題で将官級会談（板門店）。両軍の将官級会談は2009年3月以来
7・17	トランプ大統領、非核化に時間制限はない、制裁は続くと述べる
7・18	トランプ大統領、「急がない」とツイート
7・20	ポンペオ米国務長官、安保理で非公式に米朝会談を報告。北朝鮮への制裁継続を促す
7・27	休戦協定25周年。共和国、**米兵遺骨55柱を返還**（元山で米軍輸送機C17に）
7・31	南北将官級軍事会談。DMZの哨戒所を段階的に縮小など合意
8・1	烏山空軍基地で遺骨返還式典。式典後、遺骨をハワイへ空輸。ハワイに到着した飛行機をペンス副大統領が出迎え
8・12	ハリス米駐韓大使と金英哲党副委員長が板門店で接触。北は戦争終結宣言を要求、米は非核化先行を要求
8・13	南北ハイレベル会談（板門店統一閣）。9月中にサミット開催で合意
8・15	プーチン露大統領、金正恩宛メッセージで首脳会談の用意があると述べる
8・23	ポンペオ米国務長官、北朝鮮政策特別代表に**スティーブン・ビーガン**就任と発表。23日に4度目の訪朝の予定と発表
8・24	トランプ大統領、ポンペオ国務長官の訪朝中止を指示。北朝鮮、終戦宣言などに進展がなければ来る必要なしとの反応
8・28	マチス米国防長官、5か月ぶりの記者会見。米韓合同演習中止を続ける理由はないと発言
9・5	鄭義溶・韓国安保室長ら特使団、平壌訪問。金正恩に文在寅親書を渡す
9・6	鄭義溶、金正恩がトランプ任期中に関係改善と非核化完了を望むと発言と報告 トランプ大統領、北朝鮮非核化はゆっくりでよい（モンタナ州集会）

2018 9・9	建国 70 周年軍事パレードに ICBM、IRBM 参加せず
9・10	金正恩がトランプに **2 回目の米朝首脳会を求める親書**、米大統領府が明かす
9・13	南北軍事実務会談（板門店北側施設）
9・14	初の**恒久的な南北連絡事務所**を開城市に設立。韓国：千海成・統一部次官、共和国：田鐘秀・平和統一委員会副委員長が所長
9・18	**南北首脳会談**（平壌、～ 19 日）。文在寅・金正恩は 3 回目
9・19	**9 月平壌共同宣言**に署名。付属文書として「板門店宣言履行のための**軍事分野合意書**」。北は**米国が相応の措置をとれば寧辺核施設の永久廃棄の措置**を講じて行く、と述べる ポンペオ国務長官が声明。寧辺の施設の査察つき閉鎖、東倉里解体の米立ち合いなどを歓迎
9・26	ポンペオ国務長官と李容浩外相、国連本部で会談。2 回目の首脳会談も議題 トランプ・安倍、ニューヨークで会談。トランプ、金正恩親書を披露。安倍は歴史的親書と絶賛
9・27	ポンペオ米国務長官、安保理閣僚級会議で制裁維持を訴え。王毅中国外相、ラブロフ・ロシア外相、制裁緩和を主張
9・29	トランプ大統領、「**金正恩と恋に落ちた**」と発言（ウェストバージニア州ホイーリングでの選挙集会）
10・2	朝鮮中央通信、米国が戦争終結を渋るなら北も構わない（核放棄もしないと示唆）
10・7	ポンペオ国務長官、4 度目の訪朝で金正恩と会談。金正恩、専門家による**核実験場の査察受け入れを表明**（米国務省プレス・ブリーフィング、10 月 9 日）
10・15	南北閣僚級会談（板門店、平和の家）。趙明均統一相と李善勧祖平統委員長
10・16	南・北・国連の初の 3 者軍事会議。大佐級南北軍人と米陸軍大佐が参加
10・18	文在寅大統領、フランシス・ローマ法王にバチカンで面会。金正恩の招待の意向を伝達、法王は正式招待あれば受け入れの意向
10・19	米国防総省、12 月予定の大規模合同演習ビジラント・エースを中止と発表。マチス・鄭景斗・韓国国防相会談で合意
10・22	南・北・国連の 2 回目の 3 者軍事会議。共同警備区域（JSA）からの火器撤去、歩哨人員削減、偵察装備に関する情報交換などの手順合意
10・23	文在寅大統領、閣議決定で北朝鮮との合意事項を批准
10・25	板門店の JSA の地雷撤去完了
10・31	米韓安保協議共同コミュニケで、南北軍事合意の履行中も合同準備態勢維持と米国の「核の傘」維持を約束
11・1	**JSA で非武装体制が始まる**
11・2	共和国外務省米研究所長**クォン・ジョングン論文**（朝鮮中央通信が掲載）、米国が関係改善を言いながら圧力姿勢を続けていると非難
11・5	米国務省、11 月 8 日にポンペオ・金英哲会談を NY で行うと発表 米韓海兵隊、交流演習（KMEP）を開始
11・7	未明、8 日開催と発表した米朝高官協議の中止を発表
11・15	ペンス米副大統領、核・ミサイルサイトの完全リストを 2 回目の米朝サミットまでは北に求めないと述べる
11・20	**初めての米韓作業部会**をワシントンで開催。米国はビーガン北朝鮮担当特別代表、韓国は李度勲・朝鮮半島平和交渉本部長
11・21	マチス国防長官、来春の米韓合同軍事演習フォール・イーグルの縮小検討中と発言

11・30	米韓首脳会談（トランプ・文在寅、ブエノスアイレス）、制裁維持で一致 南北の鉄道連結のための共同調査始まる（～ 12 月 17 日）
12・3	韓国空軍、米韓のビジラント・エースにかわる単独演習「戦闘準備態勢総合訓練」始める（～7 日）。朝鮮中央通信、これを非難
12・6	李容浩外相、北京訪問（～ 8 日）。習近平、王毅と会談
12・10	康京和・韓国外相、外交官を前に非核化と恒久平和をやり遂げると演説 米財務省、崔竜海、朴光浩、鄭京擇の 3 人の制裁を発表
12・21	第 2 回米韓作業部会、ソウルで開催。北へのインフルエンザ治療薬タミフルの提供、南北の遺骨発掘作業の了解など
12・26	開城市板門駅で**南北鉄道連結起工式**
12・30	金正恩委員長が文在寅大統領に親書。19 年に頻繁な首脳会見を希望
2019 1・7	金正恩、列車で中国訪問。習近平の招き（～ 9 日）
1・8	**中朝首脳会談**（北京）。**4 回目**の訪中と首脳会談
1・10	文在寅年頭の記者会見で米朝それぞれの妥協に言及
1・17	第 3 回米韓作業部会、ワシントンで開催。遺骨発掘問題と関係する制裁問題が中心
1・18	金英哲第 1 副委員長、ワシントンでトランプ大統領に面会。直後に米大統領府、2 月末に 2 回目米朝首脳会談を開催と発表 共和国の新しい実務担当者に金赫哲
1・19	ビーガン・崔善姫、初の実務者協議（～ 21 日、ストックホルム）。北朝鮮は拒否していたが、金英哲・トランプ会談を受けて急進展
1・29	コーツ米国家情報長官、「脅威評価」文書とともに上院で証言、北朝鮮は非核化しないとの評価。トランプ大統領が反発
1・31	**ビーガン、スタンフォード大学で講演**。北はプルトニウム・濃縮ウラン生産施設の全ての破壊を約束をしたと述べ、段階的合意を示唆
2・1	国連安保理･北朝鮮制裁委員会専門家パネル、北朝鮮の現状について報告書提出。各紙リーク報道
2・5	トランプ大統領、年頭教書演説で第 2 回米朝首脳会談を 2 月 27-8 日ベトナムで開催と発表
2・6	ビーガン訪朝（～ 2 月 8 日）、首脳会談に関する準備相談
2・8	トランプ米大統領、首脳会談開催地はハノイとツイート
2・14	ポンペオ米国務長官、「非核化だけでなく朝鮮半島平和メカニズムも話す」と述べる（ワルシャワでの FOX テレビインタビュー）
2・27	**米朝首脳会談（～ 28 日）。合意文書出ず**
3・5	韓国の李度勲特別代表、ワシントンを訪問（～ 7 日）。ビーガン特別代表とハノイ会談について協議
3・15	崔善姫外務次官が平壌で会見、記者と大使が対象。トランプの柔軟な姿勢をポンペオとボルトンが壊したなど経過説明
3・21	豊渓里で M2.8 の地震。過去の核実験由来の誘発か
3・22	韓国統一省、共和国が開城の南北共同事務所を一方的に撤収と発表。共和国、25 日朝に復帰、南北共同宣言に沿い事業を進めると説明 トランプ、財務省発表の北への追加制裁の撤回を命令したとツイート。誤解に基づく発言？真相不可解なまま
4・10	朝鮮労働党第 7 期中央委員会第 4 回総会を開催

2019 4・11	朝鮮労働党最高人民会議第 14 期第 1 回会議（～ 12 日）。崔竜海が最高人民会議議長 文在寅大統領、ワシントンでトランプと首脳会談。制裁緩和が議題
4・12	金正恩、最高人民会議で施政演説。制裁の継続を前提に**自力更生による経済建設**を強調。**米国の方針転換を年末まで待つ**と表明。板門店宣言、シンガポール宣言を高く評価、履行再確認
4・24	金正恩、特別列車でロシア・ウラジオストックに到着
4・25	**金正恩・プーチンの朝ロ首脳会談**（ウラジオストック、極東連邦大学）。8 年ぶり。首脳会談と外相を加えた拡大会議で 3 時間余 プーチン、会談後の記者会見で北の米国への要求は安全の保証と強調
5・4	共和国、大口径長距離多連装ロケット砲、戦術誘導兵器などを**短距離ミサイル発射**。能力維持のルーチン訓練と説明
5・6	安倍晋三首相、記者団に**条件をつけずに日朝首脳会談をめざす**方針を述べる。非公式には 5 月 3 日にも報道
5・9	朝鮮中央通信、韓国星州で初の THAAD 展開訓練を北への脅しと批判 共和国、前線と西部戦線で数発のミサイル発射訓練。5 月 4 日と同様のルーチン訓練。2 発が弾道ミサイルか？ 米司法省、共和国積み荷の貨物船「ワイズ・オネスト」を差し押さえて米領サモアに向かって連行
5・14	共和国外務省、米の貨物船拿捕非難する声明。6・12 共同声明の精神に違反と述べる
5・17	韓国安保室長・鄭義溶、米韓の公式の立場は「短距離飛翔体の性質は精査中」と述べる 在韓米軍、短距離弾道弾と暫定的に結論、**KN23** と命名 北朝鮮、グテーレス国連事務総長に米国の不法な「ワイズ・オネスト」差し押さえを訴え、国連の行動を求める
5・21	共和国国連大使・金星が国連本部で記者会見、米国の差し押さえを主権侵害の不法行為と非難
5・25	ボルトン米大統領補佐官、東京で北のミサイル発射は安保理決議違反と述べる
5・26	トランプ大統領、「北の小さな武器の発射は私を困らせてはいない」とツイート
5・27	北朝鮮外務省報道官、ボルトンを「好戦者」「欠陥人間」と非難 韓国、ウルチ太極 (テグック) 大型軍事演習を開始（～ 30 日）。朝鮮中央通信は緩い批判記事 来日中のトランプ米大統領、拉致被害者家族と面会
5・29	共和国外務省米国研究所政策研究部長、米未臨界実験、貨物船押収、MD 演習、ミニットマンⅢ発射実験などを掲げて非難
6・3	シャナハン米国防長官代行と鄭景斗・韓国国防相、共同発表文（ソウル）。フリーダム・ガーディアン・シリーズ演習終了、外交優先を表明
6・4	共和国外務省報道官声明、シンガポール共同声明を評価したうえで米国が一方的要求をするのみと批判、**米の計算の変更を要求**
6・6	上記の外務省報道官声明を国連文書として全加盟国に配布
6・10	韓国故金大中大統領夫人・李姫鎬が死去
6・11	トランプ大統領、金正恩の好意的な手紙を 10 日に受取ったと発表
6・12	金与正朝鮮労働党教宣第 1 副部長、板門店で李姫鎬への弔問の手紙を鄭義溶韓国安保室長に手渡す。**南北の友好継続の意**を伝える
6・20	習近平、平壌訪問し **5 回目の中朝首脳会談**（～ 21 日）
6・23	朝鮮中央通信、金正恩へトランプ大統領から親書が届いたと発表。政内容を真剣に吟味と述べる
6・26	青瓦台、通信 7 社の書面インタビューを公表。
6・27	G20 大阪サミットで**中韓首脳会談**。習が金正恩との会談結果を伝達。経済中心路線、非核化方針の堅持、南北和解の推進など

6・29	トランプ、板門店での米朝会談をツイッターで呼びかけ。G20 閉幕後の記者会見で北は前向きと述べる。夕方、専用機で韓国入り 崔善姫第１外務次官、公式の提案を受けていないとしつつ意義を強調
6・30	板門店で**米朝首脳会談**、３回目、約１時間。トランプが境界線を跨ぐパフォーマンス。実務チームで **2、3 週後に交渉再開と合意**
7・1	朝鮮中央通信、金正恩がトランプの南北越境を導いた、朝鮮半島の非核化と両国関係の飛躍的前進のための対話再開に合意、と報道
7・11	共和国外務省アメリカ研究所政策研究部長、韓国空軍に７月中旬到着予定の F35A を厳しく非難、完全に破壊する兵器を開発と述べる
7・15	韓国に追加の２機の F35A が到着、合計４機
7・16	共和国外務省報道官、８月に米韓合同演習「同盟 19-2」を準備していることを、シンガポール合意の精神に反すると非難
7・23	金正恩、新型潜水艦の建設完了を視察と発表。弾道ミサイル発射型かどうかは不明
7・25	韓国統幕、北が虎島（ホド）半島付近から２発の短距離ミサイル発射と発表
7・26	共和国、新型戦術誘導兵器の示威発射を韓国への警告として発射したと発表。米はミサイルは **KN23** とする
7・31	共和国、新型の大口径多連装誘導砲（北の呼び名は「大口径操縦放射砲」）の初の試射と報道
8・1	安保理、午前に非公開会合。前日に英独仏が要請。７月 31 日のミサイル発射を問題視
8・2	共和国外務省報道官、英独仏の動きを「兵器近代化を決議違反と称している」と批判声明 朝鮮中央通信、この日の２発のミサイル発射について、金正恩が指導した新型の大口径多連装誘導ロケットシステムの発射実験と報道
8・5	米韓合同演習開始。指揮所演習で約２週間（～ 20 日）。正式発表無し
8・6	共和国、２発の飛翔体を発射。４回目。翌日、朝鮮中央通信は新型戦術誘導ミサイルの示威発射に金正恩が視察と発表
8・10	共和国、飛翔体を発射。５回目。11 日に新兵器の試験発射を金正恩が指導と発表。形状が米 ATACMS に類似
8・11	権ジョングン共和国外務省米国問題部長、米韓軍事演習をしながらミサイル発射を批判する韓国を厳しく批判
8・17	共和国、ミサイル２発を発射。７月 25 日以来６回目。朝鮮中央通信、10 日と同じ新兵器の再発射と述べる
8・23	韓国政府、日韓 GSOMIA を延長しないことを正式通告 李容浩・共和国外相、ポンペオ国務長官を制裁固執の「なかなか死なない害毒」と名指しで批判
8・24	共和国、２発の短距離ミサイル発射、７回目。超大型多連装砲（**KN25**）
8・27	安保理、非公開会合。英独仏が要請
8・29	第 14 期最高人民会議第２回会議、憲法を改正し、国務委員長を最高人民会議で選出。国務委員長が党、国家、軍すべての最高指導者に
8・31	崔善姫第１外務次官、８月 27 日にポンペオが「北朝鮮のならず者行動」と言った演説に反発、交渉が遠のいたと記者発表
9・4	ウラジオストックの東方経済フォーラムに参加の李竜男副首相、板門店宣言を守っていないと韓国を非難
9・9	崔善姫、９月末に実務者協議に応じる意思表示の声明。新しい計算法が出なければ最後になると警告

2019	
9・10	共和国、金正恩立会いのもと 2 発の超大型多連装砲（KN25）の発射再実験。8 回目。失敗説 トランプ大統領、ボルトン大統領補佐官を更迭とツイート
9・14	金丸慎吾訪朝団 60 人、平壌に到着
9・20	金明吉・実務者協議代表と名乗って声明を発し、トランプ大統領の「新しい方法」を歓迎
9・27	金桂寛外務省顧問、米国の政治家を批判し、トランプの賢明な選択と大胆な決定に希望を託すとの声明
10・1	崔善姫、実務者協議について予備会談 10 月 4 日、本会議 10 月 5 日開催と述べる
10・2	新型 SLBM **北極星 3**（朝鮮中央通信の命名）をロフテッド軌道で元山湾から潜水発射
10・5	金明吉とビーガン、ストックホルムで 8.5 時間の**米朝実務者会議**。金明吉は実りなく決裂、オーガタス米国務省報道官は有益と評価
10・6	北朝鮮外務省報道官、オーガタスに反論、新しい提案なく無駄。米の新提案がなければ次の会談はない、**年末が期限**を再確認
10・7	水産庁漁業取締船「おおくに」、日本 EEZ 内で北朝鮮漁船と衝突し転覆させる。60 人を救助、拘束せず別の船で退去
10・11	ハリス米駐韓大使、「北朝鮮は何も与えないですべてを得ようとしている」と VOA インタビューで語る
10・16	金正恩、白頭山で白馬に乗る。三池淵 (サムジヨン) の建設視察で「敵対勢力の加えてきた苦痛は怒りとなった」と自力更生の精神を強調
10・21	トランプ大統領、閣議で金正恩との関係は良好と発言。「互いに尊敬しあっている」
10・24	金桂寛・外務省顧問、金正恩の言葉として「トランプ大統領との関係は特別」と述べる 金正恩、金剛山の韓国建設施設の取り壊しを命じる。景観を損なう、先人の政策の失敗と述べる
10・27	金英哲・アジア太平洋平和委員会（KAPPC）委員長の声明。米国への警告。個人的関係で安心するな
10・31	共和国、超大型多連装砲（KN25）の 3 度目の発射実験、2 発。順川（平安南道）から発射し東海に着弾
11・14	金明吉、ビーガンが第 3 国を通じて会談を打診してきた、米国の時間稼ぎの会議に興味ない、北朝鮮への敵視政策を止める基本的解決策が必要、と述べる
11・15	エスパー国防長官、米韓合同演習に柔軟姿勢、外交の助けになるなら
11・17	トランプ大統領、金委員長に早期解決のリーダーシップとサミットを呼びかけるツィート エスパー国防長官、バンコクで米韓航空共同演習の延期を発表
11・18	金桂寛・外務省顧問、見返りの無いサミットは開かないと述べ、敵対政策を中止する大胆な決定を要求 金英哲、エスパーの演習延期表明に対して中止と敵対政策の完全撤廃を要求
11・19	金明吉、米朝会談へのスウェーデンの仲介を断る意向を表明。米国の敵対政策撤回の大胆な決定が必要と主張
11・20	ビーガン特別代表、国務副長官への認証上院公聴会で年末期限は北が勝手に設定と述べる
11・28	北朝鮮、超大型多連装砲（KN25）の 4 度目の試験発射 2 発。防衛科学アカデミーが行い戦闘使用の最終試験に成功と述べる
12・2	李テソン北朝鮮外務次官、年末期限を警告、どんなクリスマスの贈り物を選ぶかは米国次第、と述べる
12・3	トランプ、NATO 記者会見でロケットマンと言いつつ、関係良好、信頼している、必要ならば最強の軍事力を使う、などと述べる

12・4	朴正天・朝鮮人民軍総参謀長、武力行使は米国だけの特権ではない、両首脳の関係だけで物理的衝突が回避されている、と声明
12・8	トランプ大統領、金正恩は賢明だから米大統領との関係を壊したり、米大統領選挙に介入したりしないとツィート
12・9	李洙墉、金正恩はまだ態度を明らかにしていない。これ以上の暴言をしないようにとトランプに忠告
12・10	ポンペオ国務長官、ラブロフ外相との共同記者会見で制裁維持を強調。ラブロフ、安保理は制裁だけではなく政治関与の継続を含むと強調
12・11	米国、安保理議長として北朝鮮問題の安保理公開会議を開催。米クラフト大使、米が同時的措置を柔軟にとる用意があると述べる
12・12	北朝鮮外務省報道官、ポンペオ発言と安保理召集を受けて、自分たちの決断を明確にさせた、と述べる
12・13	共和国国防科学アカデミー報道官、重要なテストが西海衛星発射場で行われた、核抑止力の強化に応用できると報道
12・16	ビーガン、文在寅大統領と会談（15 日に訪韓）。米国には年末期限はないと明言 この日までに、中露が**制裁一部緩和の安保理決議案**を提案
12・19	ビーガン米北朝鮮政策特別代表、副国務長官に任命される
12・22	北朝鮮第 7 期中央軍事委員会第 3 回拡大会議の開催
12・24	トランプ大統領、クリスマスギフトが花瓶かもしれない、備えは出来ていると記者に語る
12・28	朝鮮労働党中央委員会第 7 期第 5 回総会開催。31 日まで 4 日間続く
2020 1・1	中央委員会総会の報告、**経済制裁の継続を前提に正面突破戦略**。基本戦線は経済部門
1・8	トランプ大統領、金正恩の誕生日に親書
1・11	金桂寛外務省顧問、両首脳の関係は良好だが、米が方針を変えない限り協議再開はないと談話
1・14	日米韓の外相、ワシントンで会談。制裁緩和は時期尚早で一致
1・18	韓国報道、共和国外相が李容浩から李善権に。米朝協議再開への関心を弱めた？
1・21	朱勇哲・共和国公使、軍縮会議（CD）で米国の残虐な経済制裁など敵視政策を非難、新しい道を進む可能性を示唆
1・29	2017 年 9 月 3 日の核実験で誘発された地震（マグニチュード 2.5）を観察。13 回目の誘発地震
2・10	第 10 回米韓作業部会（ソウル）。アレックス・ウォン米国務次官補代理、李東烈・韓国平和外交企画団長。南北協力に関する制裁緩和問題
2・15	ミュンヘン会議のときに、日米韓の外相会議。北朝鮮問題での協力を再確認。
2・20	朝鮮中央通信、COVID-19 患者ゼロと報告。衛生管理の徹底を市民に呼び掛ける活動を報道 米偵察機 RC-135 リベットジョイントが韓国上空を偵察飛行。1 月 6，7，8，21 日に続く
2・27	米韓合同軍事演習延期を決定。COVID-19 が理由
2・29	金正恩、今年初めての軍事演習を指揮。統合打撃訓練に長距離砲兵隊が参加
3・2	共和国、元山付近から 2 発の短距離ミサイルを発射
3・3	金与正中央委員会第 1 副部長、初めての声明。軍事訓練への韓国の反応を批判。誰も敵にしていない訓練
3・4	金正恩、文在寅に COVID-19 で慰問の手紙。「変わらぬ信頼と友情」の気持ち表明と青瓦台報道官
3・5	英、独、仏、ベルギー、エストニアのヨーロッパ 5 か国、安保理の非公開会議を呼びかけ、声明発表。3 月 2 日のミサイル発射を非難

2020 3・9	金正恩、人民軍長距離砲兵部隊の打撃訓練を現地視察。3 発の短距離ミサイル発射
3・21	共和国、ミサイル 2 発発射。戦術誘導兵器の展示発射と発表。国防科学研究の高官同席。2019 年 8 月 10、16 日の ATACMS に類似
3・22	金与正中央委員会第 1 副部長、トランプ大統領から金正恩宛親書を公表。COVID-19 への援助を申し出。良好な関係維持の意図を評価
3・25	ポンペオ国務長官、団結して北の核・ミサイル開発に政治・経済圧力を加え続けるよう要請（G7 外相会談後の記者会見）
3・29	共和国、多連装ロケットの試射。国防科学アカデミーが実行。軍に引き渡す前のシステムの再検証。李炳鉄・中央委員会副委員長が指導
3・30	共和国外務省米朝交渉部長が声明、25 日のポンペオ発言を批判。米国との対話への関心を失い、報復計画に集中と述べる
3・31	ヨーロッパ 6 か国、北の 3 月 29 日を含む 4 回の弾道ミサイル発射に安保理を招集後、共同声明
4・10	金正恩、党中央委員会員とともに砲兵隊訓練を視察
4・11	朝鮮労働党中央委員会政治局会議。昨年暮れの第 7 期中央委員会第 5 回総会の決定の履行について政治課題の調整、変更についても協議
4・12	第 14 期最高人民会議第 3 回会議を開催。金正恩出席せず
4・15	太陽節の式典に金正恩出席せず、健康不安説流れる
5・24	金正恩、朝鮮労働党第 7 期中央軍事委員会第 4 回拡大会議で**核戦争抑止力強化の新政策と戦略軍の高度警戒態勢**を決定 李炳鉄、軍事委員会副委員長に、朴正天、次帥に昇格
5・31	脱北者団体「**自由北韓運動連合**」**ビラ 50 万枚**、USB など大型風船で散布。6 月 25 日にも計画
6・4	金与正党中央委員会第 1 副部長、風船ビラ散布を強く非難の声明。南政府に行動を要求
6・8	金英哲中央委員会副委員長と金与正第 1 副部長、対南政策総括会議で報復の段階的計画を協議。まず対南連絡チャンネルの遮断を決定
6・9	12:00 にすべての**南北連絡チャンネルを遮断**
6・10	文在寅政権、ビラ散布の団体代表 2 人を南北交流協力法違反と告発、法人資格を取り消す
6・12	米朝シンガポール合意 2 周年で李善権外務大臣が談話。北の大胆な措置に米大統領は功績の宣伝に利用しただけ。軍事委員会拡大会議の方針通り核戦争抑止力をいっそう強化
6・13	権ジョングン北朝鮮外務省米国担当局長、韓国外務省のシンガポール共同声明 2 周年の談話に批判。米朝非核化交渉の仲介の資格はない 金与正第 1 副部長、南北共同連絡事務所が完全に潰れるとの声明
6・15	文在寅大統領、6・15 共同声明 20 周年の談話で、困難を乗り越えて 2018 年共同宣言の実施努力を続けると訴える。
6・16	共和国、**開城の南北共同連絡事務所を爆破**
6・17	朝鮮人民軍参謀総長報道官が、対南行動を支援する 4 項目を提案：金剛山観光地区と開城工業地帯への兵力配備など 金与正中央委員会第 1 副部長、文在寅の 6・15 演説を美辞麗句と批判
6・23	第 7 期中央軍事委員会第 5 回会議・準備会議がテレビ会議で開催、人民軍参謀総長の提案を一時停止と決定
7・2	第 7 期党中央委員会第 14 回拡大会議、パンデミックで人民第一主義を再確認
7・3	崔善姫第 1 外務次官、米朝首脳会談は不要と声明。米、韓の期待論を強く否定
7・18	第 7 期中央軍事委員会第 5 回拡大会議の秘密会議で洪承武、李弘燮など**核兵器開発部門要人が陪席**

8・13	朝鮮労働党第 7 期中央委員会第 16 回政治局会議、洪水復旧、コロナ対策、前線地域の封鎖解除、権限の委任など協議。常務委員を 3 人から 5 人に
8・19	朝鮮労働党第 7 期中央委員会第 6 回総会。2021 年 1 月に第 8 回労働党大会召集を決定。経済停滞、人民の生活水準向上の未達成が課題
9・8	第 7 期中央軍事委員会第 6 回拡大会議、台風第 9 号の東部海岸と北部内陸の被害への対処
9・22	共和国、漂着した韓国政府役人を射殺。9 月 24 日に韓国政府が発表
9・23	文在寅大統領、国連総会演説で朝鮮戦争終結を訴え
9・25	金正恩、9 月 22 日の射殺に関し文在寅と韓国人民に謝罪の手紙。油をかけて焼いたという報道に反論
9・29	金星国連大使、強力な戦争抑止力のもとで経済建設に注力できていると国連演説
10・5	第 7 期中央委員会第 19 回政治局会議、労働党第 8 回大会に向け年末まで 80 日キャンペーン実施
10・10	朝鮮労働党創建 75 周年の軍事パレードを未明に開催。金正恩、涙ぐみ災害・疫病と戦う兵士を労う。新大型 ICBM、北極星 4 など披露
10・22	バイデン米大統領候補、テレビ討論で金正恩を「悪党」と呼び、トランプが正当性を与えたと批判。非核化の約束あれば金正恩と会うとも
12・29	労働党第 7 期中央委員会第 22 回政治局会議、金才龍中央委員会副委員長が議長。第 8 回党大会を 2021 年 1 月初めに開催と決定
2021 1・1	金正恩、国民一人一人宛の新春書簡
1・5	**朝鮮労働党第 8 回大会**（～ 12 日まで 8 日間)。金正恩、経済 5 か年戦略（2016 年）は大きく未達成と開会のあいさつで報告
1・9	朝鮮中央通信、金正恩の報告（5 ～ 7 日）に関する長文の報告。過去の総括と新方針を述べ国家経済発展 5 か年計画を策定。板門店宣言・シンガポール米朝共同声明を評価、「**力には力、善意には善意**」の方針
1・10	金正恩、労働党大会で**総書記**に就任、党の首班となる。金与正は政治局員候補から外れ、党副部長に降格
1・11	党政治局常務委員 5 人体制が報じられる。金正恩、趙甬元、金徳訓、李炳哲、崔竜海
1・12	金与正副部長、韓国軍合同参謀本部が北の軍事パレードに関して流した情報について強く非難
1・14	労働党大会祝賀の軍事パレードを夜に開催。新型の北極星 5 号登場。金正官・国防大臣が演説
1・17	第 14 期第 4 回最高人民会議が開かれる。金正恩出席せず
1・26	米国務長官にアントニー・ブリンケンが就任 文在寅と習近平電話会談。習近平は南北、米朝会談の再開を支持と述べる
2・1	ブリンケン、北朝鮮政策の政策見直しを表明。「もっとも有効なツールを見つける」
2・8	第 8 期中央委員会第 2 回総会始まる（～ 11 日）
2・18	日米韓のオンライン局長級協議。米朝 2 国間協議の継続で一致。船越健裕アジア大洋州局長、CVID を求め段階的非核化に否定的
3・8	米韓合同演習始まる。指揮所演習 9 日間（～ 3 月 18 日）
3・15	金与正党副部長、韓国に対して米韓軍事演習に厳しい批判
3・17	崔善姫第一外務次官、時間稼ぎの接触に応じない、敵視政策の撤回が必要、との談話
3・18	ソウルで米韓 2+2。共同声明に「非核化」という文言はいらず
3・19	共和国、マレーシアと断交。北朝鮮人をマネーロンダリングの罪で米に引き渡したことが原因

2021 3・21	共和国、2 発の巡航ミサイル発射
3・25	共和国、新型戦術誘導弾 2 発の試射。KN23 に類似。弾頭積載量を 2.5 トンに改善。金正恩は立ち会わず、李炳鉄が指導
3・26	李炳鉄・党政治局常務委員、米大統領の安保理決議違反との発言に反論声明。当然の自衛権の行使
4・2	日米韓の安全保障会議責任者がワシントンで会議、短い声明。ジェイク・サリバン、北村滋、徐勲。韓国に配慮した表現
4・30	米大統領府サキ報道官、**バイデン政権の北朝鮮政策見直し完了**と発表。「調節された実際的アプローチ」
5・18	米国務省キャンベル政策調整官、新政策はシンガポール合意を基礎と書面で聯合ニュースに回答。米見直し内容、初の表明
5・21	米韓首脳共同声明（バイデン・文在寅、ワシントン）で、**板門店宣言とシンガポール共同声明を基礎にした米朝交渉**を謳う 米、ソン・キム国務次官補代理を北朝鮮担当特使に任命
6・15	第 8 期中央委員会第 3 回総会始まる（～ 18 日）。金正恩総書記、冒頭演説で「昨年の台風で穀物生産計画が未達成、食糧事情が緊迫」
6・17	総会第 4 議題で金正恩、米政治に初言及。「対話と抗争の両方に備える必要性」「半島情勢を安定的に管理することに努力を集中」
6・20	米大統領補佐官ジェイク・サリバン（国家安全保障担当）、金正恩報告に「興味深いシグナル」とコメント
6・22	金与正・中央委員会副部長、米サリバンのコメントを「誤った期待」と批判の論評
6・23	李善権・共和国外務大臣、「米国と無意味な接触はしない。時間の無駄」とサリバンやソン・キム特別代表の「前提なしにいつでもどこでも」発言に反論

■韓国・朝鮮人名索引

〈原則カタカナ表記の50音順〉

＊「李」姓は、韓国では「イ」、北朝鮮では「リ」と表記

[ア行]

安ミョンフン(アン・ミョンフン)　272
李秀赫(イ・スヒョク)　99
李承晩(イ・スンマン)　24,44
李度勲(イ・ドフン)　282,283
李東烈(イ・ドンリョル)　287
李姫鎬(イ・ヒホ)　284
李明博(イ・ミョンバク)　129,138,266
林東源(イム・ドンウォン)　74,75,82,88,246,247,261,264
魏聖洛(ウィ・ソンナク)　138,139,268
呉光鉄(オ・クァンチョル)　266

[カ行]

康京和(カン・ギョンファ)　283
姜錫柱(カン・ソクチュ)　58,59,63,65,75,89,128,219,260,268,274
金日成(キム・イルソン)　41,43,44,47,53,60,62,63,66,71,106,132,140,141,169,181,192,203,209,256～260,265,269,272,274,275
金桂寛(金桂冠)(キム・ゲグァン)　69,75,89,98～102,106,113,116,118,123,128,139,140,155,223,225,227,229,231,265,266,268,269,271,280,286,287
金時鐘(キム・シジョン)　22～25,245
金載圭(キム・ジェギュ)　257
金才龍(キム・ジェリョン)　289
金正日(キム・ジョンイル)　17,66,71,76～79,87,105,106,120,128,129,139,144,154,169,219,221,258,259,261～263,265,266,268,269,272
金正恩(キム・ジョンウン)　4,17,79,139,141,142,144～146,150,152～156,158～162,165～167,169～173,186,188,189,207,213,214,234～236,238,239,241,249,250,268～290,298
金正角(キム・ジョンガク)　281
金正官(キム・ジョングァン)　289
金正男(キム・ジョンナム)　275
金塾(キム・スク)　101,229
金秀吉(キム・スギル)　281
金星(キム・ソン)　168,284,289
金哲(キム・チョル)　276
金大中(キム・デジュン)　25,46,47,74～76,78,82,83,129,151,154,261～263,284
金泰栄(キム・テヨン)　136
金徳訓(キム・ドクフン)　289
金洛謙(キム・ナッキョム)　205,277
金赫哲(キム・ヒョクチョル)　162,283
金賢姫(キム・ヒョンヒ)　258
金明吉(キム・ミョンギル)　167,286
金養建(キム・ヤンゴン)　272

金与正（キム・ヨジョン）　153,162,279,284,287〜290
金永日（キム・ヨンイル）　98,99
金泳三（キム・ヨンサム）　61,66,68,258
金勇進（キム・ヨンジン）　275
金英哲（キム・ヨンチョル）　156,158,162,280〜283,286,288
金永南（キム・ヨンナム）　60,77,153,269,270,279
権ジョングン（クォン・ジョングン）　159,285,288

［サ行］

徐薫（ソ・フン）　153,280
宋旻淳（ソン・ミンスン）　99,223
宋栄大（ソン・ヨンデ）　61
宋永武（ソン・ヨンム）　244

［タ行］

池在竜（チ・ジェリョン）　271
崔守憲（チェ・スホン）　110
崔善姫（チェ・ソンヒ）　155,162,163,165,251,278,280,283,285,286,288,289
崔竜海（チェ・リョンヘ）　271,283,284,289
慈成男（チャ・ソンナム）　277〜279
張成沢（チャン・ソンテク）　271
朱勇哲（チュ・ヨンチョル）　287
趙明均（チョ・ミョンギュン）　279,282
趙明禄（チョ・ミョンロク）　77,219〜221,262
趙甬元（趙勇元）（チョ・ヨンウォン）　289
鄭義溶（チョン・ウィヨン）　17,153,155,280,281,284
鄭京擇（チョン・ギョンテク）　283
鄭景斗（チョン・ギョンドゥ）　282,284
鄭東泳（チョン・ドンヨン）　105,265
田鐘秀（チョン・ジョンス）　282
千海成（チョン・ヘソン）　282
千英宇（チョン・ヨンウ）　100,225,227

［ナ行］

努光鉄（ノ・グァンチョル）　244,281
盧泰愚（ノ・テウ）　48,49,258
盧武鉉（ノ・ムヒョン）　101,129,154,264,266

［ハ行］

韓成烈（ハン・ソンリョル）　265,275
潘基文（バン・キムン）　26
朴宜春（パク・ウイチュン）　266
朴光浩（パク・クァンホ）　283
朴槿恵（パク・クネ）　129,143,151,270,271,273
朴正天（朴正川）（パク・ジョンチョン）　287,288
朴成哲（パク・ソンチョル）　43,257
朴正熙（パク・チョンヒ）　129
朴奉珠（パク・ポンジュ）　275
朴明国（パク・ミョングク）　279
朴永植（パク・ヨンシク）　275,281
朴英洙（パク・ヨンス）　61,259
玄永哲（ヒョン・ヨンチョル）　272
黄浚局（ファン・ジュングク）　272
黄炳瑞（ファン・ヒョンソ）　272,274

白南淳（ペク・ナムスン）　77,262,263
洪承武（ホン・スンム）　189,288

［マ行］

文京洙（ムン・ギョンス）　21,22,245
文在寅（ムン・ジェイン）　4,46,150〜155,158,236,238,239,241,249,276〜284,287〜290,295

［ラ行］

李根（リ・グン）　94,113,265
李洙墉（リ・スヨン）　156,162,272,274,287
李善権（リ・ソングォン）　279,287,288,290
李テソン（リ・テソン）　286
李衡哲（李亨哲）（リ・ヒョンチョル）　84,263
李炳鉄（李炳哲）（リ・ビョンチョル）　288〜290
李弘燮（リ・ホンソプ）　107,182,187,189,288
李明秀（リ・ミョンス）　274,281
李永吉（リ・ヨンギル）　281
李容浩（リ・ヨンホ）　139,146,152,156,162〜164,277〜279,282,283,285,287
李竜男（リ・リョンナム）　285
劉成日（リュ・ソンイル）　269

あとがき

現在進行形のテーマについて本を書くとき、区切りの時点を定めるのが難しい。実際、本書の刊行を考えていた３年前には、区切りの判断はほとんど不可能に近い状態であった。朝鮮半島をめぐる情勢が休止なく激しく動き続けた。

一方では、一日も早く出版することが、まさにその進行中の問題を考えるために必要とされていた。「はじめに」に書いたように、日本の市民社会には、北朝鮮の核・ミサイル問題に関して、おびただしい量の歪んだ情報が溢れていたからである。日本の私たちが克服しなければならない未精算の歴史的課題を考えると、この状況を是正することが急務であった。

そのようなジレンマの中で、2021年春を区切りとして本書を脱稿することができたのは、奇跡ともいえる幸いなタイミングに出会えたからであったと、私には思われる。米朝交渉の停滞は、けっして喜ばしい事ではない。しかし、米国における政権交代によって新しい可能性が生まれつつも、米朝双方における模索が続いており、私たちに立ち止まることができる時間が与えられている。

とはいえ、ここでは脱稿後の情勢の推移について重要な点を付記しておきたい。

2021年４月30日、バイデン大統領府のサキ報道官は、米国の対北朝鮮政策の見直しが完了したと発表した。しかし、その内容は公表しなかった。「大きな取り引き」でもなく「戦略的忍耐」でもない、「調節された実際的アプローチ」だと述べ、トランプ流でもオバマ流でもないバイデン流であることを強調した。さらに、韓国や日本など同盟国と緊密に協議しつつ政策を実行することを強調した。

３週間後の５月21日、ワシントンで開かれたバイデン・文在寅両大統領による米韓首脳会談において、バイデン政権の対北政策の方向性について重要な情報がもたらされた。会談後の共同声明において、トランプ政権時代に合意された米朝間の基本合意を反故にするのではなく、それを基礎にして今後の交渉を進めることが明記されたのである。共同声明は次のように確認した。

「板門店宣言やシンガポール共同声明など、南北朝鮮間や米朝間での約束に基づく外交と対話が、朝鮮半島の完全な非核化の達成と朝鮮半島の恒久的な平和構築に不可欠であることを再確認した」

ここで述べられている米朝の約束であるシンガポール共同声明については、本書でも論じたし、全文が巻末 資料 14 に掲載されている。この共同声明で重要なことは、米国が一方的に朝鮮半島の非核化を北朝鮮に要求するのではなく、米国が北朝鮮に対して安全の保証を約束するとともに、新しい米朝関係の構築や朝鮮半島の恒久的な平和体制の構築など、より根本的な大目標に向かって双方が努力することに合意している点である。つまり、米国と北朝鮮の双方に約束の履行が義務づけられている。バイデン政権がこの原点を確認したことの意味は極めて大きい。

では、シンガポール合意に基づいて米国自身が何をしようとしているのだろうか？

この点に関して、米国から方針はおろか姿勢のようなものも、その後示されていない。のみならず、米国のブリンケン国務長官やオースチン国防長官から、「安保理の制裁決議を堅持する」という前政権と同じような発言だけが繰り返されている。シンガポール合意とは何かについての理解が、米政権の中でどのように共有されているのかについて、疑問を抱かざるをえない。

この状況の中で、今後の米国の政策動向について次の２点に注視する必要がある。

１つは同盟国との協議に関する問題点である。

前述のサキ報道官が述べた「韓国、日本など同盟国との協議」を重視する姿勢には、危険な落とし穴がある。

政策見直しが完了する以前からの発言も含めて、ブリンケン国務長官もオースチン国防長官も、同盟国との協議を強調している。多くの人々は、これを当然のことであり、歓迎すべきことと受け止めているだろう。また、一方的、独善的なトランプ外交ではなく同盟関係を重視するバイデン政権の方針を強調するメッセージとしても理解されているであろう。

しかし、現在の韓国と日本では、対北朝鮮政策は正反対と言えるほど異なっている現実を忘れてはならない。

韓国は板門店宣言などを通した南北の緊張緩和と平和構築の追求を経済交流の促進を通して進めたい、そのためにはタイミングを捉えて北朝鮮への制裁緩和を進めるべきと考えている。それに対して日本政府は、朝鮮半島で生まれている新しい国際秩序形成の動きに日本として関与するビジョンを描けないまま、旧態依然とした硬直した政策をとり続けている。各国に対して国連制裁決議の厳守を訴え、違反行為摘発の呼びかけを繰り返している。このような現状においては、米国にとって韓国との協議はシンガポール合意履行を推進するために有益であろうが、日本との協議にほとんど肯定的な要素はない。

したがって、同盟国との協議を重視するという米政府の姿勢は、同盟国の意向を持ち出して米国の対北朝鮮政策を後退させようとする米国内の保守勢力によって利用される危険が大きい。バイデン政権は、同盟国との協議を言う前に、シンガポール合意履行について具体的な政策を明確に示すことが求められている。

このことは注視すべき２つ目の点に関係する。

米朝間の信頼を築くためには、北朝鮮よりも米国が先に動くのが順番であるという点について、バイデン政権に自覚があるか否かが問われている。これは、トランプ政権下における米朝交渉についての冷静な分析と評価に関わる問題である。

バイデン政権は、５月にソン・キム大使を北朝鮮担当特使に任命した。彼は６月の訪韓時に「条件を付けずに、いつでも、どこででも（北朝鮮と）会う用意がある」と、米国の立場を表明した。毎日のように行われる米国務省のプレス・ブリーフィングにおいても、報道官は同じセリフを繰り返し、あたかもボールは北朝鮮の側にあるかのように振舞っている。

しかし、このセリフは、北朝鮮にとっては、経過を無視した不快な発言でしかないであろう。

その理由は、本書の第５章に詳述されているが、幸い、その理由を要約した最近の文章があるので、ここでそれを抜粋しておきたい。

私の所属するピースデポでは、2018 年 11 月に「朝鮮半島非核化合意の公正な履行に関する監視活動」という名のプロジェクトを立ち上げた。それ以後、板門店宣言やシンガポール共同声明の履行をめぐる情勢の推移を市民の目で監視し、『監視報告』を出し続けてきた。その１つに、「米朝交渉再開のためには、米国がまず信頼醸成の行動を起こす番だ、しかも一日も早く」と題する『監視報告』がある。以下はそこからの抜粋である。

2018年以降を振り返ろう。

まず、4月20日、北朝鮮は南北首脳会談、米朝首脳会談に臨む国内措置として大きな行動を行った。信頼醸成を狙った一方的な第一歩と言っていいだろう。北朝鮮の統治機構の中では実質的最高の決定機関ともいうべき党中央委員会総会（第7期第3回総会）において、「全党および国家のすべてのエネルギーを社会主義経済の建設に集中する」という新しい方向性を打ち出したうえで、金正恩は翌日（4月21日）からの核実験の中止、ICBM発射実験の中止、さらに、核実験中止を裏付けるための核実験場の解体を決定した。核実験場の解体はCNNなどの海外メディアを招待して5月24日に3坑道を爆破することによって実行した。……

シンガポール会談においては、金正恩はトランプにICBM発射テストの再開をしない措置の証として東倉里ミサイル・エンジンテスト施設を解体する意向を示した。その意向は9月19日の南北の9月平壌共同宣言の中に「東倉里エンジン試験場とロケット発射台を関係国専門家の参観のもとで永久的に廃棄する」と明記して再確認されている。また、シンガポール共同声明で約束した「米兵の遺骨回収と返還」に関しては、北朝鮮は7月27日の停戦協定25周年の日に、すでに回収されている遺骨55柱を返還した。

さらに9月平壌共同宣言において、北朝鮮は「米国が米朝共同声明の精神に沿い、相応の措置を取れば、寧辺の核施設を永久廃棄するなど追加措置を講じてゆく用意がある」と、米国側の意思があれば信頼醸成措置の追加に応じる意思があることも明記した。

このように、北朝鮮は積極的に信頼醸成のための努力を続けた。言葉だけではなく実際行動を起こしたのみならず、継続的な追加措置を相互にとりながら信頼を積み重ねる提案も行ってきた。

それに対して、米国が信頼醸成のために何をしてきただろうか？　米国がとった行動は、トランプ（大統領）が約束した大型の米韓合同軍事演習の延期と縮小のみであった。このような経過を踏まえるならば、バイデン政権がシンガポール共同声明を基礎にして新しい米朝関係を築くためには、米国がまず北朝鮮の行動に見合う信頼醸成の行動を起こす番であることは、誰の目にも明らかであろう。

（前川大（はじめ）、梅林宏道。2021年6月12日）

米国の国務省で働き北朝鮮との交渉に携わったことのある外交官や専門家が書いた文章に接することが少なくない。それらの文章の中で、北朝鮮の交渉相手が誇り高くタフな交渉相手であると語るものは多いが、理不尽であるという印象を述べたものに接したことはない。

米国の政治家の多くは、独裁体制と人権抑圧という側面から作り上げられた国家像や、メディアに戯画化された人物像に影響されて、先入観をもって北朝鮮問題に接している。米国の政治・外交リーダーは、そのような政治環境に左右されてはならない。まずは目の前にある米朝間の懸案に冷静に向き合い、それを交渉によって解決するプロセスを歩むことによってしか相互の信頼を築く道はないはずである。シンガポール共同声明という共通の出発点があることは、今後の交渉にとって掛け替えのない財産であろう。

最後に、高文研の山本邦彦氏に心からお礼を申し上げたい。国際情勢のためだけではなく、筆者自身の都合によって何度も執筆計画に変更が生じたにもかかわらず、辛抱強く付き合ってくださった。そのつど頂いた適切な助言と暖かい励ましの言葉によって、出版に漕ぎつけることができた。

また、「あとがき」にも触れたピースデポの「非核化合意履行・監視プロジェクト」のメンバーの皆さんとの活動が、本書の執筆にもたいへん役立った。お礼を述べるとともに、本書が今後の活動に役立つことを願いたい。

通訳の大畑正姫さんには、朝鮮語の翻訳や文献調査でお世話になったことを、ここに改めてお礼を申し上げたい。

2021年8月9日

梅林　宏道

梅林 宏道（うめばやし・ひろみち）

1937 年 9 月 1 日、兵庫県洲本市生まれ。
磁性物理学を専攻し、東京大学大学院数物系研究科応用物理学専攻博士課程修了。工学博士。ブルックヘブン米国立研究所（ニューヨーク州）、東北金属工業株式会社中央研究所、東京都立工科短期大学助教授を経て、1980 年よりフリーの活動家・研究者として、さまざまな平和、軍縮、民主化、人権問題に取り組む。1990 年より準備委員長としてピースデポ創設の中心を担う。

現在、NPO 法人ピースデポ特別顧問。長崎大学核兵器廃絶研究センター（RECNA）客員教授、初代センター長（2012 ～ 15 年）。核軍縮・不拡散議員連盟（PNND）東アジア・コーディネーター。また、「北東アジアの平和と安全保障のためのパネル」(PSNA) 委員。「朝鮮半島非核化合意の公正な履行に関する市民の監視活動」プロジェクト・リーダー、その『監視報告』ブログ・メルマガ責任者 。『ピース・アルマナック―核兵器と戦争のない地球へ』監修者、（共同）刊行委員長。

著訳書に、『在日米軍―変貌する日米安保体制』（岩波新書）『非核兵器地帯―核なき世界への道筋』（岩波書店）『米軍再編―その狙いとは』（岩波ブックレット）、「在日米軍」（岩波新書）『情報公開法でとらえた在日米軍』『情報公開法でとらえた沖縄の米軍』『検証・核抑止論―現代の裸の王様』（ロバート・グリーン著、共訳）（以上、高文研）など多数。

梅林宏道の仕事の深層【1】

北朝鮮の核兵器――世界を映す鏡

●2021 年 9 月 25 日――――――第 1 刷発行

著　者／**梅林 宏道**

発行所／株式会社 **高文研**

東京都千代田区神田猿楽町 2-1-8　〒 101-0064
TEL 03-3295-3415　振替 00160-6-18956
https://www.koubunken.co.jp

印刷・製本／三省堂印刷株式会社

★乱丁・落丁本は送料当社負担でお取り替えします。

ISBN978-4-87498-769-8　C0036